How Japan can benefit from
stimulating capital influx to sports

新装改訂版

スポーツの経済学

スポーツはポストモダン産業の旗手となれる

Ph.D.(Sport Sciences), MBA

小林 至
Itaru Kobayashi

PHP

［新装改訂版］スポーツの経済学

contents

第3章
オリンピックとFIFAワールドカップの経済学

第4章
NPBとMLB

第5章
北米プロスポーツリーグの経済学

第6章
大学スポーツの経済学

第7章
欧州サッカーの経済学

序章

現代社会における
スポーツの経済的役割

本書の初版が発行されたのは2015年、東京2020オリンピック・パラリンピックの招致が決定してから2年ほど経過したタイミングでした。当時、分かっていたことは、2020年の東京オリンピック・パラリンピックを挟んで、2019年にはラグビーワールドカップ、2021年にはワールドマスターズゲームが開催されることでした。このような世界的な大規模スポーツイベントが同一国で3年連続して開催されることは、世界でも例のないことです。早稲田大学の間野義之教授が「ゴールデン・スポーツイヤーズ」と名付けたこの3年間は、日本全体がスポーツに関与することや、世界中の人々が日本を訪れることなど、「みるスポーツ」つまりスポーツ興行が社会に大きく貢献できることを実証するための千載一遇の好機と考えられています。

　実際、日本以外の先進国では、みるスポーツはグローバル化した世界市場の攻略の旗手として、あるいは空洞化する地方経済の起爆剤として、産業として大きく成長してきました。20世紀は、モノとカネを追い求めた大量消費、大量破棄の物質の時代でした。一方、21世紀は、20世紀型社会のままでは地球がもたないことの認識が深まるなか、物質は必要最低限に抑えつつ、精神の充実を図る時代への変化が求められています。こうした時代背景を踏まえ、スポーツ産業は、「ポストモダン産業」として大いに注目を集め、地域の健全な娯楽として定着するにつれ、ビジネス化が進み、そのなかで注目度の高いスポーツ・イベントはグローバル化の進展とともに、産業として指数学的な成長を遂げているという次第です。

　指数学的成長を遂げたスポーツ・イベントの例を1つ挙げてみますと、テニスの4大メジャー大会のなかでも、最も格式の高い大会であるウィンブルドン（全英オープン）は、テニスをしない方でもお馴染みの大会だと思います。1968年にはじめてプロ選手の参加が認められ、賞金大会となった際の優勝賞金は、男子3074ドル、女子1153ドルでした。これが、2019年には男女とも298万ドルですから、50年でほぼ1000倍（女子は2500倍以上）になったことになります。

図表0-1　ウィンブルドン優勝金金額推移

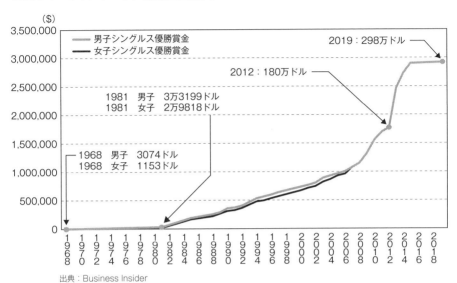

出典：Business Insider

社会を映す鏡としてのスポーツ

　ここでもう1つ着目しておきたいのは、テニスは男女の賞金が同じであることです。プロテニスの世界では、早くから男女平等の実現への動きがありましたが、平等の実現への大きな転機となったのが、1973年に、当時女子世界ランク1位のビリー・ジーン・キングが、男子テニス元世界ランク1位、当時55歳のボビー・リグスとの対決"battle of the sexes"でした。リグスの挑発を受けて実現したこの試合は、全米に生中継され、大きな注目を集めるなかでキングがセットカウント2-1でリグスを破り、その勢いに乗じるカタチで、キングを中心に女子テニス選手の統括団体WTA（女子テニス協会）が創設されました。

　WTAは、4大トーナメントなどにおける賞金額を男子と同等にすることを求め、全米オープンが即座に応じました。その後、全豪が2001年、全仏

が2006年、そして最も保守的といわれているウィンブルドンも2007年、男女の賞金をまったく同じにしています。これは、スポーツの世界では画期的なことで、たとえば、同じ個人競技のゴルフの全英オープンは、男女とも同じ主催者（R&A）のもとで行われますが、優勝賞金は男子193万5000ドルに対して、女子67万5000ドルですから約1/3、サッカーのFIFAワールドカップの優勝賞金は、男子（2018年大会、フランスが優勝）が3800万ドルであったのに対して、女子（2019年大会、アメリカが優勝）は400万ドルと約1/10に留まっています。

女子サッカーアメリカ代表は、2019年3月に、男子代表と同等の待遇を求めて、米国サッカー連盟（USSF）を相手に訴訟を起こしました。アメリカの女子代表チームは、ワールドカップで4度優勝、オリンピックでは4つの金メダルを獲得するなど、世界のトップの座にあり、男子代表（ワールドカップベスト8が最高、2018年大会は本選出場ならず）よりも高い認知度があります。それなのに、代表招集に伴う報酬は1/3程度に留まっているほか、成績に伴うボーナスも、男子が2014年ブラジル大会でのベスト16で540万ドルだったのに対して、女子は2015年カナダ大会で優勝したにもかかわらず172万ドルだったなどを訴訟の根拠に挙げています。

これに対して、USSFは、2008年から2015年までの試合で、女子代表の試合が5300万ドルを生み出した一方で、男子代表は1億4400万ドルを生み出したことや、女子代表には産休や保育など男子代表にはない福利厚生の条件をつけていることなどから、決してアンフェアな扱いをしているわけではないと反論しています。

この一件は、アメリカにおいては、スポーツのジャンルを越え、社会問題として大きく報道されています。サッカーアメリカ女子代表が訴状を提出する日として国際女性デー（3月8日）を選び、金銭闘争ではなく女性の権利のための戦いであることを明確にしました。これに対して、世論の反応は割れており、オバマ前大統領やヒラリー・クリントンなども含め女子サッカー

代表の訴えを支持する向きもあれば、「プロスポーツは興行であり、サッカーにおいては男子のほうが興行的魅力が高いのだから、男子の報酬が高いのは当然である」など USSF の主張を支持する向きもあります。しかし、興行力の大きな要素として、パワーやスピードを含めた競技力の高さがあるとすれば、女性は、そのパワーとスピードでは男子選手にはかなわない。今でもほとんどの競技において、男子と女子に分かれて競い合うのはそれが理由です。というように、男女の権利の問題から、同一労働同一賃金と成果主義の問題まで、アメリカが抱える社会問題を象徴しているイッシューとして議論が白熱しています。

　折りしもテニス界でも、労働の対価の観点から、5セットマッチの男子と3セットマッチの女子の賞金が同じなのはおかしいとの不満の声が、男子の選手の間から高まっており、長年、世界一の座に君臨してきたノバク・ジョコビッチもその1人です。

　1947 年に、ジャッキー・ロビンソンが MLB 初の黒人選手となったことは、アメリカのメジャースポーツにおける黒人アスリートの可能性を大きく拡げたのはもちろん、その是非を巡り多くの論争が繰り広げられたことで、人種差別について多くの人が真剣に考える契機にもなりました。

　このように、世界共通のルールのもと、筋書きのないドラマが演じられるスポーツは、多くの人々の注目を集め、社会問題を象徴したり、解決の糸口を提供したりする役割を担っているのです。

column

オーガスタ vs 全米女性評議会"女人禁制"大論争

　日本高野連が、春夏の甲子園練習で、女子部員が補助として参加することを制限付きで認めました。今夏（2016年）の大会の練習時、本塁近くでノックの球を渡していた女子マネジャーを大会本部が制止したことに対して、疑問の声が多数寄せられたことを受けてのことでしょう。

　今回の決定に対しても、賛否両論ながら、世の声は、どちらかというと反対の声が多いようです。

　この一件に考えを巡らしていたら、2002年に勃発した、オーガスタ・ナショナル・ゴルフクラブ（以下ANGC）の議論を思い出したので、以下、記してみます。

　ANGCは、プライベートのゴルフクラブで、4大メジャーのなかでも世界最高峰に位置付けられているマスターズの会場です。その会員資格を得るのも、世界最高峰の栄誉との呼び声高く、会員名簿は非公表ということになっていますが、ウィキペディアあたりでも頻繁に更新されていて、米国の大企業の経営者を中心に全世界に300名ほど。また、会員資格は、望んで得られるものではなく、クラブからの推薦を待たねばならないということが、ビル・ゲイツが、何年も待機した末に2002年にメンバーになった逸話などを通して知られています。

　このANGCに対して噛みついたのが、全国女性組織評議会（ナショナル・カウンシル・オブ・ウイメンズ・オーガニゼーション、以下NCWO）でした。NCWOは、女性差別撤廃を目指す全国的な団体で、2002年、ANGCに女性会員が1人もいないことを問題視し、女性メンバーの入会を認めるよう、ANGCに書簡を送ったうえで、記者会見。

　対するANGCは「我々はプライベートな会員組織であり、女性を入れるかどうかは我々が決める。外部組織の圧力で決めることではない」と反論

し、同時に、クラブ会則に、女人禁制と書かれているわけではないことも強調しました。

　NCWO は、この ANGC の回答に対して憤りを表明し、今度は、ANGC のメンバーのなかでも、社会的影響力の強い人物、たとえば、IBM の CEO ルイス・ガースナーなどに書簡を送り、翌年のマスターズまでに女性メンバーを入会させなければ、不買運動などの圧力をかけると宣言しました。

　ANGC は、ひるまず、「女性メンバーを入会させる日はいつかはくるのだろうが、それをいつにするかは、銃剣を突きつけられて決めるものではない」と返答し、IBM をはじめ、大会スポンサーに断りを入れ、翌 2003 年のマスターズは、ＣＭなしで放送されました。

　この ANGC の最終回答をもって、大規模な抗議運動は下火となりましたが、オバマ大統領も含めた各方面からの批判は続き、一件から 10 年後の 2012 年、コンドリーザ・ライス元国務長官を含む 2 名の女性が会員となったことが、ANGC より発表されました。

　さて日本。高野連がプライベートな団体かというと、高体連に加盟していない点においてはそうですが、財団法人であり、NHK が全国中継をしていることなどを踏まえると、ANGC よりも公共性は高いといえるでしょう。一方で、ANGC が女性を受け入れたのは、組織的かつ大規模な反対運動があり、その後も継続的に圧力がかかったからです。今の日本でその可能性は果たしていかに。

（夕刊フジ連載「小林至教授のスポーツ経営学講義」2016 年 12 月 8 日紙上掲載に加筆修正）

欧米先進国ではスポーツは成長産業

　そんなスポーツ産業のトップランナー、アメリカでは、「みるスポーツ」に限ってみても、大小合わせて500を超えるプロスポーツチームに加え、ゴルフ、カーレース、大学スポーツも人気を博しており、PwC（Pricewaterhouse Coopwrs）社の調査レポート（Outlook for the global sports market in North America）によれば、北米の「みるスポーツ」の市場規模は712億ドルと推計されています。また、欧州を中心にしたサッカーにおいても、それに近い規模の市場があるといわれています。

　一方、日本で同様の計算をすると、どうやっても4000億円にも満たず、1ドル110円とすると、アメリカの5％程度となります。経済力の指標であるGDP、IMFによる2018年の推計値を眺めると、日本のそれは、ざっといって5兆ドル、対するアメリカは20兆ドルで、日本はアメリカの1/4ほどの経済規模ということになります。

これを1人当たりに換算すると、アメリカの6万2600ドルに対して、日本は3万9300ドルで、63％程度となります。ほんの20年前には1人当たりGDPでアメリカを上回っていたことを考えると、現在の6割経済というのは寂しい数字ではありますが、それでも「みるスポーツ」の市場規模がアメリカの5％というのはいかにも少ない。スポーツへの関心が欧米諸国に比べ、特段、低いとも思えません。

図表0-2　アメリカのプロスポーツ球団数（2019年時点）

団体	チーム数
MLB	30
NBA	30
NFL	32
NHL	31
野球マイナーリーグ	217
バスケットボール・マイナーリーグ	27
WNBA（女子バスケットボール）	12
AFL（アリーナ・フットボール）	5
ホッケーマイナーリーグ	30
MLS（男子サッカー）	24
NWSL（女子サッカー）	9
合計	447

　図表 0-3 の通り、日本のプロ野球は、年間平均 2500 万人を超える観客を動員しており、これは MLB に次いで、世界で 2 番目になります。そして、1 試合平均観客動員数の 2 万 9785 人は MLB を凌駕しています。また、J リーグ（J1）が 580 万人、2016 年に創設されたバスケットボールの新プロリーグ（B リーグ）も、166 万人を動員しています。そして毎年、春と夏に開催される高校野球の全国大会では、合わせて 150 万人近い観客を動員しているのです。

　日本は人口減社会であり、生産性もあがっていないため、国内の市場が縮小傾向にあるのは先に記した通りですが、現在、グローバルマネーが沸騰しているアジア市場に隣接している地の利もあるのです。世界の多国籍企業は、アジア市場における認知向上、権益拡大を狙って多額のお金を投じており、そのツールとしてスポーツを活用しています。世界で最もブランド力の高いスポーツチームの 1 つであるマンチェスター・ユナイテッド（マン U）

図表0-3　世界の主要リーグの入場者数（2018年）

リーグ名	球団数	シーズン試合数	1試合平均入場者数	総入場者数	売上（10億ドル）
MLB	30	162	28,652	69,625,244	10
NPB	12	143	29,785	25,496,250	1.64
NHL	31	82	17,446	22,174,362	5.2
NBA	30	82	17,987	22,124,559	7.6
NFL	32	16	67,100	17,177,581	15.6
EPL	20	38	38,273	14,544,093	6.5
Bundesliga	18	34	44,657	13,665,118	4.6
La Liga	20	38	27,290	10,342,948	5
Serie A	20	38	24,783	9,411,651	2.7
Jリーグ(J1)	18	34	19,079	5,838,050	0.78
Bリーグ(B1)	18	60	3,078	1,662,118	0.13

出典：Forbes、Wikipedia、transfer markt などを基に筆者作成

のメインスポンサーの権利料として、シボレーが年間70億円以上を費やしているのは、イギリス市場での広告宣伝が目的ではありません。イギリスは、日本と同様、成熟した市場であり、自動車もあまねく行き渡っており、いくらマンUとはいえ、そのユニフォームにシボレーのロゴを入れるために毎年、70億円を費やす広告効果はさほど期待できません。

しかし、マンUを通して、新興市場であるアジアでブランド認知を高められるとなれば、話は違います。アジアは世界の人口の60％、経済にして30％を占める大市場であるばかりか、その多くが発展途上段階にあり、これからの成長が大いに期待されています。マンUは、「マンチェスターで生まれ、アジアで育った世界ブランドだ」と公言しているほど、アジアで絶大な人気を誇ります。マンUによれば、世界に6億5000万人のマンUファンがいて、その半分近い3億2500万人がアジア人だそうです。

そんな魅力一杯のアジア市場に、日本の経済界は深く関与してきましたが、ことスポーツとなると、まったく蚊帳（かや）の外というのがこれまででした。

図表O-4　GDP予測～今後の世界経済のエンジンはアジア

GDP (MER) ランキング	2016年ランキング		2030年ランキング		2050年ランキング	
	国名	GDP (MER)	国名	予測GDP (MER)	国名	予測GDP (MER)
1	米国	18,562	中国	26,499	中国	49,853
2	中国	11,392	米国	23,475	米国	34,102
3	日本	4,730	インド	7,841	インド	28,021
4	ドイツ	3,495	日本	5,468	インドネシア	7,275
5	英国	2,650	ドイツ	4,347	日本	6,779
6	フランス	2,488	英国	3,530	ブラジル	6,532
7	インド	2,251	フランス	3,186	ドイツ	6,138
8	イタリア	1,852	ブラジル	2,969	メキシコ	5,563
9	ブラジル	1,770	インドネシア	2,449	英国	5,369
10	カナダ	1,532	イタリア	2,278	ロシア	5,127

出典：PwC スポーツ産業調査2018「岐路に立つスポーツ産業」

この体たらくは、ビジネスとしてのポテンシャルを生かしきれていないということですが、裏を返せば、今後、日本でもスポーツ産業が急速に発展する可能性は大いにあるともいえます。

産業としてのスポーツの可能性

　一度にたくさんの人間が時間と空間を共有できるみるスポーツは、「地域振興」や「地域の活性化」に大きく貢献できる役割が期待されています。

　古くは、通産省（現・経済産業省）が、1990年にまとめた報告書「スポーツビジョン21」においても以下のように記されています。

「プロスポーツや競技スポーツにおける選手のハイレベルなプレー等のみるスポーツも、見る人に大きな感動や活力を与えるという点で、映像や音楽、絵画等の文化・芸術活動に比肩する文化的意義を有するものである」

　また、2011年には、スポーツ基本法が施行されました。我が国のスポーツの振興は、1961年に制定された「スポーツ振興法」に基づき、推進されてきましたが、50年ぶりに全面改正されました。この新たなスポーツ基本法では、その趣旨の1つとして、スポーツ産業の経済的効果について、以下のように言及しています。

「スポーツ振興によるスポーツ産業の広がりは、新たな需要と雇用を生み、我が国の経済成長に資するものです。また、スポーツによる国民の心身の健康の保持増進は、医療・介護費抑制などにつながると考えられます」

「みるスポーツ」が直接生み出す売上自体は、それほど大きくはなく、日本においては、先にも記した通り4000億円に満たない規模ですが、ハブとして機能すれば、幅広い産業に波及効果を及ぼすことができます。そのことは、スポーツ庁の報告書「新たなスポーツビジネス等の創出に向けた市場動向」においても、明示されています。

図表0-5　スポーツコンテンツは複合産業への触媒になりうる

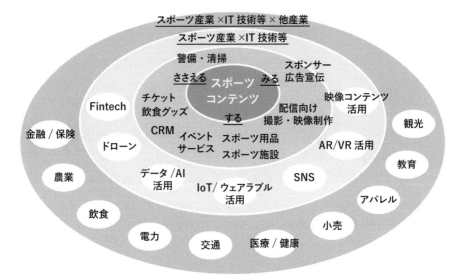

出典：スポーツ庁「新たなスポーツビジネス等の創出に向けた市場動向」より

　冒頭で記した通り、2020年のオリンピックの開催都市に東京が選出されました。オリンピックは、観戦型スポーツのなかでも、最も大きく華やかなメガスポーツイベントです。メガスポーツイベントは、大掛かりな施設を含めたインフラの整備、外部からの人の流入などによる大きな経済効果をもたらします。

　1964年大会は、アジア地域で初めて、かつ、有色人種国家として初めてのことであり、世界史的に、実に意義深い大会でした。また、第二次世界大戦の敗戦後、急速な復活を遂げた日本が、再び国際社会の中心に復帰するシンボル的な意味を持っていました。勿論、スポーツ界に与えた影響は、競技の普及、インフラの整備に始まり、さまざまに絶大でしたが、ここで言及しておきたいのが、テレビとの関係です。

　現代のスポーツ興行において最大の収入源は、圧倒的にテレビです。オリ

ンピックやワールドカップなど、世界中に売れるコンテンツともなると、収入の大半を占めることになり、まさに「魔法の箱」なのです。その「魔法の箱」ぶりについては、後の章でじっくり記述することとしまして、オリンピックは、その放送技術が進化するときでもあります。1964 年の東京大会では、カラー放送とスロービデオ再生、そして衛星中継が史上初めて行われ、テレビの普及を急速に推し進め、スポーツ放送の価値がさらに高まる契機となったのです。2020 年は、国家の視点でみるならば、成熟した先進国家として、世界に何をどう訴えることになるか、ということになるでしょう。

　スポーツリーグも、日欧米を中心に、とても大きな経済活動となっています。オリンピックやサッカー W 杯は一時的なイベントですが、スポーツリーグは、定期的かつ継続的に行われる、人々の日常に寄り添った娯楽といえるでしょう。日々、筋書きのないドラマが演じられ、その様子をスタジアムで、もしくは映像や音声を通して、地域住民が共有することで、コミュニティ・アイデンティティの醸成に貢献できる可能性をもっています。
　実際、日欧米を中心とした先進地域では、さまざまなスポーツがプロリーグを形成して、都市や地域を代表する球団が毎年激しい攻防を繰り広げています。
　その一例として、2018 年 12 月 20 日に、ふくおかフィナンシャルグループが、福岡ソフトバンクホークスが福岡県内に及ぼす経済効果についての調査結果を発表しています。
　発表資料によれば、「福岡ヤフオク！ドームに来場した観客による消費額」と「メディア需要額」によって、福岡県に及ぼす経済波及効果は約 511 億円でした。観客へのアンケート調査やホークスから提供を受けたデータ等を基に「観客の消費額（交通費、宿泊費、飲食費、土産代・買物代、入場料・施設利用料）」と「メディアの需要額（ホークス戦の放送に伴うＣＭ広告料、スポーツ紙の売上寄与）」を推計し、その数字を基に福岡県の経済波及効果分析ツールを使用して推計した結果が 511 億円でした。
　また報告資料は、ホークスが福岡県に及ぼす経済波及効果は今回の調査対

象以外にも、地域の知名度向上によるシティセールス効果や、ホークス応援セールなどによる売上増加などがあることと、地域振興活動や復興支援活動など、数字では表せない部分でもホークスは貢献していることを指摘しています。

スポーツを成長産業にするための試み

　このような拡がりをもつスポーツ産業を、「ゴールデン・スポーツイヤーズ」を契機に、我が国においても、そのポテンシャルを具現化しようという動きが、本書の初版が発行された 2015 年以降、さまざまに起こっています。

　1 つはスポーツ庁が 2015 年 10 月に発足しました。スポーツの振興その他のスポーツに関する施策の総合的な推進を図るために、従来、文部科学省や厚生労働省など複数の省庁にまたがってきたスポーツ行政の関係機構を一本化したのです。文部科学省のスポーツ・青少年局を母体に、文科省の外局（がいきょく）として設立されました。

　スポーツ庁が設立された大きな成果の 1 つが、安倍内閣の経済政策「日本再興戦略 2016」において、スポーツ産業が重要施策の 1 つに位置付けられたことでしょう。

　名目 GDP を 2020 年までに約 100 兆円増やして 600 兆円にしようという、かなり野心的な経済政策のなかで、スポーツ産業を成長させることで 10 兆円を創出する目標が掲げられました。

　その概略は図表 0-6 に示している通り、10 の重要施策の 1 つに位置付けられ、ⅰ）スタジアム・アリーナの改革、ⅱ）スポーツコンテンツホルダーの経営力強化（プロ・アマスポーツの振興および人材育成）、ⅲ）スポーツ分野の産業競争力の強化（新規ビジネスの創出、スポーツ参加人口の拡大）を 3 本柱として、2015 年時点で 5.5 兆円だった我が国のスポーツ産業市場を 2025 年には 15 兆円にしようというものです。

図表0-6　日本再興戦略2016

官民戦略プロジェクト10

**1-1
新たな有望成長市場の創出**

①第4次産業革命の実現
②世界最先端の健康立国へ
③環境エネルギー制約の克服と
　投資拡大
④スポーツの成長産業化
⑤既存住宅流通・リフォーム市場
　の活性化

**具体的
目標・
施策**

日本再興戦略2016におけるKPI（数値目標）
●**スポーツ市場規模
　の拡大**
　5.5兆円(2015)
　⇒**15兆円**(2025)
●**スポーツ実施率※
　の向上**
　40.4%(2015)
　⇒**65%**(2021)
　※成人の週1回以上のスポーツ実施率

**i)スタジアム・アリーナ改革
　（コストセンターからプロフィットセンターへ）**

①スタジアム・アリーナに関するガイドラインの策定
②「スマート・ベニュー」の考え方を取り入れた
　多機能型施設の先進事例形成支援

**ii)スポーツコンテンツホルダーの経営力
　強化、新ビジネス創出の推進**

①大学スポーツ振興に向けた国内体制の構築
②スポーツ経営人材の育成・活用プラットフォームの構築

iii) スポーツ分野の産業競争力強化

①新たなスポーツメディアビジネスの創出
②他産業との融合等による新たなビジネスの創出
③スポーツ市場の拡大を支えるスポーツ人口の増加

出典：「日本再興戦略2016」における名目
GDP600兆円に向けた「官民戦略プロジ
ェクト10」

　このなかで、数値面において柱と考えられているのがⅰ）スタジアム・ア
リーナ改革です。図表0-7（次ページ参照）にある通り、2015年に2.1兆円
の市場規模を、2025年には3.8兆円へ拡大させる試算をしています。従来、
競技者あるいは設計者の目線で整備されてきたことなどもあり、観客は後回
しだったのが日本の競技場の特徴でした。これを観客目線の感動空間にする
ことで、来場客を増やして消費を増大させようというものです。アメリカの
プロスポーツや、日本のプロ野球で行われているような、試合の前後やイニ
ング間・ハーフタイムなどでの演出や、グッズや飲食の質を充実させること

単位：兆円

スポーツ産業の活性化の主な政策		2015年	2020年	2025年
（主な政策分野）	（主な増要因）	5.5	10.9	15.2
①スタジアム・アリーナ ▶	スタジアムを核とした街づくり	2.1	3.0	3.8
②アマチュアスポーツ ▶	大学スポーツなど	-	0.1	0.3
③プロスポーツ ▶	興行収益拡大（観戦者数増加など）	0.3	0.7	1.1
④周辺産業 ▶	スポーツツーリズムなど	1.4	3.7	4.9
⑤IoT活用 ▶	施設、サービスのIT化進展とIoT導入	-	0.5	1.1
⑥スポーツ用品 ▶	スポーツ実施率向上策、健康経営促進など	1.7	2.9	3.9

出典：スポーツ庁「スポーツ未来会議中間報告」

も含めて、誰もが再訪したいと思うような非日常のハレの空間に改革しようということです。もう1つのポイントは、スタジアム・アリーナを核とした街づくりをすることで、地域活性化に寄与しようというものです。スタジアム・アリーナに、宿泊・娯楽、医療・福祉、災害拠点など複合的な機能を組み合わせて地域経済や活動の中心にしようという、スマートスタジアム構想などが検討されています。

　またⅱ）スポーツコンテンツホルダーの経営力強化については、大学スポーツの可能性がクローズアップされました。これは後に詳しく述べますが、日本の大学スポーツは、自主自立の課外活動として、それぞれの競技が、それぞれの地域で発展のための努力はしてきたものの、全体を統括する組織もなく、馬なりでした。そこに、アメリカのNCAAやイギリスのBUCSのような中央統括組織を設置し、また各大学は運動部を統括する組織を設置することで、ガバナンスの向上が図られ、さらに産業として発展する可能性も検討が重ねられ、2019年3月に一般社団法人大学スポーツ協会（UNIVAS）が

設立されました。

　日本のスポーツ産業の規模5.5兆円（2015年時点）という数字は、アメリカの80兆円にはあまりに遠いとしても、日本よりも経済規模、人口ともに少ないイギリスの6.3兆円よりも低い数値であり、裏を返せば、日本のスポーツ産業は、成長の余地がたくさん残されているということです。「日本再興戦略2016」において成長産業としても位置付けられ、人口減、少子高齢化で市場が縮小していく日本において、産業としてとても楽しみな業界だといえるでしょう。

　本書が、スポーツやそれに関わる仕事への興味を喚起する一助となれば、あるいは、ヨノナカで日々行われる経済活動への興味の喚起になれば、これに優る幸せはありません。また、ヨノナカで行われている経済活動を学ぶのに、スポーツは格好のプリズムになり得ると、学生に指導したり、講演などでお話をするなかで、実感をしています。

column

"スポーツ後進国"日本が変革する起爆剤とは

・・

　日本のスポーツ産業にとって、2019年は大事な局面だ。日本を除く先進国では、スポーツは巨大な産業へと成長したが、日本ではそうなっておらず、欧米と同じように、経済的に豊かでスポーツを愛する先進国で、そんな周回遅れの状況が、いつまでも続くはずがない、必ずどこかで後れを取り戻すはずだ、そういわれながら、一向にそうならないというくだりは、本稿で何度か記した。そんな雌伏のときに終止符を打ち、そのポテンシャルを解き放つ爆発力を秘めたイベントが控えているのが今年なのである。

　その先陣を切るのが大学スポーツ協会（UNIVAS）の創設だ。高校スポーツには高体連、経済界には経団連、農業者には農協など、業界を振興する中央統括団体が必ずあるものだが、大学スポーツにはこれまでなかった。大学スポーツが、自主自立の課外活動をモットーにしてきたことから、大同団結の機運が生じることがなかったのがこれまでだが、スポーツ庁の設立などが契機となって、アメリカのNCAAをモデルに検討が重ねられてきた。わたしが3年前の原案作りから、本件と深く関わってきたからいうわけではないが、大学スポーツには大きな潜在力があり、UNIVASがプラットフォームとして、そのチカラを集約させることができれば、日本のスポーツを変革する起爆剤になれると思う。

　もう1つが、本年のラグビーワールドカップを皮切りに、東京五輪、ワールドマスターズゲームと、大規模な国際スポーツ大会が3年続けて日本で開催されることである。欧米でスポーツが大きな産業となったのは、エンタメ・コンテンツとしての価値の向上が原動力である。ゴールデン・スポーツイヤーズといわれるこの3年間に、競技施設を感動創出空間となるべく整備して、その感動を媒体を通じて広く伝えるためのマーケティングが磨かれることを期待したい。

　こうして成長の入口にようやく立とうとしている我が国に対して、世界の

スポーツ産業は、異次元への入口に立っている。アメリカで解禁となったスポーツ・ベッティングである。スポーツ・ベッティングは、インターポール調査によれば、その市場規模は、合法非合法を合わせると330兆円という、日本のGDPの6割に相当する巨大産業である。スポーツ産業の最先端であるアメリカで、これまで特例の州を除き非合法だったのが合法化されたことで、MLBをはじめとした北米4大スポーツのコンテンツ価値はさらなる高みの領域に入ると考えられている。日本においても、ギャンブルの対象となれば桁違いの金額が動くことは、2分30秒で決着がつく有馬記念が436億円（それでも全盛期の半分！）を売り上げていることからも想像がつくだろう。紙面が尽きた。このスポーツ・ベッティングについては、また稿を改めて考察してみたい。

（夕刊フジ連載「小林至教授のスポーツ経営学講義」2019年1月10日紙上掲載に加筆修正）

第1章

スポーツが経済活動の一環に組み込まれていく過程

スポーツ・ビジネスは日本で始まった？

　まずは温故知新、スポーツがビジネス化する過程を辿ってみましょう。スポーツ活動自体は、太古の昔から、すなわち、食べ物や住まいを確保するために、槍やこん棒、弓矢を使っていた頃から、こうした生活のための技術の優劣を競い合う過程で、発達してきました。

　それを社会の競技会として定着させたのが、古代ギリシャであり、その集大成が古代オリンピックです。4年に1回、オリンポス山の神々への奉納行事として開催された古代オリンピック、記録に残っている最も古い大会が、紀元前776年です。

　その後、オリンピックは、西暦394年に、ローマ帝国が異教文化である（すなわち、キリスト教文化ではない）として、1200年弱の歴史を閉じました。それ以降は、肉体よりも精神を重んじる中世キリスト教社会のもと、身

写真1-1　オリンポス山の神々への奉納行事として開催された古代オリンピック（聖域の復元想像図）
（出典：Wikimedia Commons）

体を駆使するスポーツは流行せず、競技会もほとんど開催されませんでした。実際、ヨーロッパにおいて、スポーツが再び文化の担い手となるのは、産業革命まで待たねばなりません。

　この中世の時代、スポーツが文化として、ひいてはビジネスとして発展したのは日本です。平安時代末期から江戸時代まで、武家政権（要するに、軍事政権のことですね）が続くなか、武士は、貴族文化に対抗すべく、騎射三物（流鏑馬、笠懸、犬追物）をはじめとした各種武術に励み、競技として洗

中世社会でスポーツが発展したのは日本！

流鏑馬（やぶさめ）

笠懸（かさがけ）
『男衾三郎絵詞』第二段（東京博物館蔵）より笠懸練習風景、鎌倉時代（出典：Wikimedia Commons）

犬追物（いぬおうもの）／『千代田之御表』1896年
（出典：Wikimedia Commons）

写真 1-2　騎射三物（きしゃみつもの）

練させていったのです。

「武士は食わねど高楊枝」ということわざは、武士の清貧や体面を重んじる気風を評したものですが、プライドの高い武士の競技において最高のパフォーマンスを発揮する向上心は高く、良質の弓矢を求めました。それに応えるべく、弓矢などの用具を製造したり、メインテナンスをする専門業者も登場し、発達していきました。

　つまり、ヨーロッパが、精神世界に没頭している中世に、ニッポンでは、すでにスポーツが経済活動の一端を担っていたということです。

　スポーツをみせることでカネを取る、つまりスポーツのソフト化、プロ化も、日本は欧米よりも一足早く、それは相撲の勧進興行に源流を辿ることができます。

　相撲も武士がたしなんだ武術の１つです。合戦での組討ちを想定しての武術が、観客から見物料を徴収してみせる勧進興行となったのは、遅くとも15世紀前半、世は室町時代です。寺社の建立や修復を請け負う「勧進聖」が資金調達のために、相撲の技量に長けた相撲人（相撲取り）を集め、見物料を取って競技をみせたのが始まりといわれています。

　江戸時代に入り、江戸や大坂などの都市部で庶民が経済成長を遂げ、ある種の中産階級が台頭してきた頃には、勧進元として、相撲会所（現在の相撲協会の先祖）という専門の運営組織が形成されていました。その相撲会所が、寺社奉行に申請をして許可を得て興行を打つという、立派なスポーツ興行となっていたのです。

　欧米の新たな十八番として、20世紀末から今に至るまで、世界を席巻している投資手法＝デリバティブが、世界で最初に組織化されたのが、実は江戸時代の堂島米会所だったというのは有名な話ですが、スポーツのビジネス化も、日本が欧米に先駆けていたのです。

　欧州においては、キリスト教社会が、精神を肉体よりも重んじる文化だったことから、スポーツが文化として発展するのは産業革命まで待たなければならなかったというのは前述した通りですが、萌芽はありました。

スポーツ・ビジネスの源流は相撲

写真1-3　勧進大相撲土俵入之図（歌川国芳画）
（出典：TOKYO アーカイブ／都立中央図書館特別文庫室所蔵）

　それは、封建制社会における貴族階級のレクリエーション、つまり「気晴らし」としてでした。スポーツという言葉は、フランス語で「気晴らし」を意味する desport が由来であるという説が主流ですが、そのことが示す通り、欧州では、貴族が、特権的レクリエーションとして、スポーツ的な身体活動に興じていました。その代表的なものが、テニスです。ジュ・ド・ポーム（手のひらを使ったゲーム）の名で、王政フランスの貴族の間で流行し、13 世紀のフランス王ルイ 10 世が、体を壊すほど熱心に取り組んだという説もあります。

欧州は産業革命以降

　欧州において、貴族のひまつぶし、ひけらかしであった身体的活動が、現在行われているスポーツへと発展したのが、産業革命期のイギリスです。
　7 年戦争における勝利と、それに伴うパリ条約（1763 年）をもって、アメリカ・インドにおける植民地権益を確たるものとしたことで、イギリスは、

近代世界における覇権国家としての地位を固めることができました。

　こうして、7つの海の支配者となり、潤沢な原料供給地と市場を得ることができたイギリスは、世界に先駆けて、産業革命に突入していったのです。

　イギリスが、世界に先駆けて産業革命に突入することができた先行者利得がどのくらい大きかったかというと、その後、第一次世界大戦が終結する1919年までの150年近くにわたって、世界唯一の超大国でいました。

　このイギリスの産業革命が、人類の歴史のなかで一大転換となった史実については、ここでは詳しく述べることはしませんが、スポーツの観点で特筆すべきことが2点あります。1つは、資本家階級と労働者階級の成立。もう1つは、土地の囲い込みと都市化の促進です。

　産業革命の時流をしっかりと捉えて台頭してきた産業資本家は、後継ぎとなる自分の子供が通う学校（パブリックスクール）に、実践的なリーダーシップを発揮する能力を養成してもらうことを期待しました。決断力、誠意、忠誠心もそうですし、言語も気候も習慣も違う植民地において、耐え得る強靱な身体と精神を育むことも身につけてほしい。そのために活用されたのが、スポーツだったのです。体力向上も含めた、イギリス紳士として求められる徳性を育むために、とりわけ重宝されたのが集団格闘的な種目、サッカーとラグビーが分化される前の「フットボール」でした。資本家は、このフットボールを、工場労働者の士気高揚、忠誠心の統合策としても奨励しましたので、労働者階級にも浸透していきました。

　現在、行われている競技種目のほとんどの統括団体およびルールの統一が、イギリス発なのは、イギリスで世界に先駆けて産業革命が行われたことと深く関わっているのです。サッカー、ラグビー、クリケット、ゴルフ、ボクシング、競馬、ポロ、卓球、カーリング、水球、クレー射撃などなど、五輪に採用されている種目を含め、世界的に普及している競技の多くが、イギリス発祥です。

欧州におけるプロスポーツの誕生

　こうしてイギリスの人々の間に広まっていったフットボールは、都市化されたイギリスの各都市において、盛んに競技会が行われるようになりました。イギリス紳士の誇りをかけた戦いのはずでしたが、日々の労働のなかで鍛えられた労働者階級の運動能力は高く、1800年代に入る頃には、資本家階級の主催する競技においても上位を独占することになりました。

　叩き上げがエリートをぎゃふんと言わせるというストーリーは、民主主義の発達した現代社会においては痛快な清涼剤ですが、時は19世紀。資本家階級と労働者階級という、社会のしくみを覆すことにもなりかねない屈辱を、イギリス紳士が許すはずがありません。しかし、そこは、高い徳育を受けているイギリス紳士。怒りに任せて排除とはしませんでした。

　代わりに持ち出したのが、プロとアマという区分けです。

　労働者階級はカネがありません。腕を磨くにも、競技会に出場するにも、カネの問題が障害となります。これをクリアするために「補償」というカタチで、金銭を受け取ることが常態化していました。資本家スポーツマンが、そこに目をつけ、自らを「アマチュア」と呼び、対する「プロフェッショナル」を競技会から締め出したのでした。

　最初に成文化されたのは、1839年のヘンリー・レガッタ組織委員会の規定というのが定説で、そこでは、出場者を、大学、パブリックスクール、軍人、アマチュアに限定していました。

　面白いのは、文学、芸術、音楽、美術を含めた、その他の芸能の世界においては、スポーツよりもはるかに長い、金銭的対価を受け取る歴史をもっていますが、このアマチュアという概念がないことです。スポーツも含めたすべての芸能は、余暇が可能にすることですが、スポーツ以外の芸能は、労働者階級が集団で接近する世界ではなかったことと、労働者のアドバンテージ（労働によって鍛えられた肉体的・身体的な優位性）を生かすことができなかったからだというのが定説です。

スポーツの経済的発展を阻害した
アマチュアリズム

　労働者階級を排除するために導入された、プロとアマというスポーツ界独自の区分は、その後、「アマチュア・スポーツこそ純粋で、浄（きよ）いものである。なぜならば、アマは、スポーツそれ自体のために、自らの責任のもと、励むのだから」「プロは卑しい」というイデオロギーに昇華して、その文句の美しさゆえに、スポーツの発展をずいぶん妨げました。

　ものごとの発展は、大衆化が進み、競争のなかで高度化していくというのが一般的です。軍事目的で開発されたインターネットが、一般大衆に開放・普及・発展・高度化していった過程はまさにその一例でしょう。

　しかし、スポーツの世界においては、本家のイギリスも、分家のアメリカも、特権階級が独占的に享受し続けられるよう、競技会から労働者階級を締め出し、かつ、労働者が自由にスポーツにアクセスすることがないよう、競技場などのインフラ整備に公共のカネを使えないようにしてきたのです。人間の本性とは、なかなかに醜（みにく）いものです。

　ロサンゼルス五輪（1984年）以降を境に、スポーツ・ビジネスが急速に発展していくさまは次章以降に詳述しますが、これを現象面で俯瞰（ふかん）すると、それまで蓋をされていたために、溜まっていたマグマが、一気に噴出したという

写真1-4　第1回近代オリンピック（アテネ、1896年）の創設メンバー（左から2人目がクーベルタン男爵）（出典：Wikimedia Commons）

ことかもしれません。

　このアマチュアリズムが、正義として長くスポーツ界に君臨した大きな要因は、オリンピックでした。近代オリンピック運動の創始者であるピエール・ド・クーベルタンが、「オリンピックの出場者は、スポーツによる金銭的な報酬を受けるべきではない」と提唱し、国際オリンピック委員会（International Olympic Committee、以下 IOC）は、1914 年に起草したオリンピック憲章において、オリンピックの基本精神として、アマチュア規定を盛り込みました。

　定義の概要は、以下のようなものでした。
1.　各種スポーツの国際スポーツ連盟の「アマチュア定義」により、アマチュアと認定されたものは、オリンピック大会に参加を許可される。
2.　オリンピック大会に参加する競技者は、次の条件を満たすものでなければならない。
　㋐競技者は、当該スポーツのみならず、他のいかなるスポーツにおいてもプロフェッショナルであってはならない。
　㋑大会参加のために失われた報酬の補償を受けてはならない。
　㋒体育授業または、スポーツを専門に指導することで報酬を得ている教師は参加資格がない。

㋐のケースとして有名なのが、アメリカの陸上競技選手だったジム・ソープのケースです。1912 年のストックホルムオリンピックの十種競技と五種競技の金メダリストとなったソープは、野球のマイナーリーグでのプレー歴があったことが、大会終了後明るみに出たため、翌年に金メダル剥奪・記録抹消という厳しい処分を受けたのです。ソープの名誉回復

写真1-5　ジム・ソープ（1912年のストックホルム五輪）（出典：Wikimedia Commons）

は、70年後となる1982年のことでした。IOCはソープの復権を決定し、金メダリストとして認定したのです。

(イ)のケースは、サッカーです。人類としての歴史が始まった頃から、ボールを蹴る遊びは世界中で行われていたことが分かっており、本当の起源を辿るのは、諸説飛び交っています（いずれにしても考古学者の仕事ですが）。現代のサッカーの起源は、イギリスで中世に行われていた、祝祭日に合わせて共同体全体が参加する遊戯だというのが定説です。こうして、早くから、農奴を中心とした被抑圧階級の、数少ない娯楽として浸透していたサッカーは、産業革命後のイギリスにおいて、労働者の統合策あるいは地域統合策として奨励されるなか、労働者階級に深く根差していくことになりました。

労働者階級に負けてばかりで面白くないと、資本家階級がラグビーに傾倒していったこともあり、フットボール協会は、1888年には、賃金の補償を受けている選手を容認し、1904年に設立された国際サッカー連盟（Federation Internationale de Football Association、以下FIFA）も、イングランドの加盟に伴い、歩調を合わせました。

しかしIOCは認めなかったことから、1932年のロス五輪では、サッカーが実施されない事態に発展しました。

(ウ)については、早々に廃止されました。

アマチュアリズムの崩壊は冷戦の副産物？

IOCが、アマチュアリズムを放棄したのは1974年です。一流アスリートの実態が理念と乖離していたこともありますが、最大の理由は、ソ連をはじめとした東側諸国の選手が西側の選手を凌駕していたからです。

東側諸国の選手は、実質的にはスポーツで生計を立てているプロ選手（西側諸国では、ステート・アマとされていました）でしたが、「社会主義ゆえプロは存在しない」という理屈で、オリンピックに大手を振って参加し、好成績を挙げていました。

　西側が本物のアマチュア選手しか派遣できないのに対して、東側がステート・アマを派遣すれば、当然、東側に分があります。こうなると、西側諸国のメディアやアスリートがオリンピックへの情熱を失ってしまう。そんな懸念が強くなっていったのです。

　東側諸国という強大な「外敵」に相対したそのとき、内なる脅威（プロ選手）は、むしろスポーツにおいて、東側諸国に対抗するための切り札になります。

　第二次世界大戦後、アメリカを中心とした西側諸国と、ソ連を中心とした東側諸国との対立関係は、多くの悲劇を生みましたが、アマチュアリズムというイデオロギーを駆逐したという意味において、スポーツ界の経済的発展には寄与したといえるでしょう。

　このように、スポーツ産業にとって、アマチュアリズムというイデオロギーは、経済的発展の観点では諸悪の根源でしたし、現代の民主主義の観点からも、廃されるべきものでした。しかし、決してニヒリズムな話をしているわけではありませんが、正義は時代によって変わるし、土台、歴史は勝者が書いた産物です。

　18世紀のイギリスは、産業革命の結果として、それまでの為政者である貴族に代わって、ブルジョア（産業資本家）が支配的地位を勝ち取った時代でした。彼らにすれば、事業の成功で得た地位と富が保全される体制が、安定して維持されることが正義でした。労働者が、彼らの地位を脅かしかねない力を持つようなことについては、神経を尖らせるのも当然だったでしょう。

参考資料～オリンピズムの根本原則（オリンピック憲章より）

1.　オリンピズムは人生哲学であり、肉体と意志と知性の資質を高めて融合させた、均衡のとれた総体としての人間を目指すものである。スポーツを文化と教育と融合させることで、オリンピズムが求めるものは、努力のう

ちに見出される喜び、よい手本となる教育的価値、社会的責任、普遍的・基本的・倫理的諸原則の尊重に基づいた生き方の創造である。

2. オリンピズムの目標は、スポーツを人類の調和のとれた発達に役立てることにあり、その目的は、人間の尊厳保持に重きを置く、平和な社会を推進することにある。

3. オリンピック・ムーブメントは、オリンピズムの諸価値に依って生きようとする全ての個人や団体による、IOC の最高権威のもとで行われる、計画され組織された普遍的かつ恒久的な活動である。それは五大陸にまたがるものである。またそれは世界中の競技者を一堂に集めて開催される偉大なスポーツの祭典、オリンピック競技大会で頂点に達する。そのシンボルは、互いに交わる五輪である。

4. スポーツを行うことは人権の１つである。すべての個人はいかなる種類の差別もなく、オリンピック精神によりスポーツを行う機会を与えられなければならず、それには、友情、連帯そしてフェアプレーの精神に基づく相互理解が求められる。

5. スポーツが社会の枠組みの中で行われることを踏まえ、オリンピック・ムーブメントのスポーツ組織は、自律の権利と義務を有する。その自律には、スポーツの規則を設け、それを管理すること、また組織の構成と統治を決定し、いかなる外部の影響も受けることなく選挙を実施する権利、さらに良好な統治原則の適用を保証する責任が含まれる。

6. 人種、宗教、政治、性別、その他の理由に基づく国や個人に対する差別はいかなる形であれオリンピック・ムーブメントに属する事とは相容れない。

7. オリンピック・ムーブメントに属するためには、オリンピック憲章の遵守及び IOC の承認が必要である。

　スポーツがビジネスとして発展する萌芽として、アマチュアリズムのイデオロギーが崩壊したことと並んで大きかったのが、第二次世界大戦の傷が癒え、先進諸国が高度経済成長に入ったことです。

　1960年代に入り、先進諸国では、高度経済成長に伴い国民所得が漸進[ぜんしん]し、一般大衆も余暇を楽しむ時代になりました。テレビの普及と、交通手段の利便性も飛躍的に進みました。一方で、労働の機械化、高度化に伴うストレスの増加、高栄養化による生活習慣病の増加など、いわゆる文明病が、新たな社会問題となりました。こうした時代背景が、政策的にスポーツを推進したのです。

　有名なのが、1966年に欧州審議会が各国に奨励した、スポーツ・フォー・オールです。一般大衆がスポーツを楽しめる環境づくりを推進するこの政策により、公共性を獲得したスポーツは、欧米を中心に飛躍的に広がり、このことは、みるスポーツへの需要も高めたのです。

アマチュアリズムの理解に失敗した日本

　日本におけるスポーツの産業化は、イギリスと共に、欧米先進国に後れを取りました。それは、第二次世界大戦の敗北により、焦土と化した国家を立て直すため、経済成長に全精力を注ぎ込まざるを得ないという固有の事情も大きかったですが、イギリスと同様、アマチュアリズムが根強く残ったのも、少なからず影響しました。

　アマチュアリズムは、スポーツを、特権階級が自分たちだけで楽しむ特別なものとする概念ですから、大衆化と産業化を大きく阻むことになるのは、ここまで記してきた通りです。先述の通り、日本は世界に先駆けて、スポーツのビジネス化がなされた国であります。しかしながら、欧米に約50年遅れてアマチュアリズムが普及してからというもの、その精神はスポーツの金科玉条として、日本のスポーツ界に多大な影響を与え、序章で述べた通り、日本のスポーツ産業が現代においても、他の産業に比して欧米に著しく遅れている大きな原因となりました。

　それにつけても、イギリスのような政治的・社会的背景があったわけではないのに、日本が、このアマチュアリズムの最後の砦[とりで]だったというのは、な

んとも不思議な話にも思えますが、そうなったのは、以下のような背景が定説です。

　まず、明治時代以降、敗戦に至るまでの近代日本において、最も影響を受けてきたのはイギリスでした。黒船来襲以来、西洋のものに対しては原則、ありがたがる傾向にあるわたしたち日本人にとって、同じ島国であり、騎士道精神という、類似した概念をもつイギリスの思想に対する受容性がことさら高かったこともあったでしょう。「名誉と栄冠だけを求め、そこに金銭的対価を求めない」という建前が、日本の質素倹約の精神、および武士道精神にことさら、マッチしたのです。

　戦後の高度成長期において、他の先進国がスポーツ・フォー・オールの概念を旗頭に、国家レベルでスポーツを振興していた間も、日本は、スポーツは限られた特別なヒトが、自らの責任と財で楽しむものというアマチュアリズムの呪縛のなかにいましたから、他の多くの産業が、「日本株式会社」の総司令塔だった通産省の手厚い産業振興策のもと、奇跡的な発展を遂げるなかにおいても、放置されました。

　スポーツ関係政府予算はその象徴的な例だといえるしょう。図表 1-1 にあるように、2015 年の日本のスポーツ関係予算は対 GDP 比 0.004% です。対して、イギリスは対 GDP 比 0.099% で、フランスは 0.012%、お隣の韓国も0.012% で、いずれも、それぞれの国の経済規模に対して、日本よりもずっと大きな割合のスポーツ予算が組まれています。

　それでも、同年（2015 年）の 10 月にはスポーツ庁が発足し、2020 年にオリンピックが控えているなど、スポーツ予算が増加傾向にあるなかでのお話です。その 10 年前となる 2005 年のスポーツ予算は、164 億円と 2015 年の2/3 程度でした。

　文化財、公共財としての地位を得ることができなかったスポーツを支えてきたのは企業でした。労使紛争が頻発するなか、一体感を醸成するツールとして、そして広報宣伝のツールとして、スポーツを高く評価したのです。こうした時代背景のなかで誕生した、実業団チームとリーグ、およびそこでプ

図表1-1　各国のスポーツ関係政府予算

	スポーツ担当省のスポーツ関係予算額		GDP額（自国通貨）	スポーツ関係予算のGDPに占める割合	スポーツ関係予算の対GDP比について、日本を1.0とした時の水準
	円換算	自国通貨			
日本　（H27）	237億1,981万円	237億1,981万円	534兆4,250億円	0.004%	1.00
イギリス（H24）	1,896億2,000万円	14億9,945万ポンド	1兆5,063億ポンド	0.099%	24.62
フランス（H24）	262億2,400万円	2億5,554万ユーロ	2兆0,468億ユーロ	0.012%	3.18
アメリカ（H25）	-	-	15兆7,102億ドル	-	-
カナダ　（H24）	244億2,700万円	3億0,606万加ドル	1兆6,615億加ドル	0.018%	4.26
オーストラリア（H24）	32億3,700万円	3,917万豪ドル	1兆5,087億豪ドル	0.003%	0.67
韓国　（H24）	110億2,300万円	1,560億ウォン	1,341兆9,664億ウォン	0.012%	3.03

出典：文科省スポーツ関係データ集（2016年3月作成）より

レーするノンプロ、カンパニー・アマというしくみが、そのまま、戦後ニッポンのスポーツを支えることになったのです。

　アマチュアリズムの呪縛から解き放たれ、高度化、大衆化が、国家あるいは自治体が整えたインフラのもとで推進された欧米各国に対し、日本の場合は、企業がその役割を担い、その戦後体制は、良きにつけ、悪しきにつけ、今もって、日本のスポーツ界の随所に根深く残存しています。

　ソ連をはじめとする東側諸国の選手が、アマチュアとは名ばかりで、朝から晩までスポーツばかりやっているステート・アマだとして批判を受けた話は、前述した通りですが、日本のスポーツ選手はカンパニー・アマとして、欧米諸国から疑いの目を向けられていたこともあります。

プロ野球も、広義における企業スポーツといっていいでしょう。野球は、開国後の近代ニッポンに、どどっと流れ込んできた外来スポーツのなかで、いち早く国民の心をとらえ、1936年には、日本職業野球連盟の発足をもってプロ化されました。その後、国民的娯楽へと成長し、今に至るまで、日本のスポーツ興行の頂点であり続けているのは、ご存じの通りと思います。そのバックボーンは、昔も今も、球場などのインフラも含め、企業が支える日本独特の形態です。

　このプロ野球を含めた、日本のスポーツ興行の現状については、後に述べることとします。

　ここまで、スポーツが経済活動の一環となる前の段階、つまり人々の生活の一部となり、大衆化、高度化していく過程についてお話ししましたが、次章からは、スポーツがビジネス化、ソフト化していく過程についてお話しします。

column
やり方1つで高校野球は稼げる

・・

　間もなく幕を閉じる今年（2015年）のセンバツ。夏ほどの熱狂はないが、それでも大会を通じて40万人前後を集め、NHKが地上波で完全生中継する、日本の風物詩です。

　野球自体のレベルは、プロと比べるべくもない、高校生の野球大会が、100年という歴史を刻んできた今なお、国民的人気を博している理由については、郷土愛、母校愛、判官びいき、自己犠牲の精神、シンデレラ・ストーリー、番狂わせ、青春時代への郷愁、一発勝負のはかなさ……などなど、情緒的な心情に支えられているというのが、巷で言われることで、情緒的な日本人に独特のものと思いがちですが、実は、よく似た大会がアメリカにもあります。

　NCAA（全米大学体育協会）バスケットボール選手権です。全国から選抜された68校が、一発勝負のトーナメント方式で覇を争うこの大会。3月半ばから4月第1週にかけての大会期間中は、大統領から小学生まで、全米がこの話題でもちきりとなることから「March Madness＝春の狂宴」との愛称がついています。現在、男女ともに、ベスト4が出揃った段階です。

　日本の高校野球と違うのは、これが、協会と加盟大学にとって、とても大きなビジネスになっていることです。

　たとえば、本大会の放送権料は、男子のそれが、年間7億7000万ドル、1ドル120円で924億円です。強豪校の1つ、ルイビル大学は、バスケットボール部の興行（放送、チケット、ライセンス、物販など）で、年商4000万ドル以上。ちなみにバスケも含めた運動部の興行売上が最大の大学はテキサス大学で、その額は1億6600万ドル（うち1億400万ドルはアメフト部の売上）です。そして、これらを足し合わせた、アメリカの大学スポーツの売上は、MLBに匹敵する80億ドル以上といわれています。

　支出は、女子やマイナースポーツの部活動の支援が大半で、あとは興行に

伴う諸経費と、監督・コーチや部長の報酬を含めた人件費です。バスケやアメフトの強豪校の監督ともなれば、年俸300万ドルは当たり前で、トップは700万ドルを超えています。そして通常、最大の費用である選手への報酬は、学生ですから奨学金まで、という極めて安定した儲かるビジネスモデルを築いてきましたが、実は昨年、ここに風穴があきました。

　学生が、NCAAに対して訴訟を起こしたのです。協会も学校も監督も大儲けをしているのに、実際にプレーしている我々は、アマチュア規定により報酬なしというのは理不尽ではないかという訴訟。学生側の言い分は通りまして、NCAAは敗訴しました。

　さて、NCAAバスケに負けず劣らずのコンテンツ力を持つ日本の高校野球。日米の市場規模、およびビジネス環境の違いを踏まえても、NCAAバスケの1/10くらいのビジネスにすることは十分に可能でしょう。そうして稼いだ金を、野球振興に使うのであれば、ヨノナカも許容する時代になったのではないかと思っています。

（夕刊フジ連載「小林至教授のスポーツ経営学講義」2015年4月2日紙上掲載に加筆修正）

column
競技団体でガバナンスが機能しない理由
・・

　アマチュア競技団体において、ガバナンスの欠如に基づく不祥事が続いている。レスリング協会のパワーハラスメント、ボクシング連盟の不正疑惑、体操協会におけるパワハラ疑惑と、いずれも、権限と影響力をもつ一部のものが独裁的に組織を支配する封建的な体質が世に晒され、批判を受けている。

　もっとも、スポーツ界において、ガバナンスが機能しないのは今に始まったことでもなければ、日本に固有のことでもない。

　IOC における、五輪招致に伴う票の買収は、ソルトレイク（2002）や長野（1998）についてのそれが、一大スキャンダルとなったが、その後も、ロンドン（2012）、東京（2020）の招致に伴う集票工作が報じられてきている。FIFA については、2 人の権力者による 50 年間もの長期支配が続き、集票工作はもちろん、全権を掌握した独裁者がやりそうなあらゆる汚職に手を染めていたことが発覚して、世界中を仰天させた。

　スポーツ団体において、ガバナンスが機能しにくい大きな理由は、市場に晒されていないからだろう。

　市場とはつまり競争であり、わたしたちが住む資本主義の社会においては、多くのことが市場の「神の手」によって決められる。分かりやすいところでいえば企業価値である株価がそうである。企業は市場で高く評価してもらうためには、同業他社との競争に勝ち、収益をあげる必要がある。そして収益をあげるためには、経営者は、優秀な人材を雇い、良い商品を生み出し、その商品を買う顧客を増やす必要がある。それができない経営者は、株主から退出を命じられるし、一方で、利益をあげるために、従業員に十分な給与を払わなかったり、法に触れるような行為を指示すれば、今であれば内部告発で即アウトだし、そうでなくとも、優秀な人材は働き口を別に求めることになるだろう。

ところが、スポーツの場合は、1つの競技に対して1つの団体しかないために、より良い商品やサービスを生み出すために競争をするということがない。末端のレクリエーションレベルの競技者であればともかく、これは頂点に近いアスリートともなると深刻な問題である。日本の体操選手であれば、日本体操協会に所属するしか、その頂点を目指すことができないのである。

　実は、こうしたピラミッド型のアマチュア・スポーツ組織の権力の集中と腐敗は、アメリカのプロスポーツ団体がよく指摘していることである。アメリカのプロスポーツ団体は、いずれも、ライバルリーグとの競争に晒され、勝利してきた歴史をもつ。そのガバナンスは、たとえばコミッショナー率いる中央統括機構は、各球団の厳しい目に晒されており、成果を出せなければ退出を余儀なくされる。日本のプロ野球はもっと厳しく、コミッショナーにほとんど権限を与えていない。そんなことをいったって、現実には、IOCは一競技につき一団体しか認可していないし、そのIOCが主催するオリンピックが目指す頂なのだから仕方ないではないか、とおっしゃる向きもあろう。その通りである。だからこそ、ハンパない厳しいガバナンスの体制を敷かなければいけないのだ。

（夕刊フジ連載「小林至教授のスポーツ経営学講義」2018年9月6日紙上掲載に加筆修正）

第2章

1984 スポーツ・ビジネス元年

スポーツの商業化、ソフト化

「みるスポーツ」を経済的活動として捉えるにあたり、一番の特徴は、商品が物体ではなく「権利」という、いわば概念であるということです。

物体は、原価がある種の価格の根拠となります。むろん、スーパーで売っている財布が5000円で、ルイ・ヴィトンの財布が5万であるその理由は、原価でもなければ、性能や質の問題でもなく、ルイ・ヴィトンのブランド力です。つまり、ブランドに昇華することができれば高く売れるし、そうでなければ製造原価を基にそれなりに、ということになりますが、それでも、ゼロを下回ることは通常ありません。

しかし、スポーツの商品は概念ですから、場合によっては、売り手と買い手も入れ替わるのです。たとえばテレビの放送権。

テレビ放送の価値が世界で最も高いNFLに対して、テレビ局が支払っている放送権料は、1シーズン換算にして73億ドル。NFLの1シーズンの総試合数は、公式戦240試合（各球団16試合）、スーパーボウルを含むプレイオフが11試合の251試合ですから、1試合につき2900万ドル、邦貨にして32億円となります。

一方で、日本の男子ゴルフツアーの大会の多くは、テレビ局が放送権を買うのでなく、大会スポンサーが、露出による認知向上のために、放送枠をテレビ局から購入しています。このように、商品の価値が需要と供給に完全に依拠するばかりか、売り手と買い手が逆転する可能性すらあるのが、スポーツ興行の商品の特性であり、面白いところです。

球団（チーム）にしても団体にしても、スポーツ興行を主催する側は、需要を創出し、喚起することで、つまりマーケティングによって、「売り手市場」を創出・維持・拡大することが、最も重要な仕事なのです。

売り手として価値を十分に引き出すためには、自己を売り込むことも含め、どんなビジネスでもそうですが、商品を熟知したうえで、相手にその価値を認識させるスキルが必要です。なぜなら、隙をみせれば、売り手が買い

図表2-1　NFLの放送権の推移

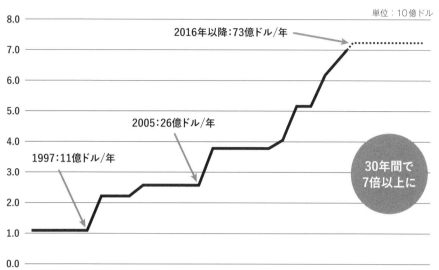

単位：10億ドル

出典：Business Insider

手になってしまうのですから。

　今や、IOC の売上の半分を占めるテレビ放送権料（3000 億円以上）ですが、やっと徴収に至ったのは、1960 年のローマ五輪のことでした。1956 年のメルボルン大会でも、アメリカのテレビ局、ラジオ局に打診はしましたが、カネを徴収するなら放送しないと猛反対に遭い、実現しませんでした。

スポーツ興行の４大収入源

　野球も、サッカーも、バスケットも興行ビジネスです。つまり、スポーツ・ビジネスというのは、試合をやることによって、そこから発生する権利をお金に換えるビジネスです。権利ビジネスという言い方をしてもいいでしょう。主なものは４つあって、チケット、放送権、スポンサーシップ、マー

図表2-2　スポーツ・ビジネスとは、試合から派生する権利を換金するビジネス

● 権利ビジネス〜需給だけが価値の根拠
● スポーツ興行の4大収入源
　　1.チケット
　　2.放送権
　　3.スポンサーシップ
　　4.マーチャンダイジング

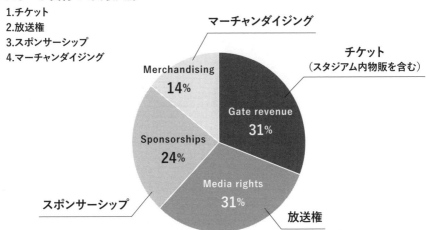

出典：PwC Outlook for the global sports marketを基に筆者作成

チャンダイジングです。最大のものは、PwCによる2015年の推定値となりますが、チケットと放送権がそれぞれ31％で、スポンサーが24％、マーチャンダイジングが14％となっています。

　どうやって価値を認めてもらうか、相手に納得しておカネを払ってもらうかがカギとなります。自分が売りたい価格を相手に押し付けても、それは通用しない。相手に納得してもらえるところにもっていくというのがスポーツ・ビジネスの、ある種、醍醐味みたいなところで、この4大収入源はいずれも、そうやって価値が決まっていくわけです。

　1つ目はチケット。スポーツの試合を見るために入場料を払う、スポーツコンテンツの原点です。起源は、先に記した通り、室町時代の大相撲だといわれています。

　入場券を売るのは、そんな太古の昔からある単純明快なビジネスですが、今でもスポーツ興行の原点といわれています。なぜかというと、スポーツは

感動と熱狂が売りものですから、満員のスタジアムがなければ、そこから先にはいきません。がらがらのスタジアムで、いくらテレビやスポンサーに権利を売ろうといったって、ムリなんですね。

　そして、スタジアムのキャパを超える数のお客さんにみてもらえる価値が生まれると、次に放送です。電波や通信を通じて、桁違いのヒトにみてもらえる、大きなビジネスになる。世界で一番大きなスタジアムである北朝鮮のメーデー・スタジアムでも、収容人数は11万4000人です。ところがテレビになると、日本で視聴率が1％といっても100万人。桁違いのヒトにみてもらえるようになります。

　たとえば、FIFAのワールドカップ。2018年の総入場者数は300万人でした。凄い数字ですが、テレビでみた人は延べ300億人でしたから、入場者数の1万倍です。映像を通じて、桁違いの規模の人が観戦することになる。ですから世界的コンテンツになると、売上の大半が放送権ということになります。ただ、影響力が大きいというのは、コンテンツホルダーにとっては、映像に乗せることの意義が大きいということでもあります。ですから、先に記した通り、売り手と買い手が入れ替わるということもあります。試合の映像の権利は、当然のことながら、コンテンツホルダーがもっているわけですが、メディア側からすると、テレビやインターネットを通して人にみてもらえるから人気が出るわけで、これは宣伝ではないかという、そういう見方もできます。売り手と買い手の、このせめぎ合いこそが、放送権ビジネスの1つの醍醐味なのです。そんな影響力がとても大きいテレビ中継ですが、昔は巨人戦が、全試合、地上波で全国に生中継されていました。7時から9時まで。場合によっては、7時から10時まで、すべての試合が全国中継されていたお化けコンテンツでした。1970年代から世紀の変わり目くらいまではそんな状況が続いたおかげで、その時代は、プロ野球ファンというのは、巨人ファンかアンチ巨人。いずれにしても巨人ファンだといわれていたものです。当時、人気のセ、実力のパなどという言い方がありました。巨人との対戦があるために全国に中継してもらえるセ・リーグに対して、パ・リーグに

はそれがないということで、同じプロ野球とはとても思えないくらい、待遇・扱いが違った時代が長く続きましたが、それも今は昔の話で、今やセ・リーグとパ・リーグの格差は、ほとんどなくなりました。2018年の入場者数はセ・リーグが1424万人、パ・リーグが1132万人でセ・リーグのほうが少し多いですが、パ・リーグのほうが、図表2-2にある4大収入源の権利の取り扱いに長けていることもあり、売上は、セもパも概算すると900億円くらいで、両方合わせると1800億円くらいです。

　3つ目はスポンサー。スポンサーシップ、企業名や商品名の宣伝や告知をする権利です。プロ野球のスタジアムに行きますと、外野を中心に大きな看板が掲出されていますね。この看板掲出の権利もスポンサーシップの1つです。

　また、帽子やユニフォームの袖にも、企業やブランド名が掲出されていますね。物理的な大きさでいえば、スタジアムの看板のほうがはるかに大きいですが、価値が高いのは帽子のほうです。なぜかというと、帽子の広告はテレビやネットを通して、多くの人に露出する。映像の中心は選手ですから、始終、映像に乗っている。一方、外野の看板がテレビの画面に映る場面はそれほど多くはない。スポンサーシップというのは、電波あるいはネットを通じて、その映像、画像が、世界中に露出されることで、その価値は飛躍的に高まるのです。インターネット、スマホを通じて、テレビだけだった時代よりもさらに多くの、それこそ世界中の人が同じ映像をライブで楽しめる現代、世界中にその映像が届けられるスポーツコンテンツは、広告媒体として非常に価値が高まりました。

　4つ目がマーチャンダイジングです。商品化権、ロゴビジネスという言い方もあります。球団のロゴや肖像を使ったグッズを販売する権利を許諾するビジネスです。これも権利を売るビジネスです。ライセンス料は、だいたい売値の10％ぐらいが標準です。売上のわりには、そんなに大きくならないですね。2018年のプロ野球で最もグッズ収入が多い球団の1つが広島東洋

カープで、その売上高は54億円くらいだといわれていますが、仮にすべてのグッズがライセンス商品だとすると、企画料などを乗せても20％はいかないでしょうから、利益は意外と少なく、10億円くらいということになります。

　ロゴビジネスで大きな収益を狙う1つの方法に、自社商品化つまり内製化するという手があります。ライセンス料だけですと10％しか利益にならないところが、自分で製造すればすべて自分のものになります。たとえば応援グッズの定番の、球団のロゴや選手名が入ったタオルがあります。仮に値段を1500円としましょう。これをライセンス、つまり、タオル業者にロゴを使う権利を与えれば取り分は許諾権料の10％、150円にしかなりません。一方、これを内製化すればとても大きな利益になる。それほど質の良くないタオルであれば原価は200円もいかないでしょうから、そこにさまざまな販管費用を乗せても、粗利で60％〜70％は取れるのです。このタオルの場合であれば、900円から1000円を超える利益を得られる可能性があるということです。

　ではなぜ、みんな自分でやらないのかというと、在庫リスクがあるからです。アパレルというのは、在庫のコントロールが非常に難しい。はやり物ですから、売り時を逃してしまうと、あっという間に価値がなくなって、在庫の山が膨れ上がります。

　このリスクを、実は福岡ソフトバンク・ホークスは取りました。その決断をするための経営会議は議論百出で、わたしたち経営陣は大いに悩みましたが、内製化に舵を切ることにしました。運が良かったのは、踏み切るのと前後して、ソフトバンクの親会社が携帯事業に参入しました。携帯電話の販売の現場では、ノベルティといわれる販促商品がたくさん必要になり、ソフトバンクでいえば犬のお父さんのグッズが有名ですが、これらの製造の受託をすることができて、わりと早いうちに軌道に乗せることができました。このホークスのグッズの内製化も業界では結構、有名な話ですので、興味があったらインターネットなどで調べてみてください。

スポーツのメディア価値

　スポーツが売り手市場となるカギは、図表2-3の通り、メディア価値をもつことです。新聞、ラジオ、そしてテレビの取材対象となることはもちろんですが、近現代では、テレビがおカネを払って、放送する権利を買いたくなる、そんな状況を作り出すことで、強力な売り手市場を作ることができるのです。逆に言うと、メディアが取り上げないスポーツは人気が出ず、資本の蓄積と拡大再生産という、現代資本主義社会における、経営上の成功を収めるには至らないということです。

　メディア価値をもつためのプロセスは、まずは観客席が埋まることから始まります。観客席が恒常的に埋まる状況になって初めて、マスメディアが取り上げる価値が生じることになります。そして、マスメディアが中継する、あるいは報じることによって、当該競技は、飛躍的に多くのヒトに接触でき

図表2-3　スポーツ・ビジネスの権利が拡大再生産されていく流れ

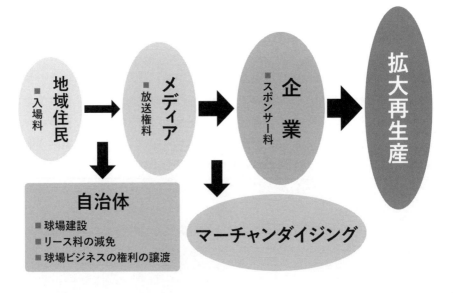

ることになります。

　スタジアムに入れる人数は、先にも記した通り、世界一の収容力を誇る北朝鮮のメーデー・スタジアムでも、11 万 4000 席ですが、テレビで放送されるとなれば、桁違いの数のヒトが観戦することになります。仮に、日本における全国中継で、視聴率 1％としても 100 万人ですから。

　これが、ワールドカップのような巨大イベントになると、2018 年のロシア大会を例にとれば、大会総入場者数 300 万人に対して、テレビの延べ視聴者数は 300 億人を超えると推定されています。その差は 1 万倍です。グローバル化とテレビの普及が、スポーツのビジネス機会を無限に拡げている現状を、直感的にご理解いただけるのではないでしょうか。

　加えて重要なのが、スポーツは報道の対象でもあるということです。同じエンターテインメントでも、映画や舞台は、新聞・雑誌に広告を掲載したり、テレビで予告編を流したりしますが、いずれも、おカネでその枠を買っています。また、そのダイジェストが報道で流れることはありません。しかし、スポーツは、結果やダイジェストが報道されるほか、プロ野球の順位予想やキャンプ報道が代表的ですが、いわば予告編まで報道してくれるのです。

スポーツ・ビジネス元年 ～1984年ロサンゼルス五輪

背景

　人間にしか認識できないことから、知的財産権と称されるこの権利の特性を実践に移し、スポーツがビジネスになることを世界中に示したのが、1984年のロサンゼルス五輪でした。

　オリンピックは、少なくとも、1936 年のベルリン大会のときには、世界にアピールできるメディア価値の高さの認識がありました。

日本では「前畑ガンバレ」の実況が語り草になっているこの大会は、ナチス・ドイツが国力を誇示するプロパガンダの場として、画期的な（その多くはスポーツ興行史上初となる）マーケティングが幾つか行われました。

まず大会前、40 にものぼる国に宣伝拠点を設け、それぞれの国の言語に合わせたポスターとパンフレットがばらまかれました。聖火リレーが初めて行われたのも、このベルリン大会でした。

開会式は、ドイツの巨匠リヒャルト・シュトラウスがこの大会のために作曲し

写真2-1　1936年ベルリン五輪での前畑秀子さん（出典：Wikimedia Commons）

た「オリンピック賛歌」を、シュトラウス自身の指揮で演奏するという、壮大なものでした。そして仕上げは、記録映画『民族の祭典』。世界中で絶賛され、日本でも、戦前の観客動員記録を樹立するヒットとなったこの記録映画は、ナチ讃美のプロパガンダ映画として戦後は糾弾されましたが、芸術性に対する高い評価は変わらず、その後、スポーツが映像として高い価値をもつことになる、ベンチマークの１つとなりました。

実際、メディア価値の高いオリンピックは、新しいメディアを世界にアピールする絶好の場として、数々の新機軸が打ち出されてきました。幻の大会となった 1940 年東京五輪もその１つで、日本政府は、同大会でテレビ放送局を開局する予定でした。しかし、戦火が激しくなるなか、中止になり、開局は戦後まで待つことになりました。

1兆円オリンピック

新幹線や首都高速、地下鉄などの大規模公共インフラを、この大会に間に

合わせるよう整備したことから、それらを足し合わせて投じられた金額がほぼ 1 兆円になるため、こう表現されたのが東京オリンピックです。

　勿論、上記のインフラは、その後、今に至るまで、日本の社会および産業振興に不可欠なものであり、オリンピックのためだけに作られたわけではありませんが、日本の復興を世界に印象付けるためにも、オリンピックに間に合わせるよう、完成を急いだのは事実のようです。

　余談ですが、〆切があるというのは仕事にはとても大事なことで、たとえば、原稿も〆切があるから書くのです。このときも、オリンピックに間に合わせるよう、いろいろな産業で〆切に間に合わせるべく、知恵を絞った、いい仕事がなされました。新幹線や首都高速、地下鉄は有名ですが、たとえばホテルのバスルームをユニットで作ってハメこむノウハウも、このときに編み出されたものといわれています。冷凍して大量の食材を保存し、各国の選手に料理を出すノウハウは、ファミレスのビジネスモデルへと昇華しました。警備会社もそうです。警察官だけでは防犯、警固などに人手が足りないからと、東京オリンピックの 2 年前に創業したのがセコム。創業時は 3 人だったそうです。警備保障のビジネスは、今や、セコムだけで連結売上高 8000 億円を超える大きな産業となっています。ちなみに、業界 2 位は綜合警備保障、3 位はセントラル警備保障です。

　それにしても、当時の日本の国家予算が 3 兆 3000 億円ほどでしたから、1 兆円というのは大変な金額です。

　序章でも記したように、東京五輪は、日本の復興をあらためて世界に印象付けたのと同時に、メイド・イン・ジャパンの工業製品が、決して欧米のコピーの粗悪品ではなく、欧米のものに比肩する一流のものであることを世界に認めさせる、日本国家にとっても非常に大事な大会でした。

　この東京五輪でも、新しいメディア技術が導入されました。史上初のカラー放送とスロービデオ再生です。時差の関係で、アメリカと欧州では放送時間が非常に少なかったため、オリンピックをもって日本の技術力を世界に大々的にアピールとまではいかなかったようですが、カラー放送とスロービデオ再生は、その後のスポーツ中継の価値を高める、画期的な技術であった

ことに相違ありません。

　また、この東京大会は、世界的なスター選手が身に着ける用品を巡って、メーカー同士の競争が激しくなっていることが顕在化した大会でもありました。この頃には、アディダス、プーマ、そして日本のオニツカ（現アシックス）など、主要なスポーツ用品メーカーは、トップ選手に自社商品を使ってもらう効用について、明確に理解していました。

　その対象の1人が、アベベ・ビキラでした。裸足のアベベとして日本人にもお馴染みの、オリンピック連覇を果たしたマラソン選手です。ただし、裸足だったのは、1960年のローマ五輪（写真2-2）まででした。ローマ五輪の翌年、1961年に開かれた毎日マラソンに出場するために来日したアベベに、オニツカは猛烈な売り込みをして、自社のシューズを履いてもらうことに成功し、それ以降は、オニツカが提供したシューズを履いていました。しかし、肝心要の東京五輪で、アベベが履いていたのはプーマでした。オニツカにとっては大ショックだったそうですが、当時、アベベとオニツカの間には、シューズ使用についての契約はありませんでした。このことが示すのは、東京五輪の頃には、スポーツの経済的な影響力は十分に認識されつつあったものの、一般のビジネスの世界ではすでに当たり前のことであった権利とい

写真2-2　オリンピック連覇を果たしたアベベ・ビキラ
（出典: Wikimedia Commons）

う概念も、それを規定・保護する契約という概念も、薄かったということです。

　その後、メキシコ（1968 年）、ミュンヘン（1972 年）と大会を重ねるごとに、オリンピックは巨大化し、商業的価値が高まっていきました。テレビを中心としたメディアの普及が世界的に進み、選手たちの世界的知名度があがるわけですから、当然の帰結です。

　一方、参加人数が増大し、世界中が注目するイベントとしての成熟度が高まるにつれ、開催経費も莫大なものとなっていきました。しかし、収入のほうは、アマチュアリズムを旗頭にビジネス化を拒んでいるなか、チケット、記念メダル、宝くじ、寄付などの従来型のものに、急増しつつあったテレビ放送権料を加えても足りず、政治的思惑などを背景に、税金を投入できる開催国に頼るカタチでした。

　ミュンヘン大会でようやく、大会エンブレムを使った関連商品の販売と、大会マスコットのライセンス契約の販売に踏み切りましたが、オリンピックの理念に賛同する企業に、定額で使用を許可するというものであり、権利の概念・特性を理解したものではありませんでした。

破綻

　ミュンヘン五輪終了からほどなくして、1976 年冬季五輪の開催都市コロラド州デンバーが、開催を返上するという衝撃的な事件が起こりました。具体的には、オリンピックのために税金を投じることを禁じる法案に賛成か否かについての住民投票が行われ、賛成多数で可決され、これを受けた組織委員会が、IOC にギブアップを申し出たという顛末です。オリンピックが開催都市に赤字をもたらすというのは、すでに世間では常識になっていたのです。

　実際、オリンピックは、良くも悪くも武家の商法でした。近代オリンピックの始祖であるクーベルタン男爵は、IOC 会長だった 28 年間、オリンピックに関する経費に私財を充当し続け、莫大な資産は消え、ついには破産宣告

を受けました。「武士は食わねど高楊枝」とはまさにこのことです。

　1952年から1972年のミュンヘン五輪まで、IOC第5代会長を務めたアヴェリー・ブランデージも、会長職に伴うすべての経費を自腹で賄っていました。

　1998年に、ソルトレイク五輪（2002年）の招致のために、招致委員会が、IOCの委員に賄賂を含めた買収工作を行っていることが発覚しました。その調査の過程で、IOC委員が賄賂をたかることは、このときに限らず、広く深く蔓延していた「伝統」「文化」となっていたことが明るみに出ましたが、70年代までは、その真逆。賄賂どころか、開催を引き受けてもらうのに四苦八苦。当然、IOCの金庫は空っぽでした。

　IOCを襲ったさらなる衝撃が、モントリオール五輪でした。日本では、ナディア・コマネチの可憐な演技で有名なこの大会、収入4億ドルに対して、支出が14億ドル。つまり、10億ドルの赤字を出したのです。当初の想定とさほど変わらなかった収入に対して、支出がここまで膨らんだ原因は、大会運営の中心となっていたモントリオール市長が、5期20年にもわたる多選により、裸の王様となっていたこと、オイルショックの影響で物価が高騰していたためであることが、その後の調査で明らかになっています。

　また、ミュンヘン五輪で、イスラエルの選手と役員の計11名が、パレスチナゲリラによるテロ事件の犠牲となるという、オリンピック史上最悪の悲劇が起こったことから、警備費用が格段に増えたのも、想定外だったでしょう。

　こうした原因はどうあれ、残ったのは莫大な借金であり、そのつけは、モントリオール市が2億ドル、ケベック州が8億ドルを背負いました。市は不動産税を増やし、ケベック州はたばこ税を増やし、ようやく完済されたのは2006年のことでした。

　写真2-3は、モントリオール五輪のメイン会場「オリンピック・スタジアム」です。モントリオールが五輪開催によって負った借金の象徴的な存在ですが、大会後は、当時のMLB球団の1つ、モントリオール・エクスポズの本拠地として使用するために、陸上トラックを撤去しスタンドを増築するな

ど、大会後の利用方法についてもよく検討されていました。ちなみにドーム施設となったのは1988年からで、それまでは屋外施設でした。

デンバーの開催返上に、モントリオールの大赤字。国際政治も、オリンピックに暗い影を落としていました。ミュンヘ

写真2-3　モントリオール五輪のメイン会場「オリンピック・スタジアム」。その後はドームスタジアムとなり、モントリオール・エクスポズの本拠地球場としても使用された（出典：Pixabay〈Jose Rodriguezによる〉）

ン大会でのテロ事件は前述した通りですが、1980年のモスクワ大会では、ソ連のアフガニスタン侵攻への抗議として、アメリカや日本などの西側諸国が参加をボイコットしました。

そんなこんなで、IOCの内部留保は尽き、オリンピック存亡の危機を迎えていたのです。

唯一の希望

1978年に行われた開催地を決めるためのIOC総会で、開催地に立候補したのはロサンゼルスだけでした。

しかも、ロサンゼルスは引き受ける条件として、主催者をロサンゼルス市ではなく、ロサンゼルス五輪組織委員会とすることを求めました。五輪憲章には、「最終的な責任は、開催都市が取る」旨が明記されているにもかかわらず、そう求めたのは、もしも赤字が出たときに、税金が投入される可能性があるとなれば、市民の支持が得られないのが明らかだったからです。

最終的には、米国オリンピック委員会が保証団体になることで折り合いがつき、なんとか五輪の灯は消えずに済むことになったのです。

2020年の東京五輪招致に至るまでのプロセスにおいて、欧米人が仕切る選考委員の歓心を買うために、日本的なスタイルを捨てて、大袈裟な身振り手振りと表情で、情感たっぷりにアピールしたあのプレゼンと、マドリード、イスタンブールとの最終決戦を制したときの感動を思い起こすに、立候補がわずか1都市、それも、金科玉条である五輪憲章を曲げることを条件に突きつけてというのは、隔世の感を禁じ得ませんが、あのときは実際にそうだったのです。

完全民営オリンピック

　オリンピック史上初の試みですから、引き受けたロサンゼルス五輪組織委員会にとっても大きな挑戦です。この大事業を成功に導くための条件（経営手腕に長けており、国際情勢に詳しく、スポーツへの造詣がある）を満たす人物として、組織委員会が白羽の矢を立てたのが、ピーター・ユベロス氏でした。

　1937年、イリノイ州生まれ。カリフォルニア州で育ち、高校時代は、アメフト、野球、水泳で活躍。サンノゼ州立大学時代には、水球でメルボルンオリンピック（1956年）の代表候補になったこともあるスポーツマン。

　卒業後は、旅行会社勤務を経て、自ら旅行会社「ファースト・トラベル」を起業、北米第二の旅行会社に成長させました。この経歴が買われ、1980年、42歳でロス五輪の組織委員長に就任したという次第です。

　そしてユベロス率いるロサンゼルス五輪組織委員会は、モスクワ大会ボイコット報復のため、ソ連や東ドイツをはじめとする14カ国にボイコットされながらも、前々回のモントリオール五輪の倍近い7億4700万ドルの収入に対して、支出はモントリオールのほぼ1/3となる5億3200万ドルに抑え、しめて2億1500万ドルの黒字をもたらしました。
（モスクワ五輪は、先述しましたように、西側諸国がボイコットした「片肺」大会のため、ここでは、比較対象としないこととします）
　大会収支は以下のようなものでした。

■ロサンゼルス大会の収支内訳

収入：7億4656万ドル

【1】放送権料：2億8676万ドル

【2】スポンサーシップ：1億2319万ドル

　①オフィシャルスポンサー：協賛金：400万ドル　物品提供35社

　　アメリカンエキスプレス、アンホイザーブッシュ、GM、ユナイテッ

　　ドA.L.、マクドナルド（プール寄贈）、IBM、コカ・コーラ、キヤノン

　　USA、富士写真フィルム（協賛金400万ドル、その他100万ドル）、三

　　洋電機グループ（協賛金300万ドル、ビデオ機器200万ドル相当）など

　②オフィシャルサプライヤー：物品提供・協賛金67社

　　USスズキモーター、ブラザー工業、東洋水産、富士ゼロックス、東

　　芝、パナソニックなど

　※日本企業の参入（オフィシャルスポンサー3社、オフィシャルサプライ

　　ヤー9社、商業ライセンス42社）

【3】入場料：1億3984万ドル

　招待券2枚（レーガン大統領、ブラッドリー・ロサンゼルス市長）

【4】聖火リレー（有料）

　コース133州・1万4000km（1m ＝ 3ドル）

【5】選手村滞在費

　1人1日45ドル（1984年3月1日までに支払う場合35ドル）

【6】記念コイン：2970万ドル

支出：5億3155万ドル

【1】建設費：9170万ドル

【2】会場関係：3700万ドル

【3】選手村関係：3025万ドル

【4】運営経費（交通・警備等）：2億1055万ドル

【5】人件費：9950万ドル

【6】その他

（出典：広島経済大学経済研究論35巻第3号　2012年12月「オリンピックにお

けるビジネスモデルの検証─商業主義の功罪─」永田靖 p.36 より抜粋）

　税金を１セントも使わず、空前の黒字を生み出すという、ユベロスが展開したこの経営手法は、"ユベロス・マジック"と賞賛され、ユベロスは大会終了後、MLB に第６代コミッショナーとして招聘され、さらには、タイム誌のパーソン・オブ・ザ・イヤーに選出されました。

ユベロス・マジック

　では、その後のスポーツ界全体のお手本となった、ユベロスの手法とはどんなものだったのでしょうか。ざっというと、以下の通りです。

　1)　放送する権利を入札制に
　従来の個別交渉から、一発入札に変えました。その際、独自にテレビ局が、五輪中継で得るであろうＣＭ収入を調査し、その金額を踏まえ、最低入札価格を２億ドルと設定しました。わずか８年前、モントリオールのそれが3500万ドルですから、驚愕の数字です。加えて、放送設備費という新たな項目を設け、7500万ドルの支払いも義務付け、２億7500万ドルが最低入札価格となりました。これを落札したのが、アメリカ３大ネットワー

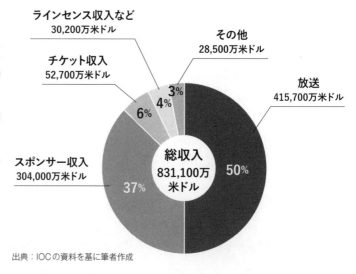

図表2-4　オリンピックの収入内訳（2013-2016）

ラインセンス収入など
30,200万米ドル

その他
28,500万米ドル

チケット収入
52,700万米ドル

放送
415,700万米ドル

3%
4%
6%

スポンサー収入
304,000万米ドル

総収入
831,100万
米ドル

50%

37%

出典：IOCの資料を基に筆者作成

クの1つ、ＡＢＣで、2億8700万ドル。ＡＢＣは、見事に、4億ドルを超えるＣＭを売り上げて、オリンピックが、儲かるコンテンツであることを、世界内外、何よりもIOCに対して示し、結果として、放送権料が急騰する扉を開きました。

図表2-5　夏季五輪の放送権料

IOC の放送権料収入	
1964年 東京	160万ドル
1968年 メキシコ	980万ドル
1972年 ミュンヘン	1780万ドル
1976年 モントリオール	3490万ドル
1980年 モスクワ	8800万ドル
1984年 ロサンゼルス	2億8690万ドル
1988年 ソウル	4億260万ドル
1992年 バルセロナ	6億3610万ドル
1996年 アトランタ	8億9830万ドル
2000年 シドニー	13億3160万ドル
2004年 アテネ	14億9400万ドル
2008年 北京	17億3900万ドル
2012年 ロンドン	26億3510万ドル
2016年 リオデジャネイロ	28億7000万ドル

出典：朝日新聞2012年7月14日付、ロイター通信2018年2月19日付を基に筆者作成

　五輪放送が権利として売れるようになった1960年ローマ大会の権利料は120万ドルでしたが、放送権利料はオリンピック・ビジネスにおける最大の収入源へと成長しました。2016年のリオデジャネイロ五輪の放送権料は、1984年のロス五輪の10倍となる28億7000万ドルでした。この金額は、2012年ロンドン大会から11％増であり、2020年東京五輪は30億ドルを突破することは間違いないでしょう。

2)　大会ロゴを使用する権利を、1業種1社のみに販売
　ロゴの使用権を、1業種1社に限定し、大会のシンボルマークやマスコットなどの独占使用権を許諾する代わりに、1社当たり最低400万ドルの協賛金を要求しました。この金額も、当時としては驚愕に値するのは、モントリオールにおいては628社がロゴの使用権を購入し、その総額が418万ドルで

したから。ユベロスの、業界内の競争心に訴えるこの戦略はずばり当たり、計34社から、しめて1億5720万ドルを売り上げたのです。

その代表的な例が、ザ コカ・コーラ カンパニーです。

3)　その他、新たな権利の創設と販売

聖火リレーの販売：従来は、大会のプロモーションとしての「費用」だったこの聖火リレーを、「聖火リレーをする権利」として1mにつき3ドルで販売しました。

公式サプライヤー：オリンピックの運営に必要な機器を「無償で提供することができる権利」を、公式サプライヤーという新たなカテゴリーを設けて販売しました。金品合わせて、4000万ドルの売上。ちなみに、無償で物品を提供する権利は、現在、イベントビジネスでは、VIK（value in kind）との名称で定着しています。

スタジアムの命名権（ネーミング・ライツ）：オリンピックは、たとえ協賛企業であっても、競技場に広告を掲出することは許されていません。しかし、ユベロスは、憲章に違反しないぎりぎりの方法として、マクドナルドとセブン-イレブンの2社から競技場を借りるという手法を編み出し、その名前を冠することに成功しました。

さて、ここまで述べてきたユベロス・マジック。「それって、ビジネスではフツーのことじゃないの？」と思われるかもしれません。実際、そのどれもが、1984年当時であっても、資本主義社会で、切磋琢磨している産業界では、普通に行われている手法で、特段のイノベーションではなかったでしょう。

しかし、ここまで述べてきたように、当時は、スポーツ界、とりわけオリンピックは、金銭に換算することを卑しいとするアマチュアリズムの影響がまだまだ色濃かった時代です。こうした環境にあって、権利の概念と特性を十分に理解し、それをスポーツの世界で実践したことは、高度なイノベーションだったといってよいでしょう。

マーケティングの古典的事例、
ペプシコーラ vs コカ・コーラ

　当時（今でもそうですが……）、米国では、コカ・コーラとペプシコーラとの間でのコーラ戦争が熾烈を極めていました。ペプシは、マーケティング史に残る有名な比較広告キャンペーン「ペプシ・チャレンジ」（1975年）を打つなど、今に至るまで、王者コカ・コーラに挑む勇敢なチャレンジャーという、日本でいえば判官びいき、西洋ではダビデとゴリアテの心情に訴えるマーケティング戦略を十八番としています。

　余談になりますが、ペプシの戦略は、昔から今に至るまで、絶対的王者に挑む勇者という立ち位置を前提とした、つまり、コカ・コーラあってのペプシという競争戦略です。近年では、2014年のキャンペーンも絶妙で、"forever challenge"でした。いつの日か、ペプシがコカ・コーラを本当に凌駕したらどうなるのか、興味深いところです。かつての社会党や民主党が、野党として攻める立場にいたときは、正論で迫る姿が頼もしくみえたのが、与党になったら腰が砕けてしまう、そんな感じになるのでしょうか。あるいは、地位がヒトを作るという格言に倣い、王者として、堂々と振る舞うようになるのでしょうか。

　このロサンゼルス五輪の年は、これまたマーケティング史に燦然と輝く、マイケル・ジャクソンを起用した「ニュー・ジェネレーション」キャンペーンをもって、コカ・コーラを急追していました。

　戦前からオリンピックに協賛してきたコカ・コーラとしては、自国開催のオリンピックで、協賛者から外れるわけにはいきません。コカ・コーラは、1260万ドルというオドロキの協賛金を払って、牙城を守ったのです。

column
時代の最先端、ペプシコーラのキャンペーン

　米国ではコーラ飲料市場で、コカ・コーラとペプシコーラは熾烈な競争を繰り広げており、老舗ブランドの前者に対して、後者は挑戦者というイメージで、若者層にアピールする戦略を取っています。

　競争相手であるコカ・コーラを「時代遅れで陳腐なもの」とし、「親が飲んでいる飲み物じゃいやだよね、君はペプシ・ジェネレーションだから」といった内容のキャンペーンを60年代から始めました。

　この若者路線は80年代には「ニュー・ジェネレーションの選択」へ引き継がれ、当時若者世代に絶大な人気のあった、マイケル・ジャクソンをCMに起用した「ニュー・ジェネレーション」キャンペーンを打ちました。今もって伝説として、マーケティング史に刻まれているこのキャンペーン。陣頭指揮を執ったペプシコーラ社長、R・エンリコは、その著書『コーラ戦争に勝った！』で、契約金だけで500万ドル（およそ7.5億円）かかったことなど、このキャンペーンをいかにして実現させたかについて、詳細に明かしています。

　欧米では、日本と違ってCMへのタレント起用は少ないのですが、ペプシは、これを契機に、その後もライオネル・リッチー、マドンナ、ブリトニー・スピアーズなど当代人気アーティストをCMへ起用するなど、常に時代の最先端を意識した、尖ったキャンペーンを打ち続けています。

column
コダック vs 富士フイルム
・・・

　今では絶滅危惧産業となった写真フィルム業界ですが、当時は、その技術の難易度の高さゆえ、実質、世界で4社しか製造できない寡占市場が築かれていた、利益率の高い花形産業でした。その頂点に君臨していたのがイーストマン・コダックで、1970年代は、米国で販売されるフィルムの90%、カメラの85%を占めていました。

　コダックは、デジタル化の流れのなかで2012年に破産しましたが、一昔前のソニー、今でいえばアップルのようなイノベーションに満ち溢れた企業であり、たびたび世界で最も価値のある上位5位ブランドの1つに数えられていた、20世紀を代表するエクセレント・カンパニーでした。「イノベーションのジレンマ」という言葉があります。優れた製品を市場に投入しシェア争いに成功した先駆的な企業が、成功体験におぼれ、時代環境の変化に対応できず衰退していくという、ハーバード・ビジネススクール教授のクレイトン・クリステンセンが提唱した理論で、コダックはまさにこれにあてはまります。

　技術・知恵の蓄積もあれば、優秀な人材にも事欠かないコダックは、デジタル時代の到来は予見していました。事実、いち早くデジタルカメラを開発もしました。しかし、成功体験の呪縛と、株価至上主義のアメリカにおいて、業態多角化がことさら難しかったため、変化への対応に失敗したのです。

　そんな現代からみれば遠い昔にも思えますが、80年代は確かに、新興の富士フイルムが低価格戦略をもって、アメリカの誇り、ビッグ・イエローの牙城に挑むという構図でした。そうしたなかで迎えた、このロサンゼルス五輪。従来通りであれば、富士フイルムがいくらカネを積んでも、IOCと蜜月だったコダックが主役を張るのは目に見えていましたが、今回は、1業種1社。入札で勝てば、独占スポンサーとして、世界最大のフィルム市場であ

るアメリカにおいて、ブランド力を高める絶好の機会です。コダックが、最低400万ドルという従来とは桁違いの協賛金を払うことにためらっている間隙を縫い、富士フイルムは、大会公式フィルムの権利を取得し、カリフォルニアの青い空に「FUJIFILM」のロゴが描かれた飛行船を飛ばしたのです。

　ロス五輪の公式スポンサーとなった効果はてきめんで、富士フイルムのアメリカでのシェアは、翌1985年に初めて10%を超え、以降、世界のFUJIFILMとして、世界各地でコダックとシェア争いを繰り広げました。
　そして、2001年、富士フイルムはついにコダックを抜いて、写真フィルムのシェアで、世界の頂点の座に就いたのです。

第3章 オリンピックとFIFAワールドカップの経済学

ロサンゼルス五輪の成功は、オリンピックがカネになる、ひいては、スポーツがカネになることを内外に示しました。

　スポーツ興行ビジネスは「権利」という人間のこころのなかにだけ存在する「知的財産」を扱うビジネスです。つまり、商品である「試合」の価値を、送り手（売り手）が宣言し、受け手（買い手）が納得して初めて実体となるビジネスなのです。

　具体的には、試合から派生する４つの権利――「チケット収入」（場内の飲食を含む）「放送権収入」「スポンサーシップ収入」「マーチャンダイジング収入」――を送り手がプライシングし、受け手がそれを認め、金銭という実体をもって応えるということになります。

　第２章で記したように、PwCによれば、スポーツ興行ビジネス市場は、2015年の時点で1453億ドルであり、その内訳は、チケット31％、放送権31％、スポンサーシップ24％、マーチャンダイジング14％です。

　複雑な計算式や難解な専門知識がいるわけでもなく、取扱いに資格がいる

図表3-1　スポーツ・ビジネスの４大収入源

● 権利ビジネス〜需給だけが価値の根拠

● スポーツ興行の4大収入源
　　1.チケット
　　2.放送権
　　3.スポンサーシップ
　　4.マーチャンダイジング

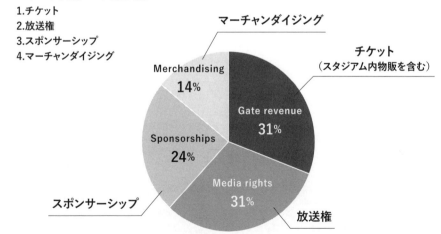

出典：PwC Outlook for the global sports marketを基に筆者作成

わけでもありませんが、少々ややこしいのが、その価値に実体がなく、あくまで相対的（需給もしくは人気といってもいい）であり、とどのつまり「こころに刺さるかどうか」でピンからキリまでどうなるか不明というところです。いや、それどころか、売り手と買い手すら入れ替わる怖さがあることは、これまでに述べてきた通りです。

　ロス後のスポーツ界は、この権利処理が洗練され、そこに、情報伝達手段の発達（衛星放送そしてインターネット）とグローバライゼーションの進展とが重なり、急速に産業化していきました。

　グローバライゼーションの進展が、スポーツ興行に大量のマネーを流し込むに至った理由は、スポーツ興行が、多国籍企業にとって格好の広告宣伝のツールになり得るからです。

　外国でものを売るのは大変なことです。言葉や文化などの違い、市場調査を行い、認知向上のための施策を取りつつ、流通に乗せる。これに要する根気と時間そしてリスクは並大抵のものではありません。

　この難業が、訴求力のあるスポーツ興行と手を組むことで相当に緩和されます。前向きで単純明快なスポーツは、老若男女、階層、人種、言語、国境などあらゆる障壁を越えて訴求できるのです。かつ、ライブのみならず、報道としても電波に乗る。これだけインパクトのある媒体機能を兼ね備えているのは他には戦争くらいでしょうが、戦争を媒介とした広告宣伝活動をする勇気がある企業はまずないでしょう。結果として、アメリカのリサーチ会社IEG社によれば、世界のスポンサーシップマネーは628億ドル（2017年）であり、その70%がスポーツに向かっています。

　ロサンゼルス五輪が開催された1984年をスポーツ・ビジネス元年とすると、その年、スポーツ興行（選手、スタジアムも含む）に注ぎ込まれたスポンサーマネーは1500億円程度というのが定説です。上記のIEG社の数値に基づけば、2017年のスポーツスポンサーシップの額は440億ドル（628億ドルの70%）となりますから、1ドル＝110円で邦貨換算すると4兆8400億円。33年で32倍に成長したことになります。また、直近の10年だけをみ

ても、毎年平均4%以上の伸びを示しています。そして先に記した通り、ス
ポーツがスポンサーシップの対象として圧倒的な人気を誇っているは、スポ
ーツが高いメディア価値を有するからです。

スポーツが高いメディア価値を生む源泉は、以下のように大別できるでし
ょう。

1) **リアリティー**

筋書きのないドラマ、報道としての要素。

2) **視覚への訴求力**

動きがダイナミックで分かりやすい。

3) **訴求対象の広さ**

年齢、性別、階層（収入、学歴など）、人種、言語、国境を越えてアピ
ールできる。

こうした特徴を背景に、経済のグローバル化ともあいまって、急速に進化
していったということです。

オリンピックビジネスの成長

IOC会長として、ユベロスがロサンゼルス五輪を成功に導く様子をつぶ
さにみていたホワン・アントニオ・サマランチは、大会終了後、ただちに動
きました。

ロスの商業的成功のノウハウを取り入れ、IOCとして内製化するために
手を組んだのは、電通とアディダス、具体的には両社が共同出資してできた
ISL社（International Sports and Leisure）でした。

手始めは、各国の組織委員会（National Olympic Committee。以下NOC。日
本ならばJOC、アメリカはUSOC）に分散していた、それぞれの国でのマーケ
ティング権を巻き取りました。実は、ロス五輪の際、ロス五輪組織委員会が

保有していた権利は、アメリカ国内に限定されていたのです。各国での権利は、NOCが個別に管理していまして、たとえば、富士フイルムが購入したスポンサー権は、アメリカ国内限定でした。イギリスでは、コダックが公式スポンサーで、富士フイルムはイギリスでオリンピックのキャンペーンをすることはできなかったのです。

　これで全世界を市場とする多国籍企業が求めるスポンサー・メリットに応えられるようになりました。これが1985年。

　そして、その翌年、1986年に、The Olympic Partners（TOP）と銘打った、スポンサー・プログラムを創設したのです。

　その概要は以下のようなものです。

- 4年間を1単位とする。
　カテゴリを3種類に分ける。
- 最上位：TOP ⇔ ワールドワイドパートナー（許諾権はIOCに所属）。指定された商品カテゴリーのなかで、独占的な世界規模でのマーケティング権利と機会を受けることができる。
- 2段目：ゴールドスポンサー（許諾権はNOCに所属）⇔当該国内限定、TOPと競合はしてはいけない。
- 3段目：ライセンシー（許諾権はNOCに所属）⇔販売商品に大会エンブレムやマスコットをつけることを許諾。

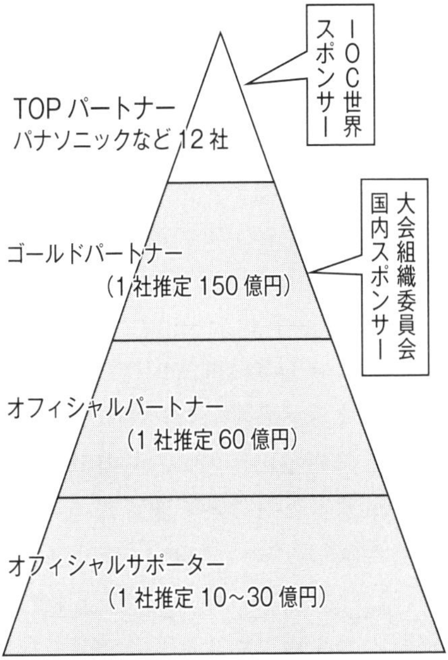

　1986年に創設されたこのTOP、

図表3-2　東京2020オリンピック・パラリンピックスポンサー階層

IOC世界スポンサー

TOPパートナー
パナソニックなど12社

大会組織委員会国内スポンサー

ゴールドパートナー
（1社推定150億円）

オフィシャルパートナー
（1社推定60億円）

オフィシャルサポーター
（1社推定10〜30億円）

図表3-3　オリンピックのスポンサー収入権利ビジネス（知的財産）～制限と整理がカネを生む

スポーツ・ビジネス元年
権利を制限
（1業種1社）

ジ・オリンピック・パートナーズ
権利の管理者をIOCに
対象範囲を世界に

期間	冬季／夏季	社数	収入（100万米ドル）
1976	モントリオール（夏季）	628	7
1984	ロサンゼルス（夏季）	35	157
1985-1988	カルガリー／ソウル	9	96
1989-1992	アルベールビル／バルセロナ	12	172
1993-1996	リレハンメル／アトランタ	10	279
1997-2000	長野／シドニー	11	579
2001-2004	ソルトレイク／アテネ	11	663
2005-2008	トリノ／北京	11	866
2009-2012	バンクーバー／ロンドン	11	950
2013-2016	ソチ／リオ	11	1000

IOC公表の数値を基に筆者作成

図表3-4　2013-2016のトップパートナー11社

その概念は、現在まで引き継がれています。

　このTOPの特色の1つは、オリンピック運動全体をバックアップするという大義名分を錦の御旗にしたことです。スポンサー企業にとっては、広告宣伝のみならず、社会貢献でもあるということで、決裁する理由が増えたわけです。そしてもう1つの特色は、スポンサーの期間を、従来の1つの大会から4年間としたことです。

　このTOPをもって、サマランチとISLは、世界中の多国籍企業に狙いを定め、ソウル五輪とカルガリー五輪を含む4年間のパッケージを、ロス五輪の倍以上の単価で9社に売ることに成功しました。

　そして図表3-4の11社を対象にした2013-2016バージョンのTOPは、1985-1988バージョンの、さらに10倍以上の権利料を得ることに成功しています。

ISLとホルスト・ダスラー

　1970年代に瀕死の危機にあったオリンピックが、ロサンゼルス五輪で華麗な復活を遂げ、その後、メガスポーツイベントとして大躍進していくのを影で支えたのが、ISLでした。

　ISLは1982年に、アディダス51％、電通49％の出資で設立されたスポーツマーケティング会社です。

　アディダスは、靴職人であるアドルフ・ダスラーが創設した会社です。アドルフは、最高のアスリートが自社の製品を身に着けることが、大きな宣伝効果を生むことに気づき、各競技団体を積極的に支援する戦略（今でいうプロダクト・サプライ）をもって、事業を軌道に乗せることに成功しました。

　ちなみに、プーマはアドルフの兄、ルドルフが創設した会社です。ドイツのバイエルン州・ヘルツォーゲンアウラハという人口2万3000人ほどの寒村で、2人で靴屋をしていましたが、喧嘩をして絶交。アドルフの店は、アドルフの通称アディと名字のダスラーを組み合わせてアディダス。ルドルフの店の名前はプーマになりました。現在も、両社の本社はヘルツォーゲンアウラハにあります。

　父アドルフの創設したアディダスを世界的なブランドに育てたのが、その息子、ホルストでした。

　ホルストは、父アドルフの路線を引き継ぎ、1974年のFIFAワールドカップ西ドイツ大会で、ボールの独占提供、および、ミューラー、ベッケンバウワーらに率いられた西ドイツチームの用具の独占提供をしたことにより、世界的にアディダスの名を浸透させ、以降、急速に巨大化するスポーツ・ビジネス界の黒幕として、その名を馳せることになります。

IOC と FIFA には、特に強力なパイプを築きあげ、ジョアン・アベランジェの FIFA 会長就任（1974 年）、サマランチの IOC 会長就任（1980 年）には、資金援助も含め、ホルストの役割は極めて大きかったといわれています。

　ホルストは、FIFA ワールドカップの潜在的商業価値をいち早く見抜いていました。初の欧州外出身の会長であるアベランジェの就任からほどなくして、コカ・コーラ社の支援を取りつけ、世界ユース選手権（20 歳以下）を、隔年開催で始めました。

　その後、FIFA が、U-17、コンフェデ杯、フットサルなど主催大会を次々と創設して財政基盤を強化し、途上国への援助も強化したことが、アベランジェが異例の 24 年間、会長の椅子に座り続けた原動力となりました。

　1977 年には、モナコ国際プロモーション株式会社という別会社を興して、FIFA が保有する権利の販売権を取得しています。

　こうして積み上げられたノウハウをバックボーンに、当時、ロス五輪開催に向けて、マーケティング・パートナーとしてユベロスを支えていた電通と共同で立ち上げた ISL は、画期的なスポンサー・パッケージを開発します。1983 年から 86 年までの 4 年間を 1 つのパッケージとして、当該期間に開かれる、国際的な人気大会の広告看板をセット販売するというコンセプトです。インター・サッカー 4 と銘打たれた、このパッケージに含まれたのは、欧州選手権（現 EURO）、欧州チャンピオンズ・カップ（現チャンピオンズ・リーグ）、欧州カップ（現在は廃止）、そして大団円を飾るメキシコ・ワールドカップの広告看板の権利です。

　権利の所在も、FIFA なのか各国サッカー協会なのか、あるいは個別のクラブなのかも不明確だった時代に、権利とはどういうもので、どうすれば価値が出るかに気づき、そして実践に移したホルストは天才でした。

　もうお気づきでしょうが、IOC の TOP は、このインター・サッカー 4 の五輪版です。IOC が五輪ロゴを一括管理すべく、各国の五輪組織委員会（NOC）から、当該国のマーケティング権を巻き取る際も、ホルストの人脈なくしては為し得なかったといわれています。

　このように、スポーツ・ビジネスに革命を起こしたホルスト・ダスラーで

したが、1987年に急逝し、その後のFIFAワールドカップと、IOCの雪だるま的な商業的成功をみることはありませんでした。

　ISLも、最盛期は粗利90％以上という我が世の春を謳歌しましたが、ホルストが1987年に急逝してからは、そうもいかなくなりました。まず、筆頭株主であり、屋台骨であるアディダスが怪しくなりました。

　兄弟一族が経営権を巡って内ゲバに入ったのです。偉大なカリスマ・リーダーを失った会社、特に同族企業ではよくある話ですね。そこに、時代の変化が追い討ちをかけます。冷戦の終結、情報伝達の高度化に伴い、密談から契約に、賄賂から広告にと、時代は移っていました。

　冷戦時代のスポーツ界の頂点に君臨したアディダスは、トップスターとの契約に基づき、派手なイメージ広告をもって、消費を刺激する戦略で台頭してきたナイキやリーボックに押しやられ、90年代に入る頃には、業界三番手に転落していました。

　一方、ISLは、ホルストの残した遺産（FIFAとIOCを中心としたマーケティング権）が、権利金の拡大に伴い金の卵を生み続けたうえに、世界陸上など新たな権利の創出と囲い込みにも成功し、90年代前半は至福の時を過ごしました。

　しかし、偉大なカリスマを失った企業の舵取りはやはり難しく、IPO（新規上場）させるべく、ATPテニス・ツアーのマーケティング権や南米のサッカークラブのマーケティング権を、当時の同社の売上高をはるかに超える権利料を出してまで、なりふり構わず獲得に走った結果、資金がショート。2001年に、倒産しました。

FIFAワールドカップの成長

　FIFAも、オリンピック同様、80年代以降、急速に成長しました。

　前述のインター・サッカー4が導入されて初めての期間（1983-86）の収入が、推定150億円。2011-14年の収入が約5830億円ですから、単純計算

で39倍、オリンピック以上の高度成長を遂げたことになります。

IOCとFIFAは、その構造がよく似ているといわれます。それは1990年代以降のグローバル化に伴い、世界的なスポーツ大会のメディア価値が急上昇するのに伴い、放送権料とスポンサー料を柱にビジネスを急拡大していったこともそうですが、そのほかにも次項冒頭に挙げたような多くの共通点が見られます。

図表3-5　FIFAの収入内訳

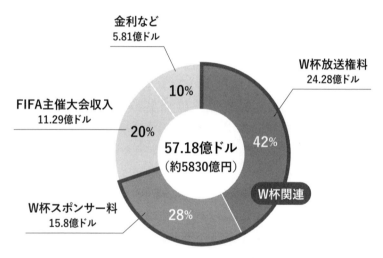

※ 2011 〜 14 年。FIFA 公式資料から。
1 ドル＝ 102 円（14 年当時）で計算

出典：読売新聞2017年5月16日

図表3-6　IOCとFIFAの放送権収入とスポンサー収入の推移

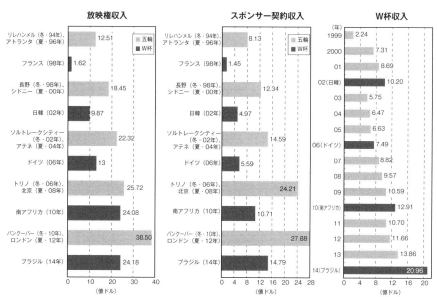

出典：日経新聞電子版　2015年6月10日「巨大スポーツ観戦、FIFAの姿」

アベランジェとサマランチ

- その成長初期段階で、舞台回しをしたのがホルスト・ダスラーと電通。
- その理事のほとんどが、欧州の貴族であり、会長も代々、似たような出自。
- ビジネスの転換期に、異端児の会長が表れ、いずれもその後、超長期政権を築いた。

　異端児の会長とはもちろん、FIFAのアベランジェとIOCのサマランチのことです。

　先に権力の座に就いたのはアベランジェでした。水泳選手として1936年

のベルリン五輪に出場し、水球選手として1952年のヘルシンキ五輪に出場した、スポーツマンのブラジル人です。弁護士でもあるアベランジェは、競技引退後、ブラジルの軍事政権に食い込み、要職を得ていきます。まずは、ブラジルオリンピック委員会のメンバー、続いて、ブラジルサッカー協会の会長と、着実に階段をのぼり、ついにはFIFA会長の座を狙います。

写真3-1　ファン・アントニオ・サマランチ・トレジョー氏（出典: Wikipedia）

　従来、欧州貴族の集団であるFIFAにおいては、選挙活動の慣習はありませんでしたが、アベランジェはダスラーの多大な支援のもと、ワールドカップの出場国を16から24に増やすこと、途上国に資金援助をすること、世界ジュニアの大会を創設することの3つを公約に掲げ、南米やアフリカなどを中心に、熱心に選挙活動を展開しました。

　そして、1974年、史上初の欧州大陸外出身の会長の椅子を手に入れたのです。

　この1974年は、アベランジェのFIFA会長就任と、IOCがオリンピック憲章からアマチュア条項を削除したことから、スポーツ・ビジネス史においては、大事な年です。

　アベランジェは、歴代最長となる1998年までの24年間、会長の椅子に座り続けました。

　サマランチは、スペインのバルセロナ出身。フランコ独裁政権における高級官僚として、スペインのスポーツ庁長官、オリンピック委員会会長を歴任後、IOCの副会長の座に就きました。そして、1980年、IOCの会長に選出されたのです。サマランチは2001年までの21年間、会長の椅子に座り続けました。こちらも歴代最長です。

　実際、2人の共通点は実に多く、たとえば、出自。ともに、伝統的な欧州貴族ではなくラテン系です。

　サマランチ率いるIOCと、アベランジェ率いるFIFAは、どちらも電通とダスラーとが開発した、類似のスポンサー・パッケージがその飛躍のきっかけになったことは、先にお話しした通りです。そして、2人の在任中に、両団体とも商業化を積極的に推し進め、飛躍的に売上を伸ばしました。

　その権力の源泉（票田という言い方もできますね）も、欧州主要国ではなく、ラテン諸国やアフリカ、そしてアジアなど発展途上国が中心でした。

　肥大化の過程で、さまざまな金銭スキャンダルが噴出して疑惑に晒されたのも、よく似ています。

　サマランチで有名なのが、2002年ソルトレイク五輪招致を巡る買収スキャンダルです。10人のIOC委員が辞任・追放となったこの事件では、IOC委員が、開催候補都市に対して賄賂をたかる風習が、広く深く蔓延していることが明らかになり、サマランチの責任も追及されました。サマランチは、しかし職に留まり、その後も、名誉会長として君臨し続けました。

　アベランジェについては、氏がFIFA会長時代に起きた不正な金銭受領疑惑についてIOCの調査が入り、2011年、クロと判断。追放を含めた厳しい処分を下すことが決まったため、その直前にIOC委員を辞任し、不起訴処分となりました。

　2015年、再びFIFAの賄賂と腐敗が世界的に大きく報じられ、その金権体質が批判されました。非難の対象となったジョセフ・ブラッター会長は、1975年、ダスラーによる仲介で、FIFAに競技副部長という肩書で入社しました。1981年からは事務局長としてアベランジェを支え、そのあとを継いで、1998年に会長就任。以来、2015年までほぼ40年間、FIFAの権力の中枢にいたことになります。

　このような、アベランジェ→ブラッターの2人が、40年にもわたって巨大な団体を牛耳るという前時代的なガバナンスが、世界中の驚き、非難の的となってはいますが、アベランジェについて1つ付記しておくと、会長選挙

出馬の際の、3大公約は見事に守り、サッカーを世界的に普及させる原動力となったことです。

　ワールドカップの出場国は、就任前の16から、24、そして今は32カ国になりました。ちなみに、2026年のワールドカップ（アメリカ、カナダ、メキシコの3カ国共同開催）からは48カ国と、さらに拡大します。

図表3-7　IOCとFIFAの歴代会長

歴代IOC会長

1	デメトリウス・ヴィケラス （1894年-1896年）ギリシャ
2	ピエール・ド・クーベルタン （1896年-1925年）フランス
3	アンリ・バイエ・ラトゥール （1925年-1942年）ベルギー
4	ジークフリード・エドストレーム （1946年-1952年）スウェーデン
5	アヴェリー・ブランデージ （1952年-1972年）アメリカ
6	キラニン卿 （1972年-1980年）アイルランド
7	フアン・アントニオ・サマランチ （1980年-2001年）スペイン
8	ジャック・ロゲ （2001年-2013年）ベルギー
9	トーマス・バッハ （2013年-）ドイツ

FIFA歴代会長

1	ロベール・ゲラン （1904年-1906年）フランス
2	ダニエル・ウールフォール （1906年-1918年）イギリス
3	ジュール・リメ （1921年-1954年）フランス
4	ルドルフ・ジルドライヤー （1954年-1955年）ベルギー
5	アーサー・ドルリー （1956年-1961年）イギリス
6	スタンリー・ラウス （1961年-1974年）イギリス
7	ジョアン・アベランジェ （1974年-1998年）ブラジル
8	ジョセフ・ゼップ・ブラッター （1998年-2016年）スイス
9	ジャンニ・インファンティーノ （2016年-現職）スイス／イタリア

column
FIFA新会長選出も疑問残る"浄化"
・・・・・・・・・・・・・・・・・・・・・・・・・・・・・・・・・・・・・・・

　新たな会長が選任されたFIFA。これをもって汚職にまみれた歴史に終止符が打たれ、新時代を迎えることができるかどうかに注目が集まっています。

　このFIFAという団体、経営的な見地で俯瞰して興味深いのは、半世紀にわたって、トップも含めて経営層のほとんどが泥棒に手を染めてきたという、驚くべきデタラメなガバナンスと、その一方で、市場を地球規模に拡げ、30年で30倍以上に売上を伸ばすという多国籍組織の模範ともいえる姿のパラドックスです。

　サッカーが、シンプルでかつ、すでに世界的な競技だったため、グローバル化の波に乗り易かったことは差し引いても、アフリカ、アジアさらにアメリカへと、サッカー市場を劇的に拡大したのは、票田の開拓もしくは賄賂の贈り主の開拓の目的があったにせよ、あっぱれです。そこでやめておけばよかったのですが、やはり人間は業が深い動物で……いよいよ捜査の手が及びそうだから、その前に取れるだけ取ってやろうと考えたのかもしれませんが、開催地を2回分まとめて決めて、そのうち1つはカタールというのは、どうみても、やり過ぎでした。

　わたしたちが、ここから学べることは、イギリスの思想家、アクトン卿の名言「権力は腐敗する。絶対権力は絶対に腐敗する」ということです。ましてやFIFAは、世界で最も盛んなスポーツにおける、プロもアマも包含する唯一の世界統括団体。フツーにやれば腐敗すると考えたほうがいい。そして本部は、マネーロンダリングの総本山＝スイスですから、それは腐りますよ。

　では、日本の多くの大企業のように（野球界もそうかな……）、権限があるのかないのか、誰が決めているのかよく分からないのがいいかというと、そうではありません。スポーツ団体のガバナンスが上手なのは、やはりアメリ

力でしょう。

　まず、アメリカのプロスポーツ団体は、当該競技の国際統括団体には加盟していません。たとえば、NBA は国際バスケット連盟（FIBA）には加盟していません。敵対しているわけではなく協力関係にありますが、指示は受けないということです。

　次に、アメリカでは、コミッショナーに絶大な権限が付与されていると思われがちですが、それも違います。最終決定機関は、コミッショナーではなくオーナー会議です。コミッショナーは、所属球団の企業（資産）価値を上げるために、種々の提案をオーナー会議に上程し、オーナー会議の承認のもとに、案件の実行・実現に向けて実務をこなします。オーナーたちが満足すれば、在任期間も給与もあがりますが、そうでなければ、早々にクビになります。要は、民間のガバナンスと同様のしくみです。

　半世紀にわたって腐敗し続けた FIFA を浄化するには、こうしたアメリカ流性悪説に基づいたガバナンスの導入を含めた抜本策が必要なのですが、インファンティーノ新会長の選挙公約は、腐敗の温床となった１国１票の継続と途上国へのバラマキの強化。たとえば人口 70 万人弱、サッカー人口ほとんど０のブータンが、日本やドイツと同じ１票の権利を保持するのです。腐敗体質は続くでしょう。

（夕刊フジ連載「小林至教授のスポーツ経営学講義」2016 年 3 月 3 日紙上掲載に加筆修正）

アメリカと日本におけるサッカー市場の拡大

　こうした拡大路線によって収益を拡大してきたFIFAですが、そのターニングポイントとなったのは、当時、世界1位と2位の経済大国でありながら、サッカー不毛の地だったアメリカと日本でワールドカップを開催したことでしょう。

　アメリカでは、1994年のワールドカップの開催を機に、メジャー・リーグ・サッカー（MLS）が誕生しました。1996年の開業から23年を経て、クラブ数は、当時の10から24に増えました。Forbesによれば、2017年の1球団の平均売上は2800万ドル（約31億円）と、ほぼ、Jリーグ（J1）と同じ規模です。アメリカの人口や4大プロスポーツの売上などを考えると地味な数字ではありますが、アメリカにおけるラテン系の人口が、これからも増え続けることが予想されるなか、その価値は急上昇しており、新規参入を希望する球団は後を絶ちません。2019年にリーグへの新規参入が認められたFCシンシナティが支払った参入金は1億5000万ドルであり、2020年にはさらに2チームの参入が予定されています。

　日本におけるワールドカップの招聘の効果は、言うまでもないでしょう。そもそも、Jリーグの創設の目的の1つがワールドカップ出場でした。ワールドカップがプロ化を促進し、Jリーグの誕生により、サッカーが「みるスポーツ」としての市民権を得て、そしてワールドカップ出場および開催で、完全に日本人に定着しました。

　日本のサッカーにプロリーグが誕生する直前、1990年の日本サッカー協会（JFA）の収入は20億円に届きませんでした。それがJリーグの誕生（1993年）とその後のJリーグブーム、さらに「ドーハの悲劇」を経て、1998年にはワールドカップ初出場を果たすなど、サッカー人気が急速に高まるなか、JFAの売上は急拡大を遂げ、2016年にはついに200億円を突破しました。

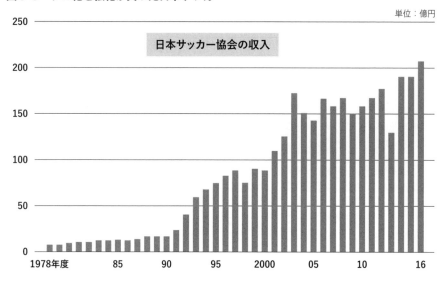

図3-8　プロ化と強化が実った日本サッカー

単位：億円

日本サッカー協会の収入

出典：読売新聞2017年5月19日

　競技人口も、少子高齢化が進む我が国において大きくその数を増やし、日本サッカー協会の登録選手数は1990年の66万人に対し、2018年には89万人、35％増となっています。

IOC vs FIFA

　ワールドカップとオリンピックの一番大きな違いは、FIFA主催の大会ではテレビの中継画面にスポンサーの看板が映りますが、オリンピックの中継画面には、選手が使っている製品以外の企業名は映りません。オリンピック会場での一切の企業宣伝活動は禁止されているからです。選手が使っている製品についても、企業のロゴマークの大きさなどが制限されています。

　さて、ここまでたびたび指摘してきましたように、権利は、制限すること

によって価値を生じ、そして、その最高の形が売り手独占です。

　IOC は、1974 年にアマチュア規定を削除したあとは、世界最高のアスリートが競い合う大会として、それぞれの競技において、プロも含めて、最も優れた選手が出場することを求めています。

　むろん、テニスや、2016 年リオ大会で 116 年ぶりに五輪競技に復活したゴルフのように、伝統と歴史のある他の大会、テニスでいえばウィンブルドン、ゴルフでいえばマスターズの重みに、オリンピックが比肩することが困難な競技種目もありますが、それでも、世界最高の選手が出場することに支障がない大会であることは担保されています。

　野球が外されたのは、まさにそこでした。MLB は、オリンピックの時期にシーズンを中断することも、選手がオリンピックに出場するためにシーズンを欠場することも、認めませんから。

　そこでサッカーです。FIFA ワールドカップもオリンピックも、国別対抗戦の世界一決定戦という位置付けです。

　権利は世界に 1 つと似た権利が 2 つあるのとでは、価値はまったく違いますから、利害は当然のことながら相反します。では、IOC が野球に対してそうしたように、　サッカーをオリンピックの競技種目から外してしまう可能性はあるでしょうか。

　サッカーは、オリンピック大会期間中の総入場者数の半数以上を惹きつける、夏季オリンピックの目玉です。当然のことながら、放送権販売の目玉でもあり、収入確保に外せない種目です。一方、FIFA は、国別対抗世界一決定戦の権利を絶対に失うわけにはいきませんから、「ワールドカップおよびその予選に出場した選手は、オリンピック出場の資格なし」を謳い、権利を守ろうとしました。

　そんな綱引きの末、結局、IOC と FIFA は、1996 年のアトランタ五輪以降現在まで、23 歳以下＋１国 3 名までのオーバーエイジというカタチで折り合いをつけています。

　ただし、この妥協も、いつまで続くか分かりません。権利は需給がすべて

であり、売り手も買い手も変わる水ものですから、決着がつくようなものではないのです。ワールドカップの2022年カタール大会が、通常の6月開催が酷暑のために不可能であるとして、冬季に移行する可能性が報じられた際、IOCは、「FIFAは冬季五輪にいかなる影響も与えないよう、開催時期を我々と議論するはずだ」との声明を発表して牽制しました。権利を守るとは、まさにこういうことなのです。結局、2022年大会は、11月〜12月の開催となることで決着がついています。

column
五輪に賞金を出すべきだ～オリンピアンはもっと報われていい

　リオデジャネイロ・オリンピックの期間中、瞼がむくみっぱなしという方も多かったのではないでしょうか。連日のメダルラッシュで、涙腺が緩み、寝不足も重なって……わたしもその１人。

　これだけの感動をわたしたちに与えてくれるオリンピアン、もっと報われてもいいと、大会のたびに思います。具体的には、五輪は、賞金を出すべきではないか。

　理由は２つあって、第一に、五輪は、アマチュアの祭典ではありません。五輪憲章からアマチュア規定が削除されたのは、今から40年以上前、1974年のことです。以降は、世界最高峰の大会であらんと、プロの参加を促進してきました。結果として、現在、バスケットボール、サッカー、テニスの例を挙げるまでもなく、ほとんどがプロ選手で占められています。

　そしてこれはスポーツに限ったことではありませんが、プロにプロとしての仕事をしてもらうときには、対価を払うのが、現代資本主義における最低限のエチケットです。

　116年ぶりに五輪競技に復活したにもかかわらず、世界のトップ３（男子）がこぞって欠場を決めたゴルフは、商業目的の興行に、プロをタダで使おうとする矛盾を露呈した象徴的な例でしょう。

　プロゴルフの大会のほとんどは非営利団体の主催です。当該団体は、一流プロにふさわしい賞金を出せる大会にすべく、スポンサー営業をはじめ奔走するわけです。そして剰余金をそれぞれの理念のもと慈善事業に寄付する。こうした、趣旨、使途ともに明瞭な環境で戦うプロゴルファーが、賞金も出ず、興行で生まれた資金の行方にも関与できない五輪に出る理由はないと思ったとすれば、それは不自然なことではないでしょう。

　賞金を出すべき理由のもう１つは、マイナー競技の普及です。どんなにマイナーでも、五輪種目になっている以上は、オリンピック・ムーブメント

（青少年の教育、平和の推進）の担い手であり、メダリストとなれば英雄的な存在です。しかし、その英雄が実は生活に汲々しているなんてことになれば、目標や模範としての説得力も弱まるじゃないですか。

　土台、ノーベル賞でも、毎年、賞金──800万（2017年以降は900万）スウェーデン・クローナ（約1億円、2017年以降は1億1300万円）──が出るのです。五輪は、28競技306種目（2020年東京大会は33競技、339種目）ありますから、一挙にそこまではいかないにしても、たとえば金メダルは2000万円、銀メダル1000万円、銅メダル500万円、入賞100万円とした場合、予算は120億円ほどで、TOP（オリンピックのスポンサープログラム）1社分で賄える金額です。こうして様子をみながら、タイミングを見計らって、大会会場やウェアのスポンサーシップを開放していけば、「金メダルで1億円」も可能になるでしょう。

　みせることで対価をもらえるようになったことで、スポーツは、音楽や絵画などの芸術と同様、才気溢れる若者がその道を志す「文化」となりました。五輪には、文化としてのスポーツを、より高みに発展させてくれることを期待しています。

（夕刊フジ連載「小林至教授のスポーツ経営学講義」2016年9月8日紙上掲載に加筆修正）

第**4**章

NPBとMLB

オリンピックやワールドカップなどのメガスポーツイベントは、大掛かりな施設を含めたインフラの整備、外部からの人の流入などによる大きな経済効果をもたらしますが、開催頻度はどちらも4年に一度の特別なイベントです。

　このメガスポーツイベントに対して、人々の日常的な経済活動により近いカタチで定期的かつ継続的に行われのが、プロスポーツのリーグ戦です。

　定期的かつ継続的に開催されるということは、ヒト、モノ、カネが、定期的・継続的に動くことですから、大事な経済活動（少なくとも当該地域にとって）ということでもあります。

　また、開催されるのは、定期的かつ日常的とはいえ、毎試合、筋書きのないドラマが演じられます。その試合を、現地でもしくは映像や音声を通して地域住民が共有することで、コミュニティ・アイデンティティの醸成にも貢献できます。であるからこそ、日欧米を中心とした先進地域では、さまざまなスポーツがプロリーグを形成して、都市や地域を代表する球団が毎年激しい攻防を繰り広げているのです。

　図表4-1の通り、アメリカには、いわゆる4大プロスポーツだけで、123チームあります。そのほか近年、成長著しいMLSや、4大プロスポーツの下部組織やマイナースポーツを合わせると447のプロスポーツ球団がひしめきあっています。これに加えて、ゴルフやカーレース、大学スポーツなどが、4大プロスポーツと同規模のビジネスを展開しています。

　図表4-2の通り、この北米市場が最大のスポーツ市場で、欧州と

図表4-1　アメリカのプロスポーツ球団数（2019年時点）

団体	チーム数
MLB	30
NBA	30
NFL	32
NHL	31
野球マイナーリーグ	217
バスケットボール・マイナーリーグ	27
WNBA（女子バスケットボール）	12
AFL（アリーナ・フットボール）	5
ホッケーマイナーリーグ	30
MLS（男子サッカー）	24
NWSL（女子サッカー）	9
合計	447

合わせると、世界のスポーツ興行市場の3/4を占めています。

対極的な経営スタイル

世界中から原材料を集め、そして加工した質の良い商品に高い付加価値をつけて、世界中に売る。それができるトップブランドは、グローバライゼーションの恩恵をもろに受け、急激に成長しています。その代表格が、欧州先進国のサッカーリーグと、北米のプロスポーツです。

高成長を遂げている両者ですが、運営は対照的です。

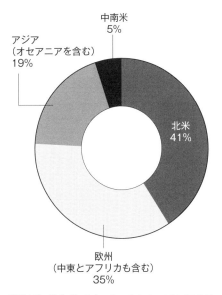

図表4-2　世界のスポーツ興行市場

中南米
5%

アジア
（オセアニアを含む）
19%

北米
41%

欧州
（中東とアフリカも含む）
35%

出典：PwC Outlook for the global sports market

アメリカ型の特徴は、リーグが並列しており、それぞれのリーグの勝者がぶつかる戦いが最終決戦。その外側には世界がないというビジネス・スキームです。

下部リーグとの入れ替えもありません。この枠組みの1つの旨味は「参入障壁」です。参入するためには、買収か新規参入しかありませんから、参入を希望するものに対し、高額な加盟金を課すことが可能です。

日本プロ野球においても、2004年オフに楽天とソフトバンクが参入した際、当時、設定されていた参入金の30億円（返還なし）が高いか安いか、あるいは必要か否か、ひいては何に使われているんだなどと謗る声まで出たりして、野球ファンやスポーツマスコミの枠を超えて、経済評論家まで巻き込んだ侃々諤々の議論になりました。

プロ野球では、そのときの議論を踏まえ、というか世論に押されるカタチで、協約が改定されました。新規参入にあたって返還されない加盟金として

図表4-3　2リーグ？　1リーグ？

	欧州サッカー	米国
リーグ形式	垂直（1リーグ）	並列（複数リーグ）
	地域（大陸）選手権　世界選手権	
参入障壁	なし	高
ドラフト	なし	ウェーバー
税金投入	原則禁止	大量
球団間戦力差	大	小
	国際大会	国内完結

は、手数料として1億円、野球新興協力金として4億円の計5億円に値下げがなされました。同時に25億円を、保証金というカタチで預かり、10年間、滞りなく球団を保有した暁には返還されるという規約が設けられました。

あの2004年の球界再編騒動の頃、わたしは、スポーツ・ビジネスの研究者のはしくれとして、さまざまな媒体に、文書や口頭をもって意見を表明していました。全盛期の輝きを失ったとはいえ、国民的娯楽としてのブランドを構築しているプロ野球に参入することによって、当該企業は絶大な露出効果と社会的信用を獲得できることから、アメリカの例なども引き合いに、安くするなどとんでもない、もっと高くするべきだという論を展開しました。その後、10年間、業界内で過ごしたときもそう思いましたし、球団実務から離れ、研究者に戻った今でもそう思っています。

アメリカのプロスポーツの新規
参入金は莫大かつ時価です。図表
4-4 はいずれも、直近の新規参入
球団が支払った参入金です。本稿
執筆時点で最新の新規参入は、
2018 年 12 月にシアトルに新球団
が誕生することが確定したアイス
ホッケーのNHLで、その新規参
入金は 6 億 5000 万ドルでした。
開幕前に全球団の黒字が確定して
いるNFLでは、2002 年に、ヒュ
ーストン・テキサンズが新規参入
した際に支払った加盟金は、7 億
ドルでした。

北米のプロスポーツリーグで
は、新規参入金は、既存の球団で

図表4-4　アメリカの新規参入金

リーグ	新規参入金歴代最高額
NFL	$700m
MLB	$130m
NBA	$300m
NHL	$650m
MLS	$150m

山分けされます。北米のプロスポーツリーグは、各球団が協力してリーグ全
体の価値をあげることで、それぞれが潤うような仕掛けが随所に施されてい
ますが、この新規参入金もその 1 つです。

　欧州サッカーは、参入も退出も自由、つまり、参入の権利を制限していま
せん。事務的な手数料を払えば誰でも参入できます。シーズンごとに強いク
ラブは上のリーグに昇格、弱いクラブは下のリーグに降格します。Jリーグ
もこのしくみですね。参入障壁がないので、チーム数は多くなります。たと
えば、スペインでは、地域リーグも含めると、球団数は 450 を超えます。J
リーグも 2014 年シーズンから、J2 のもう 1 つ下部のリーグ、J3 が創設さ
れ、2019 年の時点では、J1 が 18、J2 が 22、J3 が 17 の 57 クラブ体制とな
りました。

図表4-5　昇格と降格

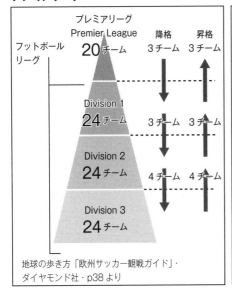

プレミアリーグ

フットボール
リーグ

プレミアリーグ
Premier League
20チーム　　降格　昇格
　　　　　　3チーム　3チーム

Division 1
24チーム　3チーム　3チーム

Division 2
24チーム　4チーム　4チーム

Division 3
24チーム

地球の歩き方「欧州サッカー観戦ガイド」・
ダイヤモンド社・p38より

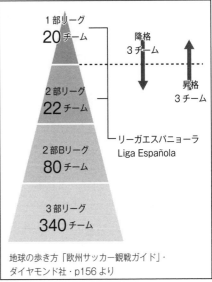

リーガ・エスパニョーラ

1部リーグ
20チーム　　降格
　　　　　　3チーム

　　　　　　　　　昇格
　　　　　　　　　3チーム

2部リーグ
22チーム

リーガエスパニョーラ
Liga Española

2部Bリーグ
80チーム

3部リーグ
340チーム

地球の歩き方「欧州サッカー観戦ガイド」・
ダイヤモンド社・p156より

再訪〜2004年の球界再編問題

　この閉鎖型モデルと開放型モデル、どちらが優れているかについて、2004年の球界再編の際は、1リーグなのか2リーグなのかの議論とあいまって、ホットなトピックでした。

　あれから15年を経た今、少し、振り返っておきたい気持ちに駆られましたので、ここに記します。

　深層にあったのは、MLBが、世界の頂点のリーグとして日本の選手そしてファンの心を捉えたことです。それまで、国民に最も親しまれてきた野球の世界の頂点、超一流のピカピカのブランドだったNPBのそのうえにもう1つ、ブランドが生じてしまったのです。グローバライゼーションの典型的な姿です。

「なぜ２番目ではだめなのですか」と問うた国会議員が、失笑を買ったことがありましたが、頂点とその下の差は、たとえ紙一重であっても人々の扱いはまったく異なります。特に、距離の制約、国（や法律）の制約、言語の制約がない商品。消費者は、世界中から商品を選ぶことができるわけで、そのなかから、敢えてナンバー１でなく、ナンバー２を選ぶ理由はないのです。これがグローバライゼーションの特質の１つです。

　スポーツ競技の場合は、生産地が本拠地球場ですから、地理的な制約は大いにあり、だからこそ地域密着が極めて重要なのですが、スタジアムに行かずとも、テレビを通してライブで楽しむことができる商品特性をも併せもっています。満員のスタジアムの何百倍、何千倍の無数の人々に、リアルタイムで商品を届けることができます。業界の頂点に立つことの意義は、とても大きいのです。

　日本の国内において覇権を競うことの意義が、人々の間で急速に色褪せるなか、日本を取り巻く経済環境がアゲインストだったのも大きかった。当時は、バブル崩壊から続く構造不況から抜け出せないまま、デフレ日本のまっただなか、企業は内向きで、人々はうつむき、財布の紐は固い、そんな時代でした。

　不況ニッポンを尻目に、アメリカは、90年代途中から金融とITという新機軸がずばり的中し、未曾有の好況が続いてもいました。敗戦以降、ただでさえアメリカの影響を受けやすいなか、バブル崩壊とそれに続く長い不景気で、すっかり自信を失った不況ニッポンは、次々とアメリカ流の経営を取り入れました。株主の利益が何にもまして重要であるという株主資本主義の哲学と、その１つの表れともいえる連結会計も、その流れのなかでのことでした。親会社が宣伝広告費として計上してきた、子会社であるプロ野球球団への損失補填が、株主の厳しい監視の目に晒されるようになったのです。

　これも、プロ野球にとって、逆風になりました。

　プロ野球は、成立から繁栄まで、その歴史は親会社の存在なくして語ることはできません。これは、後の章でじっくり触れますが、欧米のように、莫大なテレビ放送権料が入るわけでもなければ、アメリカのように自治体が税

金を注ぎ込んで支えてくれるわけでもないのです。

　要するに、グローバル化に端を発する複合的な逆風が、当時のプロ野球を取り巻く環境でした。

　わたしは、野球界におけるグローバル化も、他のどの産業とも同じように不可逆ですから、1リーグか2リーグかは木を見て森をみない議論だし、すればするほど本質を見誤る議論であり、それよりも、世界に打って出るしくみ作りが何よりも重要だと考え、そのことを各方面で表明をしつつ、書にも著しました。『合併、売却、新規参入。たかが…されどプロ野球！』（宝島社、2004年）の当該個所は、以下のようになります。

　　実際、日本のプロ野球は、市場環境から考えると、アメリカのプロスポーツ団体よりも欧州のサッカー・リーグのほうが参考になるのではなかろうか。
　　（中略）
　　このアメリカ型のシステムは、鎖国するかもしくは全世界を配下におさめるか。そのどちらかを前提にしたシステムであり、現在の日本に馴染むとは思いにくい。
　　（中略）
　　日本のプロ野球は、これまではアメリカ型で、国内だけでやってきた。世界的なスポーツではないので、それも致し方なかったと思う。しかしいま、ふと周りを見渡せば、大リーグが身近になり、韓国、台湾、中国を交えてのアジアカップや、本当のワールドシリーズを持ち掛ける環境になってきている。
　　そうなると、「サッカー型」の方がいいのではないか。
　　つまり、1リーグ。
　　幸い、日本野球連盟には300以上の加盟チーム（企業・クラブ）がある。そこからピラミッド型にできればいい。無論、実現のためにはプロ・アマの問題を解決する必要が出てくる。しかし、この閉鎖されたリーグ体系のまま、たとえば、セ・パの途方もない収入格差を解決するとなれば、

収入の分配ということになろう。しかし、膨大な放送権料が発生している巨人に、わたしの試算で50億くらい諦めてくれ、ということになる。これはそう簡単にはできない。

大・リーグでテレビの全国放送が機構の一括管理にできるのは、これはまた後で詳述するが、シーズンの全国放送はまるで金にならないからである。アメリカ人は地元球団しか見ない。各球団にとって全国放送権などどうでもいい。どうせ売れない。

実際、全国放送権とは、ポストシーズンの放送権のことだ、と向こうのテレビ局の人は明言している。日本は違う。少なくとも現在は、シーズンの全国放送が虎の子である。それを手放せといったってねえ。

それよりも、日本球界を改革するには1リーグにして、企業、クラブチームを組織し、二部、三部リーグを作り、活性化は入れ替えでしていく。そんな議論があるべきだった。高校野球の選手の部員数も今年は史上最高と、裾野はまだまだある。いつか一部リーグへ。そんな夢をみられる型も議論の遡上に載せるべきだった。

（中略）

世界と地域という一見相反する両極が今後のプロ野球の軸になることは、地域でもなく世界でもない日本国内を制することの価値は急速に低下する。今年の日本シリーズが、第7戦までもつれる激闘だったのにもかかわらず史上最低を記録したことは、そのことを物語ってもいる。

地域の拠点を固める一方で、もうひとつの柱である国際化も早急にすすめる必要がある。先述したとおり、大リーグに対峙することもその一環であるが、もうひとつ、眼前に広がる巨大市場、アジアに目を向けるのは当然である。

それは、すでにMLBが提唱している国別対抗戦＝ワールドカップとはまた違う。サッカーで言えば、アジアクラブ選手権である。日本を中心に韓国、台湾、中国を交えたアジア選手権を開催する。その勝者が大リーグの覇者との戦いに臨む形は、NPB代表対MLB代表によるものよりも、真のワールドシリーズとしての重みも増すというものだ。

各国でペナントレースを行い、日本からは上位4球団、韓国から2、台湾から1、中国から1の計8球団によるトーナメント戦。大リーグのプレーオフと同じ球団数である。日本シリーズは消滅だ。組み合わせは現時点での野球のレベルから考えて、日本の1位と中国の1位、日本の2位と台湾の1位、日本の3位と韓国の2位、日本の4位と韓国の1位で一回戦をそれぞれの勝者が準決勝に進み、さらに勝者の2チームがアジア選手権王者、すなわち、大リーグ覇者とのワールドシリーズへの挑戦権を得る。

　各ステージすべて7回戦制だ。プレーオフは、チーム数が多く、試合数が多い方がビジネスになる。最大で49試合、大リーグとのワールドシリーズも加えれば、56試合も組めることになる。

　世界のプロスポーツが地域化と世界化の両建だといった。実際、収益のようすを眺めると、地域での日々の試合からあがる収益と、あとはポストシーズンだ。

　アメリカが世界であるとの認識を持つアメリカでは、プレーオフとなる。MLBは30球団中8球団、NFLは32球団中12球団、NBAにいたっては31球団中18球団がプレーオフに進出する。レギュラーシーズンは予選である。

　欧州サッカーでは、各国のレギュラーシーズンを勝ち抜くと、次に欧州チャンピオンズリーグが待っている。欧州各国からの代表32球団によって争われるこの大会は、勝つたびに賞金が与えられ、優勝賞金は50億円以上となる。

　レアルマドリードやマンチェスターユナイテッドなどごく一部の人気球団を除くと、球団の利益はこの大会に出られるかどうか、そしてここで勝ち抜けるかどうかですべてが決まる。

　また、欧州ではもうひとつ、チャンピオンズリーグへの出場をあと一歩で逃した球団を中心にしたUEFAカップという大会も毎年、行われており、こちらも少なからぬ賞金が発生する。

　さらに、サッカーの世界では、世界クラブ選手権が恒常開催されること

が決まっている。それも2005年、2006年ともに開催国は日本である。
（中略）

　地域─国内─大陸─世界という制度が出来ているサッカーの世界に2
リーグ制は無い。海外球団との公式戦ができるのであれば、無理やり並列
するリーグを作り、その上位球団でトーナメントを行う必要が日本である
とは思いにくい。

　いずれにしても、世界中のいろいろなスポーツを毎日身近に見て目が肥
えている日本人にとって、140試合の長丁場のペナントレース1試合1
試合は、野球ファンであっても1/140以外のなにものでもない。まして
や、一般大衆を巻き込んでの価値の創出にはならない。レギュラーシーズ
ンは地域の健全な娯楽として、社交場としてしっかり地域に根を下ろして
いく。
（中略）

　一般大衆まで巻き込む大きな関心は、国際大会しかない。

　2004年に著した上記、つまり、超一流のキラキラ輝く世界の座を取り戻
すには、MLBとその座を争うスキームの構築が必要であり、MLBをその土
俵に引きずり出すためには、まず、アジアを巻き込んだ国際大会を実現さ
せ、軌道に乗せる、という構想です。

　この構想に、そして著書にも多大な協力をしてくれた、読売新聞主筆の渡
邉恒雄さんが共鳴してくださり、ダイエー・ホークスを買収して、球界参入
したばかりの、ソフトバンクの孫正義オーナーに紹介してくれました。

　孫オーナーは、球界参入にあたり、MLB優勝球団との、真のワールドシ
リーズ実現をゴールとする「目指せ！世界一」を社是に打ち出しており、そ
の構想の実現の推進のために、わたしを取締役として雇ったのでした。

地域密着は進み、体力は強化された

　それから10年間（2005年〜2014年）、プロ野球球団の経営実務に携わり、その後、研究者の立場に戻った今、実感を率直に述べるならば、日本プロ野球がMLBに比肩する、超一流の座を取り戻したとは言い難いでしょう。

　地域密着の経営力は、MLBや欧州サッカーのそれにまったくひけを取りません。日本ならではのきめ細やかな工夫も凝らしつつ、それぞれの球団の体力は相当にあがりました。

　しかし、このブランド・ビジネス、やはり超一流の座を取り戻さなければ、選手とファンの流出は止まらないのです。商品が劣化し、客が離れる、あるいは離れなくとも単価が落ちれば、それはビジネスとしてはマズイ。実際、MLBとの格差は、当時よりもはるかに拡大し、2019年時点においてもその差は拡大する一方です。

　序章において1995年の段階では、1球団平均にすると、MLB球団の年商よりもNPB球団のそれが上回っていたことと、その後、MLBのビジネスが景気ともあいまって急成長を遂げたこと、一方、NPBは停滞したことを述べました。わたしがホークス取締役を務めていた期間においても、その状況は変わることなく、格差の拡大はむしろ加速していきました。

　2005年のMLBの年商はおよそ50億ドル、当時の為替レートはおよそ110円ですから、5500億円でした。日本の年商は、推定で1200億円程度でした。それが2018年には、あちらは倍増して100億ドル（2018年の年間平均為替レートはおよそ110円ですから、1.1兆円）、年平均成長率は5.5％。NPBの年商の2018年の推定値は1800億円ですから、当時よりも50％増、年平均成長率は3.2％とよく頑張っているのですが、MLBと比較すると霞んでしまいます。

　MLBとの比較においては霞むと申し上げましたが、デフレ日本において、この3.2％という年平均成長率は、決して悪くはありません。デフレに

苦しむ日本では、日本銀行が2013年に、資金供給量を2年間で2倍にするという、いわゆる異次元緩和をもってしても、目標値とした物価上昇率2％に到達できませんでした。そうしたなかでの3.2％の成長率を

図表4-6　MLBとNPBの今（2018年の推定値）

	MLB	NPB
総売上	1.1兆円	1800億円
球団数	30球団	12球団
1球団平均	367億円	150億円
平均年棒	4億8500万円	8700万円

出典：Forbes、週刊ベースボールを基に筆者作成

達成するのは容易なことではありません。これは各球団が、地域の掘り起こしを丁寧に行い、球場との不利な賃貸契約を見直すことも含め、創意工夫を凝らした結果です。

　たとえばホークス。ダイエー時代のホークスが始めた地域密着路線を、2005年に球団を継承したソフトバンクも丁寧に継続した結果、観客動員は、2011年に中日を抜き、巨人、阪神に次ぐ球界3位になりました。その後も、来場者を満足させるさまざまな工夫をもって動員数を伸ばし、2018年の数字は約256万人、1試合平均は3万6149人でした。

　ちなみにMLBの観客動員数は2007年に史上最高となる3万2785人を記録して以降、微増微減を繰り返し、2016年からは明確なダウントレンドに入りました。2018年には2万8830人となり、2003年以降初めて3万人の大台を割り込みました。

　それでもMLBの売上が伸びているのは、これは後に詳しく述べますが、ライブで筋書きのないドラマが展開されるスポーツ・コンテンツのメディア価値がより高くなったゆえの放送権料の高騰です。視聴者は、ドラマやバラエティ番組などを放送時間に合わせてみるようなことはもうしません。録画機能の発達で、後追いでCMを飛ばしながらみたほうがはるかに効率がよいし、そもそも、インターネットを通じて、より刺激的で手軽なコンテンツが溢れているため、テレビ離れが急速に進んでいます。

　しかしながら、メディア価値の源泉は、先にも記した通り、満員の観客が生む熱狂であり、閑散としたスタジアムで行われている試合は、観客にとっ

ても物足りないのと同様、映像でも面白くありません。

MLBは、この四半世紀、年平均9%を超えるペースで高成長を遂げてきましたが、その時代は終わり、停滞期を迎えようとしているのかもしれません。

このホークスの地域密着戦略に倣った他の球団、特にパ・リーグ球団は、さまざまな工夫を凝らすことで、動員数と客単価を大幅に伸ばしました。

図表4-7　NPBの観客動員力（2018年）

チーム	1試合平均	試合数	合計
巨人	41,699人	72試合	3,002,347人
阪神	40,831人	71試合	2,898,976人
ソフトバンク	36,149人	71試合	2,566,554人
広島	31,001人	72試合	2,232,100人
中日	30,147人	70試合	2,110,276人
DeNA	28,166人	72試合	2,027,922人
日本ハム	27,731人	71試合	1,968,916人
ヤクルト	27,152人	71試合	1,927,822人
西武	24,833人	71試合	1,763,174人
楽天	23,972人	72試合	1,726,004人
ロッテ	23,194人	71試合	1,646,794人
オリックス	22,575人	72試合	1,625,365人
合計	29,785人	856試合	25,496,250人

出典：NPB資料などより作成

また、球場との不利な契約についても、楽天が球界参入にあたって、改修工事の全額負担と年間5000万円の賃貸料と引き換えに、県営宮城球場の営業権を100%握ることに成功したことが、他球団を勇気づけました。

たとえば千葉ロッテマリーンズ。本拠地の千葉マリンスタジアムは県営球場であり、従来、入場料以外は、ほとんど収入を得る手段がありませんでした。広告看板や、球場内の物販などから発生する権利については、県に帰属する契約だったからです。一度、呑み込んだものを吐き出させるのは大変です。ましてや相手は役所。再編騒動の前でしたら、梃子でも動かなかったかもしれませんが、楽天の先例と、球界再編で、プロ野球経営の苦しさが世論に晒されたことによる、ある種の同情論が後押しもしました。千葉ロッテ球団は、粘り強い交渉の末、2006年に指定管理者となり、駐車場、場内での

物販、広告看板などから生じる権利料を握り、これが球団経営の安定に大きく寄与しました。

　これは後述しますが、アメリカの4大プロリーグの経営的成功の背景には、1990年代以降、自治体が税金で球場を建設し、球団は365日24時間、徹頭徹尾の営業権を得るという、税金ビジネスが定着したことがあります。

　ダイエーの経営危機に端を発し、親会社に頼らず自らの足で立たざるを得なくなったホークスが、地域の健全な娯楽となるべく、さまざまな地域密着策を講じ、それが結果に結びついたことから始まったNPBの地域密着路線は、パ・リーグ球団を中心に球界全体に拡散していきました。また球界再編後つまり2005年以降は、セ・リーグ球団も巨人戦の全国中継を基軸とするビジネスモデルが成り立たなくなるにつれ、地域密着を深めていき、観客動員、売上ともに伸ばしているというのがNPBの現状です。

　かつて、巨人と対戦するセ・リーグと、巨人との対戦がないパ・リーグの格差は激しいものでした。各種資料やヒアリングを基にしたわたしの調査では、巨人の公式戦130試合すべてが全国生中継されていた1995年、NPBの推定売上900億円のうち、その内訳は、セ・リーグが700億円程度、パ・リーグが200億円程度で、格差は3倍以上ありました。この図式は、球界再編直後の2005年の段階では多少は縮小しましたが、それでもNPBの推定売上1200億円の内訳は、セ・リーグ800億円、パ・リーグ400億円とその差は2倍でした。

　図表4-8（次ページ参照）は、『会社四季報業界地図2017』（東洋経済新報社）による2015年の各球団の観客動員、売上の推定値です。この時点で、セ・リーグ球団の売上の総和は797億円、パ・リーグのそれは762億円で、合計で1559億円。

　これにNPBに権利が属するオールスターや日本シリーズの収入、株式会社NPBエンタープライズの保有する侍ジャパンによる売上が加わりますが、これらの大半は、経費を差し引いた後、各球団に分配されますから、多く見積もってもプラス50億円程度で、同誌の推定値に基づくならば2015年

図表4-8　NPB各球団の売上と観客動員（2015年）

	球団名	観客動員数 （万人）	売上高 （億円）	純利益 （億円）
パ・ リーグ	福岡ソフトバンクホークス	253	274	9.2
	北海道日本ハムファイターズ	195	104	3.8
	千葉ロッテマリーンズ	132	91	−0.04
	埼玉西武ライオンズ	161	106	2.4
	オリックス・バファローズ	176	82	—
	東北楽天ゴールデンイーグルス	152	105	4.6
セ・ リーグ	読売ジャイアンツ	300	253	14
	阪神タイガース	287	124	5.6
	広島東洋カープ	211	142	7.6
	中日ドラゴンズ	204	98	—
	横浜DeNAベイスターズ	181	103	0.6
	東京ヤクルトスワローズ	165	77	−1.8

出典：『会社四季報業界地図2017』p.190、東洋経済新報社

のNPBのビジネス規模はおおよそ1600億円くらいだったということにな
ります。この数値は、その前年まで球界内にいたわたしが知り得た範囲内で
推察する数字とおおよそ同じですから、そんなものでしょう。『会社四季報
業界地図』による推定値は、この年が最後で、以降は発表していません。そ
の3年後、2018年の売上額をわたしの実務経験と調査から推測してみる
と、セ・パほぼ同じ900億円程度で合計1800億円程度に成長しているとみ
ています。

　それにしても、NPBもJリーグやBリーグのように各チームの経営数字
を項目別かつ詳細に公表してはどうでしょうか。スポーツのビジネス化が国
家プロジェクトともなっているくらい、成長産業として期待されています
が、実際にそうなるためには、情報の公開が不可欠です。産業の発展には、
業界内外より多くの研究・分析が為されることが肝要で、BリーグやJリー
グが情報公開しているのはまさにそのためなのです。

column
プロ野球が密かに復活していたことをご存じ？
パ球団の地域密着が浸透、試合中継の多様化も追い風に
....

■球界再編を経てパ・リーグの人気、経営が改善

　昔から「人気のセ、実力のパ」といわれていましたが、近年ではパ・リーグ球団の人気も高まってきています。現在のセ・パの経営状況は、『会社四季報業界地図 2017 年版』（東洋経済新報社）によれば、観客動員で 20% ほどセ・リーグが上回っているものの、売上高はほとんど差がない。この金額は推定値ですが、プロ野球球団の経営実務に携わってきたわたしから見ても、さほど違和感のない数値です。ほぼ実態を反映した数字でしょう。こんな拮抗した状況は、わたしが千葉ロッテマリーンズの選手だった 1990 年代前半は勿論のこと、球界再編に揺れた 2004 年の時点では、とても考えられないことでした。

　球界再編は、パ・リーグの近鉄バファローズが年間 40 億円ともいわれる赤字を抱えるなかで、オリックスとの合併によって状況を打開しようとしたことに端を発したものでした。事が起きたのはパ・リーグでしたが、その背景にあったのは、巨人戦の視聴率が年々下がっており、プロ野球の前途が暗たんとしていたことでした。今では遠い昔話のように聞こえるかもしれませんが、当時の大多数のカジュアル・ファンにとってはプロ野球イコール巨人戦であり、巨人戦はほぼ全試合、地上波放送で全国生中継されていました。

　巨人のコンテンツ力がどれだけ凄かったかって、その平均視聴率は 1980 年代は軒並み 30% を超え、1990 年代に入っても、若干の下落傾向は見えつつも、平均 20% 前後を保っていました。これが、21 世紀に入ると右肩下がりの傾向が明確になり、球界再編の頃になると 10% を割り込む日も多くなり、いよいよ地上波全国生中継の継続が危ぶまれるようになっていったのです。

　太陽系から太陽が失われるような危機感のなか、球団経営者サイドはさらにもう 1 つの合併も含めた球界再編による状況打開を主張していました

が、12球団の温存を主張する選手会が対峙し、球界初のストライキも行われました。その後は、楽天の新規参入、産業再生機構入りしたダイエーがホークスをソフトバンクに売却と、疾風怒濤のごとく事は流れ、2005年から再出発となった次第です。

セ・パ交流戦が始まったのも、この年からでした。長年、導入を主張してきたパ・リーグに対して、セ・リーグは、「巨人戦を失うセ・リーグから、巨人戦を得るパ・リーグへの利益移転につながるため、承服できない」として反対の立場でした。しかしこのときばかりは、パ・リーグ球団から次なる経営危機が起こることによるダメージはそれ以上に大きいという考えでまとまり（選手会が導入を突き付けたからでもありますが）、異なるリーグの各6チームとそれぞれ6試合、計36試合ずつのカタチで発進したのです（現在は各3試合、計18試合）。

その後、巨人戦の地上波全国生中継がほぼ消滅するという、球界関係者がずっと恐れていたことが現実のものとなったにもかかわらず、毎年のようにプロ野球全体での観客動員数は史上最高を更新し続けています。前述のパ762億円、セ797億円、合計1559億円の売上高も、史上最高値といっていいでしょう。特筆すべきはパ・リーグの成長で、球界再編の頃はわたしの推定で、パ400億円、セ800億円、合計1200億円でしたから、パは10年余りの間にほぼ2倍に売上高を伸ばしたことになります。

■球界再編前のパ・リーグ、スタンドでは流しそうめんも

では、その間、何が起きたのかを詳しくお伝えする前に、もう一昔前、わたしが現役選手だった頃のパ・リーグについて触れておきましょう。

まず、わたしがロッテ・オリオンズの入団テストに合格して、諸般の事情で同球団の練習生をしていた頃、本拠地の川崎球場は場末の雰囲気で一杯でした。カビと汗の臭いで目まいがする選手ロッカー、男女が分かれていないトイレに象徴される、時代に取り残されたような施設に、まばらな観衆。その一部は、当時の人気番組、珍プレー好プレーに取り上げられることをもくろみ、スタンドで流しそうめんをしたり、麻雀をしたり、隣接する川崎競輪

場での競輪を観ていたりなど、何でもありでした。

　決してスターがいなかったわけではありません。落合博満さんが2年連続三冠王を取ったのも、村田兆治さんが肘の手術から奇跡のカムバックを果たし、通算200勝を達成したのも、川崎球場時代のロッテ・オリオンズでした。そのほかにも、生涯打率1位のレロン・リーさん、2000本安打達成の有藤道世さんなど、プロ野球の歴史に燦然と輝くスター選手が織りなすプレーは見応え十分でしたが、観客動員は伸びず。それならばと「テレビじゃ見れない川崎劇場」の自虐的なスローガンを展開したこともありましたが、話題にはなったものの、打開策とはなりませんでした。

　川崎市も、抜本的な球場施設の改善に一貫して消極的な姿勢を取り続けていたため、1992年シーズンから、新球場（現在のZOZOマリンスタジアム）を建設した千葉市に移転し、球団名も、現在の千葉ロッテマリーンズに変更。14年続いた川崎時代に終止符が打たれました。

　当時のパ・リーグの悲哀を象徴する球団として、東の横綱がロッテならば、西の横綱は南海でした。本拠地の大阪球場は難波駅に直結という抜群のロケーションだったにもかかわらず、スタンドでは、珍プレー好プレー狙いのアクティビティーが展開されていたことに始まり、たそがれ感満載の諸施設など、川崎球場と類似した環境であったことを、南海ホークスOBから、数々の笑い話とともによく聞かせてもらいました。

　そして、南海ホークスはロッテより一足先に、1989年シーズンからオーナーがダイエーに変わり、福岡ダイエー・ホークスとして再出発をしました。

　そのほか阪急も、常に優勝争いに絡む名門チームでしたが、人気は上がらず、1988年シーズンを最後にオリックスに身売りされました。Forbesの世界長者番付で、6度にわたって世界一に輝いた堤義明氏率いる西武ライオンズは、その資金力で常勝軍団を構築はしましたが、人気はセ・リーグの下位球団にもはるかに及びませんでした。

　日本ハムは、その本拠地である東京ドームが、日本初のドーム球場という観光スポットとして大人気となるなか、巨人戦はチケットの入手が困難とい

う理由で、一時は観客動員を大きく伸ばしましたが、日本ハムのファンに転じる来場客は少なく、その後の人気は昔と同じく低空飛行を続けました。そのため、有力アマチュア選手は希望球団を聞かれると「在京セ」と答えるのが定番でした。

■球界再編を経てパ・リーグから地域密着経営の原点回帰

　パ・リーグがこうした長きにわたる人気低迷の状況から一変し、前述したように経営の改善傾向が続くようになったのはどうしてでしょうか？　それは、地域密着というスポーツ興行の原点に、各球団が帰ったからです。球界再編という、いわば落ちるところまで落ちた結果かもしれませんが、現実問題として、巨人戦の全国生中継という飛び道具がほぼ消滅しました。こうしたなか、１人でも多くのお客さんにおカネを払って球場に足を運んでもらい、満足していただくだけのサービスを提供し、また来てもらうという、客商売の原点に帰り、地域のエコシステムに割って入ることに活路を見出したのです。

　地域密着路線は、日本においては1993年に誕生したサッカーJリーグが火付け役でしたが、スポーツ興行の基本中の基本です。スポーツ興行をビッグ・ビジネスにステップアップさせるにはマス媒体で試合を中継することが必須ですが、それはスタジアムの熱気溢れる興奮をより多くの人に伝えようという営みであり、まずはスタジアムを満員にすることが前提なのです。そして来場者の大半は地元客です。ゆえに、まずは地元でしっかりチケットを売ることがスポーツ興行の第一歩なのです。そこに各球団はあらためて気がついた。

　そんなの当たり前だというなかれ。どんな経営でもそうですが、意外と初心・原点は忘れがちなのです。ましてやプロ野球の場合、セ・パの圧倒的な格差という事情がありました。巨人は全試合、そして他のセ・リーグ球団は巨人戦が全国津々浦々へテレビ中継され、それを国民の５人に１人が見ていた。そのテレビ露出が人々をさらに球場へ誘引する、拡大再生産の循環が出来上がっていました。

こんな圧倒的な空中戦が派手に展開されているかたわらで、「テレビじゃ見れない川崎劇場」に象徴されるゲリラ的なマーケティング手法と、商店街を回り、ちらしを配り、ポスターを張って球場への集客作業を行う……。まるで竹槍でB29を撃墜しようとしているような虚しさを、当時のパ・リーグ球団のビジネス担当者は感じていました。「そんな面倒な作業をしたって何になるんだ、とにかく電波だ、電波にさえ乗せればすべてがうまくいく」……わけがないのは、先に記した通り。「満員のスタジアム→マス媒体のコンテンツ」であって、逆にはならないのです。

　そんな無力感と閑古鳥の苦難の時代を経て、ホークスが親会社の経営危機を契機に始めた原点回帰、つまり地域密着路線がまず軌道に乗りました。それが北海道に受け継がれ、そして球界再編を経て、楽天やロッテなどパ・リーグ球団を中心に浸透していき、近年はセ・リーグ球団にもその意識が広がっているという次第です。

■試合中継手段の多様化を追い風に

　パ・リーグの球団にとっては、BSとCSの放送がお茶の間に浸透したことも大きかったでしょう。かつては、人々がテレビを見るチャンネルは地上波とNHK BSくらいで、パ・リーグ球団の試合の映像はニュース番組で見るのがほとんどでした。そこにBSとCSが加わり、ファンは、その気になれば、プロ野球全試合の視聴ができるようになりました。さらに近年は、パ・リーグTVやDAZNなど、ネット放送にもプロ野球を中継するチャンネルが広がり、視聴手段はさらに多様化しています。

　ハーバード・ビジネススクールのクレイトン・クリステンセン氏は、1997年に提唱した有名な経営理論「イノベーションのジレンマ」において、本物の変化は辺境から始まると指摘しています。つまり、既存の事業や産業に対する破壊的なイノベーションは、捨てるものがない、守るものがないベンチャー企業や、誰にも侵されることのない辺境や周辺の企業から生じるのだと。

　日本のプロ野球においても、この10年の地域密着革命にパ・リーグ球団

が火を付けたのは必然だったかもしれません。そして、プロ野球界にとって明るい材料は、巨人戦の全国生中継という鉄板の商品をもっていたがゆえの「イノベーションのジレンマ」に陥っていたセ・リーグ各球団も、来場客を中心に据えたビジネスに本格的に取り組み、成果が出てきていることでしょう。

　かようにして球団改革が進んだことで、プロ野球ビジネスは良い方向に向かっていることは間違いありませんが、これで安泰というわけではありません。日本のスター選手が移籍を目指すMLBや他のレジャー産業に今後どう対抗していくかという観点からは、球界全体としてのビジョンが、まだ混沌として見えてきていません。プロ野球は、余暇産業の1つとして、あらゆる娯楽と、忙しい現代人のカネと時間を巡ってのバトルロイヤルのリングに立たされているのです。

　スマートフォン、漫画、ごろ寝、映画……これらはライバルにもなりますが、アライアンスを組むことで、魅力を高め合う仲間にもなり得ます。市場も日本に留まらず、スマホでの視聴を想定し、世界の津々浦々まで広げられる可能性が生まれています。そんな77億人（国連の推計では2020年に世界の人口は77億人に達する）の余暇の争奪戦において、球界としての経営戦略が見えてきたとき、野球界の未来はより明るいものになると思います。

（日経ビジネスオンライン連載「スポーツ経済ゼミ」2017年7月13日掲載に加筆修正）

拡がる格差

　ここまで述べてきましたように、地域に根差し、体力は強化されましたが、NPBは国際市場でMLBと競い合うところには至っていません。

　2005年以来、MLBの担当者と何度も議論を重ねてきましたが、真のワールド・シリーズなど、同じ土俵にあがって勝負するスキームの実現の可能性は、むしろ遠ざかっているというのが正直なところです。

　2005年の時点で、すでに大きな収入格差、支払能力の格差がありましたが、それ以降もMLBは、毎年平均5.5％のスピードで急速に成長しました。1球団平均の年間売上高が、MLBは367億円、NPBは150億円程度という現状は先に述べましたが、球場使用にかかる負担の違いなどから、支出能力には、もっと違いがあります。

図表4-9　急成長したMLBビジネス、この四半世紀

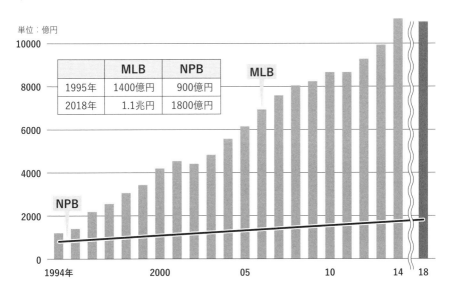

出典：読売新聞2015年6月3日、Forbes、『会社四季業界地図』（東洋経済新報社）などを基に筆者作成

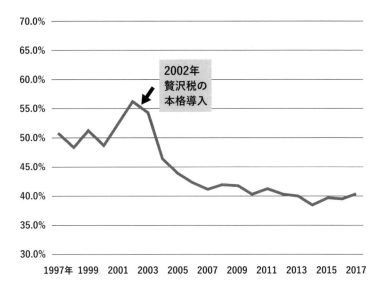

図表4-10　MLBの選手年俸の対売上比

2002年
贅沢税の
本格導入

出典：deadspin.com

　MLBは、損益分岐点ぎりぎりのラインで売上の60％程度を選手年俸に使えます。売上の60％という数字は、アメリカ４大プロスポーツおよび欧州のサッカー・リーグのチームの多くが、選手年俸の限界ラインと考えています。

　MLBは、アメリカの４大スポーツで唯一、年俸の上限を規約に定めていません。労働組合である選手会が非常に強いためですが、客を呼べる選手、投資に対して失敗する確率が低い選手（業界では、計算できる選手といいます）は、ほとんどいつの時代も需要過多ですから、年俸は高騰します。

　MLBは、フリーエージェントが導入されて以降、選手の年俸が高騰の一途を辿った結果、年俸の対売上比率は恒常的に50％を超えており、それが1994年、ワールドシリーズが中止になるほど労使紛争がこじれる要因となっていました。実際、90年代までは、MLB球団の経営は、舵取りを少しでも誤ると赤字になるリスクを負ったビジネスでした。これが、21世紀に入

ると、エンターテインメント性溢れる新球場を自治体に税金で建設してもらい、運営も税金で補助してもらうノウハウが確立し、客単価の向上とコスト削減が一気に進みました。

　また、先にも記しましたが、テレビ放送権収入も急伸しました。その背景として、テレビの録画機器の技術発展が生み出した、追い掛け録画とCM飛ばしが一般家庭に浸透したことが大きく貢献したことも先に記した通りです。ドラマやバラエティは勿論、ニュース番組でさえも、CMの価値が激減したのに対し、ライブでこそみる価値のあるスポーツ中継に、企業の広告宣伝費が殺到したのです。

　MLBの放送権は、MLB機構が、権利の行使者として契約する全国放送、国際放送、ネット放送の権利と、各球団がそのフランチャイズの地域限定で契約する地元局との放送権に大別されます。全国放送の契約は、2014年から2021年までの間、3つの局（ESPN、FOX、TBS）と年間平均15億ドルで成立しています。これはそれまでの契約額である年平均5億2000万ドルの3倍近い金額です。

　ローカル放送も景気の良い話に事欠きません。特にドジャースが、新設された地元テレビ局スポーツネットLAと結んだ25年83億5000万ドルという放送権料は驚愕でした。年換算で3億3400万ドル、1ドル110円として367億円です。これは、ローカル放送権です。ロサンゼルスの都市圏人口はニューヨークに次いで全米2番目とはいえ、にわかには信じられない数字ですが、現実です。

　こうして売上が大きく伸び、選手年俸もそれに合わせて大きく伸びたため、選手会（MLBPA、労働組合）との交渉においても、戦力の均衡化を推し進めることは、リーグの繁栄に欠かせない。そのためには、ヤンキースやドジャースなど大都市の球団が突出して高い年俸を払うことを抑制する必要があるという点において合意をみました。その結果として、1997年から実験的に導入されていた課徴金制度（Luxury tax、直訳すると贅沢税）のしくみが2002年から本格的に導入されることになったのです。この課徴金制度については後ほど、北米プロスポーツリーグの年俸抑制策の項でつまびらかにし

ますが、球団側が選手に支払う年俸総額が一定額を超えた場合、超過分に課徴金を課すというしくみで、超過する回数が多くなれば、その分、税率が引き上げられるという内容です。

　こうした内的・外的なさまざまな要因を背景に、1994年のストライキで壊滅的ダメージを受けた直後の1995年を基点にすれば、23年間の平均利回りは9％を超える高度経済成長を遂げている結果、選手年俸もうなぎのぼりできたものの、このところ、選手年俸の対売上比は、50％を割り込み、40％近くにまで低下しています。ただし、これ以上の低下は期待できないでしょう。この選手年俸の対売上比は選手会が最も重視する数値であり、50％を下回る年が続けば、選手会は重大な懸念を表明することになり、労使交渉は間違いなく紛糾します。図表4-10に示している通り、2017年の数字は41％ですから、MLB選手の、目を疑うような高額年俸は今後も続くと思われます。

ハーバード・ビジネススクールが世界的イノベーションと絶賛したMLBAM

　加えて、MLBに関するインターネット業務を一手に引き受ける子会社MLBAM（MLB Advanced Media。業界ではBAMと呼ばれています）の大成功です。

　21世紀を迎えようとする頃、MLBの各球団はそれぞれ、ヨノナカに倣ってポータルサイトを運営し、IT化の恩恵にあずかろうと試みましたが、コストばかりかかって上手くいかない。折しも、ITならばなんでも儲かるわけではないことを人々が理解し、ITバブルがまもなく弾けようかという、そんなタイミングでした。

　こうした環境下、各球団はインターネットに関するすべての権利を管轄する子会社を作ること、そしてその会社に、各球団が毎年100万ドルずつ4年間、投資をすること、利益は30球団均等に分配することを、オーナー会議で決定しました。

　こうして、2000年6月に立ち上げられたMLBAM。MLB各球団の投資は3年続きませんでした。なぜならば、3年目に黒字が出たからです。その後も、順調に成長を続け、2014年の売上は7億ドルを超え、営業利益は対売上比30％をゆうに超えると推定されています。

　MLBAMの主な事業は、チケットやグッズのオンライン販売、オンラインによる試合の生中継（音声・映像とも）、アーカイブ（音声・映像）です。これらを、400人を超える一流のエンジニアとプログラマが日々、改良を重ね、消費者に気持ちよく購入してもらう。スマホ・タブレットのアプリであるAt Batが、スポーツアプリ史上で最大のヒット作品となるなど、次々とスマッシュ・ヒットを飛ばしており、現在は、有料購読者数は推定で300万人を突破し、2011年には、ハーバード・ビジネススクールのケースブックに採用されるなど、経営史に残る商業的成功を収めています。

　近年は、そのノウハウの横展開にも熱心に取り組んでおり、たとえば、2015年からは、NHLのインターネットサービスも一手に引き受けることになりました。その契約内容は、MLBAMが2015年から2021年までの6シーズンにわたり、NHLのインターネットサービスの運営を行うというものです。そこには試合のライブ中継を含む映像配信の権利も含まれており、この権利金、つまりMLBAMがNHLに支払う金額は1億ドルでした。米国の専門筋は、このサービスは年間2億ドル程度の売上になり、NHLは権利金の1億ドルに加えて、純利益の10％を得ると推測しています。

　そのほか、プロレスの世界最大の団体であるWWEのウェブサイトの運営や、ゴルフのPGAツアーのウェブ配信も手掛けてきました。

　パラダイム・シフトがどの業界よりも劇的かつ急速に起こるネットビジネスの世界でMLBAMが最先端で居続けられるのは、プロ野球の試合方式の特殊性も大きかったでしょう。MLBの試合数は公式戦だけでも162試合と、世界の主要なプロスポーツのなかで最も試合数が多く、そのウェブサイトには1日平均1500万件近いトラフィックがあります。配信技術やサービスの充実が常に求められる環境のもと、いち早く課金による収入源の確保に成功し、それを投資に回すことでビジネスを拡大してきたといえるでしょ

う。

　そして 2016 年、ディズニー社が、MLBAM の技術部門の子会社 BAMTech の発行株式の 33％を 10 億ドルで購入して資本参加し、2017 年にはさらに 16 億ドルを出資して 42％を購入して筆頭株主となりました。ディズニーは、そのキャラクターやテーマパーク、映画制作はもちろんのこと、傘下にアメリカ 4 大ネットワークの ABC と、世界最大のスポーツ専門局の ESPN を傘下にもつ世界最大級の複合メディア企業です。これらのインターネット事業を展開するために、BAMTech の筆頭株主になったのです。それにしても、合計 75％の株式取得に投じた資金は 26 億ドルですから、BAMTech の企業価値は 35 億ドル（約 3850 億円）と評価されたということになります。2000 年にまったく 0 からスタートした企業が 16 年の時を経て 3850 億円に化けたことになります。MLB 側は、売却によって得た 26 億ドルは各球団で山分けすることになります。

column
市場規模2兆円弱！　アメリカのスポーツ・ビジネスのゲーム・チェンジャーとなったファンタジー・スポーツ

　欧米プロスポーツの快進撃が続いています。アメリカでは、MLBの2015年度の売上が13年連続の増収、100億ドルの大台も見えてきそうとの報道がありました。欧州に目を向ければ、プレミアリーグの放送権料が1試合平均30億円を突破したとか、横浜ゴムが年平均74億円（×5年）でチェルシーの胸スポンサーの権利料を買ったとか、EU経済の不振をものともしない景気の良い話が続いています。

　これは、本稿で何度かお話ししてきましたように、放送・通信における技術革新が拡げた可能性を、研ぎ澄ました権利処理の手法をもって、がっちり換金に結びつけることができたからで、日本は、プロ野球にしても、Jリーグにしても、大きく後れを取りました。もっとも、我が国は、アメリカのように放送権料や税金がどばっと流れてくるような市場環境にはなく、プレミアリーグのように、アジアを市場に取り込もうにも、これはまだ種蒔き段階で、近未来の物語としてはきつい。

　ならば何がある、というところで、ファンタジー・スポーツ（FS）。FSとは、実在の選手（の成績）を用いて、ファンタジー（空想）のチームを作り、当該競技のシーズンを通して、選手の調子や成績を見続け、分析し、入れ替えながら、成績を争うゲームです。参加料を払い、入れ替えやトレードのたびにコストが発生し、成績優秀者は賞金を手にするのが標準的な形態です。当初はスポーツ統計オタクが仲間内で行っていたのが、インターネット時代を迎える90年代後半から燎原の火のごとく一般に広まり、今や、Forbesによれば、競技人口が3200万人、市場規模は150億ドルという一大市場を形成しています。

　ファンタジー・スポーツで好成績を収めるには、対象としている競技に関して精通している必要がありますから、その参加者は、スポーツ団体あるいはチーム、そしてテレビ局などメディアにとって、超優良顧客です。結果と

して、ファンタジー・スポーツを運営している会社に対しての出資合戦が始まっており、たとえば FS 運営会社の大手ドラフト・キング社には、MLB や NHL などのプロスポーツリーグが出資してきましたが、昨年末（2015 年末）には、ウォルト・ディズニー社が約 300 億円を出資し、連結対象としました。ウォルト・ディズニーは、ネットワーク局の ABC と、世界最大のスポーツ専門局 ESPN を傘下にもっており、ドラフト・キングズと組むことで、優良顧客の情報およびコンテンツの充実を図ったわけです。

　このファンタジー・スポーツ。1990 年代後半から、アメリカの会社が何社も日本進出を試みてきましたが、今もってうまくいきません。それは、ローカライズに苦戦しているというよりも法律の問題で、アメリカと同じようなカタチで賞金を出すと、日本では賭博罪が適用されてしまう可能性が高いのです。ではムリじゃないか、というなかれ。

　実は、アメリカでも、FS を賭博とみなすかどうかについては、複数回、司法の手にかかっており、シーズン通して競い合うものについては、スキルを要する（game of skill）から、賭博ではないとみなされてきました。

　FS は、コアなファンをよりコアに、今まで縁のなかった人をファンに取り込める可能性が高い「ゲーム」ですから、それぞれの競技団体は、より一層の普及を願うのであれば、行政府への働きかけをしていくのも 1 つの手だと思います。

（夕刊フジ連載「小林至教授のスポーツ経営学講義」2016 年 1 月 7 日紙上掲載に加筆修正）

スポーツ団体にとって、
ビジネス環境が厳しい日本

　NPB球団のビジネス環境は、MLBのそれとは様相が異なります。前述しましたように、日本の市場構造においては、欧米のように、莫大なテレビ放送権料が発生することもなければ、アメリカのように自治体が税金を注ぎ込んで支えてくれることもありません。球団単体でブレーク・イーブンでやっていくためには、選手年俸に費やせるのは25％程度です。つまり、それを超えると赤字。週刊ベースボールによる推定値を参考のために掲載しておきます（図表4-11）。

　球団経営の実務に携わってきたわたしは、個々の選手、個々の球団についてコメントすることはしませんが、実際の年俸は、マスコミ報道の推定値より若干、高めだと思います。我が国は謙譲の文化ですからね。また、出来高が加わりますから。

図表4-11　2019年　NPB12球団の選手年俸総額

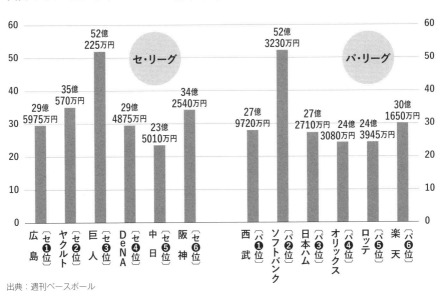

出典：週刊ベースボール

出来高は、近年、多くなる傾向にあります。マイク・トラウト外野手（エンジェルズ）の12年479億円を筆頭に、とんでもない数字が飛び交う昨今のMLBの契約事情の情報に接していると霞んでしまいますが、NPB選手の年俸も高くなっています。週刊ベースボールの推定値によれば、トップのソフトバンクの年俸総額52億3230万円は、2015年の同社の推定値46億3400万円より13％増です。12球団の年俸総額も2015年が357億円で、2019年が390億円ですから9％増で、少なくとも同期間の消費者物価やサラリーマンの賃金の上昇率に比べるとだいぶ高い。

　背景には、スター選手の海外流出を阻止するために引き上げざるを得なくなっている、つまり、MLBの年俸に引きずられていることもあります。ここでもやはり浮き彫りになるのは、グローバル化のヨノナカ、国際市場のある業界では、世界の動きとは無縁でいられないということですね。

　図表4-11で週刊ベースボールが推定している数値＝セ・パ計で390億を基に、educated guessでわたしなりに選手への報酬の総額の実数を推定するならば、390億円の10％増の430億弱といったところではないでしょうか。この430億円という数字、推定売上1800億円で割ると24％弱となります。この24％という数字は、欧米のプロスポーツ球団のベンチマークである60％と比べるとはるかに低い数値ですが、前述したNPB球団の収支構造を踏まえ、球団単体の収支バランスという観点に立つと、もう少し払えるかなという印象ですが、では倍払えるかというと、それはちょっと厳しいでしょうね。

　ここまで説明してきた通りの背景・要因により、彼我の差が圧倒的になった今、MLBの球団とNPBの球団が同じ土俵にあがる状況にはないと、こちらはそう考えなくても、あちらはそう考えています。

　MLBとNPBの利害が一致する、野球の国際化、普及という点についても、MLBにいわせればWBCがあるからもう十分、というわけです。MLBもNPBも、私企業である個々の球団の集合体ですから、大義を通す、あるいは全体最適を試みる場合においても、個々の球団の売上の向上に寄与するか、少なくとも、利益を阻害しないことが絶対条件なのです。

column
ドジャーズとホークス年俸格差は5倍

　史上初めて、平均年俸1位と最下位の対戦になったことから、格差シリーズと称される今年（2017年）の日本シリーズ。選手会調べによれば、SBが平均年俸7013万円、DeNAは2600万円と、その差2.7倍。

　同時並行で進行している米ワールドシリーズは、平均年俸1位のドジャーズと同15位のアストロズとの対戦となっている。前者は7億3600万、後者は5億3200万円で、その差は1.4倍とかなり拮抗している。ちなみに、平均年俸最下位（30位）のブリュワーズのそれは2億3000万円でドジャーズとはその差3.2倍となります。

　こうしてみると、NPBにおける格差は、少なくともMLBと比較のうえでは、さしたる違いはないということになりましょう。

　一方で、リーグ間の格差は、ホークスとドジャーズの差が10倍という大変な格差ですが、これは少しからくりがあります。MLBの数字は開幕時ベンチ入り25人の平均で、日本の選手会調査の数字は、外国人を含まないうえに、日本人選手は2軍選手も含む60人以上の平均。これをMLB流の基準に修正すると、筆者推定でホークスが1億5000万円、ベイスターズが6500万円となる。それでもドジャーズの1/5で、国際間格差はやっぱり大きい。一流選手の流出が止まらないのも、もっともです。

　リーグ内の格差に話を戻すと、MLB球団間の年俸格差は、21世紀以降、一貫して縮小傾向にある。以前から均等分配している全国放送やインターネット、グッズなどから生じる売上が劇的に増加していることに加え、年俸上位球団への課徴金や、各球団に属している権利（チケットやローカル放送）から発生する売上も一部、分配するなど、分配率をあげてきた結果です。2000年前後は、トップと最下位の差は10倍なんていうのは当たり前でしたが、今やその差は先に記した通り、3～4倍に縮小しました。

　MLBが球団間格差を縮小させている最大の理由は、経営努力ではいかん

ともしがたい「それぞれの球団に割り当てられた商圏」によるハンデを埋めるためです。たとえば、ミルウォーキーの商圏人口は 157 万人で、これは大規模な商圏、たとえばロサンゼルスの 1/10 の規模となります。やりようによってはミルウォーキーでも勝てるという構図を維持するためには必要な措置というわけ。

　もっともプロスポーツリーグのありかたとして、格差縮小が絶対的な正義というわけではなく、たとえば欧州サッカーは原則、格差の是正はしません。とりわけ顕著なのが、スペインのリーグ（ラ・リーガ）で、平均年俸トップの FC バルセロナが 8 億 2000 万円なのに対して、最下位の CD レガネスは 4000 万円と、その差は 20 倍です。ここまでくると、下剋上なんていうのは起きません。では、最初から勝敗が見えているようなリーグがなぜ成り立っているかというと、弱いチームは降格することで新陳代謝がなされていることと、選手からみれば、チームを自由に選ぶ権利が担保されているからです。

　翻って NPB。収入分配も降格もないから、経営努力をしなくても、リーグに所属し続けることができるうえに、ドラフトで優秀な選手を分配してもらえる。時々現れる「金の卵」をポスティングで売って運転資金を捻出することも可能、というのは、制度として果たしどうなのだろうかと思う次第。

（夕刊フジ連載「小林至教授のスポーツ経営学講義」2017 年 11 月 2 日紙上掲載に加筆修正）

第 5 章

北米プロスポーツリーグの経済学

北米の４大プロスポーツ

　一国で世界のスポーツ市場の４割を占める北米は、やはりスポーツ大国です。

　そのアメリカを代表するプロスポーツ・リーグ４つを指して、４大プロスポーツといいます。

　NFL（National Football League）・1920 年〜

　MLB（Major League Baseball）・1869 年〜

　NBA（National Basketball Association）・1946 年〜

　NHL（National Hockey League）・1917 年〜（カナダで発祥）

　それぞれ、当該スポーツにおいて、世界で最も裕福なリーグであり、スター選手は巨額の富を得ています。

　この４団体の 2018 年の売上は、Forbes は、NFL が 156 億ドル、MLB が 100 億ドル、NBA が 76 億ドル、NHL が 52 億ドルと推定しています。足し合わせると 384 億ドル。１ドル 110 円とすると４兆円を超える規模です。アメリカ経済が好調であることやグローバル化の進展により、図表 5-3 の通り、収入を大きく伸ばしてきています。

図表5-1　世界のスポーツ興行市場

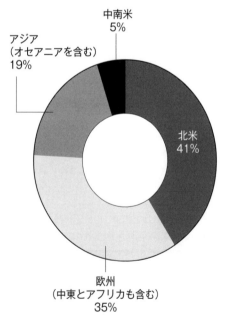

出典：PwC Outlook for the global sports market

図表5-2　北米4大プロスポーツの概要

リーグ名	創設年度	球団数	シーズン試合数	売上（10億ドル）	1試合平均入場者数
NFL	1920	32	16	15.6	67,100
MLB	1869	30	162	10	28,652
NBA	1946	30	82	7.6	17,987
NHL	1917	31	82	5.2	17,446

※参考

NPB	1936	12	143	1.64	29,785
Jリーグ（J1）	1993	18	34	0.78	19,079
Bリーグ（B1）	2016	18	60	0.13	3,078

出典：各リーグのウェブサイト、Forbesなどを基に筆者作成

図表5-3　北米4大プロスポーツの収入推移

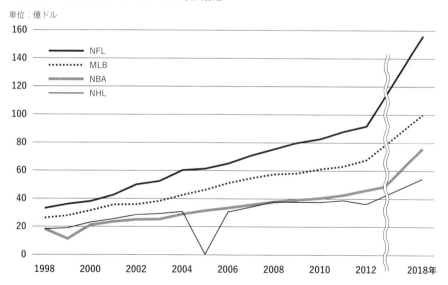

出典：Forbes、Wikipediaなどを基に筆者作成

これを大きいと見るか小さいと見るかは、たとえば、NPB の収入＝推定 1800 億円程度と比べると、球団数の違いを踏まえても、仰ぎ見るしかない数字となります。一方で、それぞれの団体が、民間企業（あるいはその集合体）であることから、企業のくくりで並べてみると、売上高世界一のウォルマートのそれが 5144 億ドル（2018 年）ですから、1 ドル 110 円で邦貨換算すると 57 兆円、日本一のトヨタが 30 兆円（2018 年）。NFL と MLB が 1 兆円を超えていますが、1 兆円規模の売上は、日本の上場企業の中に入れると 100 位から 150 位の間に位置します。プロ野球の親会社でいえば、ソフトバンク（9.2 兆円）、ロッテ（6.8 兆円）、オリックス（2.7 兆円）に及ばず、日本ハム（1.2 兆円）や楽天（1.1 兆円）と同じくらいとなりますから、売上自体は、世界の経済活動のなかでは、それほど大きなものではありません。

　ただし、スポーツの影響力は、売上高では計りしれない大きなものです。たとえば、現在、プロ野球を保有しているロッテ、日本ハム、オリックス、ソフトバンクはいずれも、プロ野球球団を保有することで、文字通り一夜にして、一般的には無名だった企業が全国区になったことで有名です。

　スポーツ大国アメリカになると、スポーツの社会への影響度はより高くなります。1994 年、MLB で、労使交渉のもつれからワールドシリーズが中止となるなど、史上最大規模のストライキに突入したときのことです。その頃、わたしは、ニューヨークに住んでいたものですから、その顛末を興味深く眺めていまして、驚いたのは、ビル・クリントン大統領が解決を催促する声明を発表したばかりか、元労働長官を政府調停人に指名して解決にあたらせ、それでも決裂すると労使双方をホワイトハウスに呼び、自ら調停に乗り出したことです。

　これに対し、著名な経済学者や評論家がこぞって、段ボール業界よりも売上の小さい MLB の労使紛争に介入するほど大統領は暇ではないはずだ、と批判していたのが面白かったのと、結局、労使双方とも大統領の調停案には耳を貸さず、恥をかかせる格好になったことに対し、面白い国だなあと思った次第です。

北米のリーグの特徴

　この4団体は、起業の国アメリカらしく、すべて解散、統合、排除などの、合従連衡の末に今のカタチに収まっています。

　そのスポーツが儲かりそうだと思うと参入を試みるか、あるいは、既成業界のしがらみが面倒くさいと思えば、別のリーグを自ら創設する。そして、選手の引き抜き合戦の体力勝負を制したものが勝ち残るという、そんな構図です。

　また、4団体ともアマチュア団体である国際組織と一線を画し、自己完結の独自のリーグを構築しています。たとえば、この4競技のなかで、世界中の普及度が最も高いバスケットボールにおいても、NBAは、その統括団体であるFIBA（International Basketball Federation ＝国際バスケットボール連盟）に加盟していません。

　北米4大プロスポーツは国際統括団体に加盟していないため、リーグと球団で得た収入を、経営者と選手だけで分け合うことができます。つまり、選手に高い年俸を払い、経営者も潤うことができることを可能にしているわけで、資本の蓄積と拡大再生産という、資本主義社会において繁栄を築くしくみができているということになります。

　一方、国際化には不向きです。儲けが優先ですから、人気の拡大には当該競技の普及が重要であることは理解しているものの、利益追求と二者択一を迫られれば、利益追求を取ることになります。

　野球が、2008年の北京を最後に、2012年のロンドン、2016年のリオでオリンピック種目から外されたケースが、まさにこれにあてはまるでしょう。IOCは、五輪を世界最高の選手が競う場と位置付けており、野球にもMLB選手の派遣を求めました。しかし、MLBは頑として首を縦に振ることを拒み続けました。

　一方、NPBは、除外の危機が伝えられるなか、各球団の代表者が集う実行委員会において、トップ選手を派遣することが、オリンピック存続のため

に必要条件であることを念頭に、金メダル獲得のためにも、12球団、無条件の協力のもと、総力を結集してオリンピックにあたることを申し合わせていました。MLBの判断に対して、委員会メンバー一同とても残念で、やるせない気持ちになったことを記憶しています。

　MLBも、野球がオリンピック競技でいることの利得は十分に理解をしていましたが、ビジネス判断を優先させました。MLBはビジネス団体であり、個々の私企業の集合体です。損得勘定に照らせば、拒否するのはビジネス上は合理的で、致し方ない選択だったと思います。

　たとえば、何十億も払っている選手が怪我をしたときの補償をどうするか。夏休みという書き入れ時に、スター選手がいないために被る興行上の損失をどうするか。主力選手を欠くなかでシーズンを続行させて、公式戦としての公正性を担保できるのか。シーズンを中断するとしたら、その興行上の損失に対する補償はどうするか。

　こうした大きな興行上のリスクを踏まえてなお、五輪に選手を派遣することに対し、30球団のうち3/4が賛成することはあり得ませんでした。また、長期的視点で損して得を取るという考えは、アメリカのビジネス慣行にはあまりないことです。このようにMLBの協力が得られそうもないなか、2020年の東京大会では、開催国の日本が野球大国であり、施設も整っていることから復活しましたが、大方の予想通り、次のパリでは再び除外されました。

　NHLも興行上の理由から、2018年の平昌五輪には所属選手の派遣を拒否する判断をしました。NHLが所属選手の五輪出場を解禁したのは、1998年の長野大会でした。アイスホッケーは冬季五輪で最も人気のある種目であり、IOCと国際アイスホッケー連盟（IIHF）はNHL選手の派遣を切望していましたが、2月はNHLのシーズンまっただなかであり、NHLは、1988年、92年、94年の参加は見送っていました。

　状況が変化したのは、NBAが1992年大会（バルセロナ）にドリームチームを派遣したことでした。それまで国内限定だったNBAの人気が、この大会を機に世界中に拡散したさまをみてNHLも考えを変えたのです。NHL

はIOC の要請に応え、1998 年の長野大会から、シーズンを中断して、所属選手の五輪参加を認めるようになったのです。

　再び不参加になったのは、IOC が選手の傷害保険料の負担をやめたことが契機になりました。IOC は、五輪期間中の NHL 所属選手の傷害保険料として 700 万ドルを負担していましたが、2018 年の平昌大会以降は、当該国の関係団体で負担するよう求めたのです。元々、シーズンを中断してまで五輪に参加することについて賛否が渦巻いていた NHL は、これを機に、所属選手の五輪参加を禁止したという次第です。また、NHL は、不参加とした理由として、IOC が NHL に五輪の肖像やロゴなどの使用を認めないなど、NHL のプロモーションに協力しないことも挙げました。アイスホッケーは、冬季五輪で観客動員数、視聴者数共に圧倒的にナンバー 1 を誇るドル箱イベントですから、今後も綱引きは続くでしょう。

歴史

　歴史の長さは、野球のプロリーグである MLB が一番です。日本では明治維新の翌年にあたる 1869 年、初のプロチーム、シンシナティ・レッドストッキングス（現在のシンシナティ・レッズ）が誕生し、地方各都市を巡業し、人気を博しました。レッドストッキングスの影響を受け、各都市にプロチームが誕生した結果、1876 年に、8 球団でナショナル・リーグが結成されました。1900 年になると、アメリカン・リーグが創設され、ここに 2 リーグ制が定着します。その 3 年後、両リーグの優勝チームの間で全米ナンバー 1 を競うワールド・シリーズが開催され、以降、アメリカの伝統的人気スポーツ（national pastime）として、150 年近い歴史を誇っています。

　現在、アメリカに 29 球団、カナダに 1 球団の計 30 球団で構成されています。

　歴史の古さでいえば 2 番目が NHL です。1917 年、カナダの 5 球団の構成

をもって、産声をあげました。NHL は競技の特性上、人気も選手も、カナダとアメリカ北部の州に偏っており、"The great one"と称された、NHL 史上最高のスーパースターであるウェイン・グレツキーが活躍した 1980 年代後半から 90 年代中盤までの一時を除き、他の 3 競技に大きく水をあけられてきました。労使紛争も多く、2004 ／ 05 シーズンは、全試合が中止になりました。アメリカ人の間では、4 大スポーツリーグとして数えることに対して否定的な意見も少なくありません。

　現在、アメリカに 23 チーム、カナダに 7 チームの 30 球団で構成されています。

　アメリカンフットボールのプロリーグ NFL が結成されたのは、1920 年です。以降、合併・売却・解散が繰り返されながら、テレビの時代が本格化するとともに急成長。1980 年代には、MLB の人気を抜き、全米一番人気のリーグの座に就き、その後も、雪だるま式に収入を増やしていきました。

　詳細は後述しますが、シーズン開始前に全 32 チームの黒字が決まっており、1 試合平均のテレビ放送権料が 20 億円超。優勝決定戦であるスーパーボウルは、30 秒のスポット CM 枠が 500 万ドルという、世界最強のスポーツ・コンテンツです。

　全 32 チームがアメリカにあり、"only in America"と誇りにするアメリカ人も多く、まさにアメリカを象徴するスポーツであり、アメリカのスポーツ・カレンダーは NFL を中心に回っています。

　夏季オリンピックが 7 月末〜 8 月初頭に行われるのも、NFL が大きな理由です。IOC の収入源で、最大の項目がテレビ放送権料であることはすでに記した通りですが、その権利料の大半を払っているのが、アメリカの地上波ネットワーク局の 1 つである NBC なのです。たとえば、2008 年の北京大会でも、放送権総額 17 億 3900 万ドルのうち、NBC は 8 億 9300 万ドルを負担しています。

　アメリカでは、9 月第 1 週の NFL の開幕に向けて、8 月に入るとオープン戦が始まります。また、8 月後半には、プロリーグに匹敵する人気を博し

ている大学アメフトが開幕します。MLB も9月は、いよいよシーズン佳境に入ります。つまり、8月も半ば以降となると、オリンピックへの関心は期待できなくなります。だから NBC としては、その前にオリンピックを終えてもらわないと困るのです。そして IOC も巨額な放送権料を払っている NBC の要望は呑まざるを得ません。先にも記した通り、テレビ放送権の収入が IOC の最大の収入源です。世界で一番暑いともいわれる東京の真夏に屋外競技をやれるのか、観戦に耐えることができるのかについて、日本で議論になりました。組織委員会から夏時間を採用してはどうかなどの提案があったり、マラソン、競歩は札幌に変更になりました。

　NBA は、4大プロスポーツのなかで、最も歴史が新しく、1946年、プロアイスホッケーに利用されるアリーナの空き時間を埋める目的で、BAA（Basketball Association of America）の名で創設されました。合従連衡が繰り返されるなか、人気向上のために、1954年に24秒ルール、1979年にはスリーポイントシュートが導入されるなど、さまざまな工夫がなされたものの人気は低迷し続け、軌道に乗ったのはマジック・ジョンソンとラリー・バードがデビューした1980年代に入ってからでした。

　それ以降は、タイガー・ウッズ、モハメド・アリと並んで人類史上、最も偉大なスポーツ選手の1人に数えられるマイケル・ジョーダンの出現と、競技の国際的普及が進んでいたことを踏まえた、第4代コミッショナーのデビッド・スターンの指揮による国際展開によって、選手平均年俸が世界で最も高いリーグへと成長しました。

　アメリカに29チーム、カナダに1チームの計30球団の構成です。

リーグ運営の特徴

　この4大プロリーグのリーグ運営の特徴は、リーグの存続と繁栄が同じ競技の他のリーグとの競争に晒されてきた歴史、および他競技を含む、多様な

エンターテインメント産業との競争に晒されてきた歴史を反映して、あたかもリーグが1つの企業のように運営されていることです。「あたかも」と表現したのは、リーグは、それぞれが私企業として利潤を追求しているチームの集合体でもあるからで、北米式の経営手法は、リーグの利潤とチームの利潤の両者を満たすことが肝となります。

　この北米型リーグの特徴については、ニューヨークに拠点を置くスポーツマーケティング会社「トランスインサイト」代表の鈴木友也氏が、『週刊ベースボール』（ベースボール・マガジン社）2006年12月25日号の連載記事「60億を投資できるMLBのからくり」で、対照的な欧州サッカーと比較して、とても簡潔・的確に図表化していますので、転載します（図表5-4）。

　この閉鎖型モデルの究極の姿がNFLです。
　スポーツ興行における収入源、つまり、試合を元に発生する諸権利は、大

図表5-4　「閉鎖型」モデルと「開放型」モデルの差異

	閉鎖型モデル	開放型モデル
リーグ運営の 基本思想	人材・資金の管理による戦力均衡	自由競争
リーグ運営に 欠かせない主な制度	〈新規参入管理〉 ・フランチャイズ制度（参入制限） 〈人材管理〉 ・ドラフト制度 ・保留（フリーエージェント）制度 〈資金管理〉 ・収益分配制度 ・サラリーキャップ（課徴金制度）	〈新規参入管理〉 ・昇格・降格制度（参入自由） 〈人材管理〉 ・特になし 〈資金管理〉 ・特になし 〈その他〉 ・リーグ戦とカップ戦の並行開催
メリット	下位チームに合わせた協調戦略によりリーグ全体での長期的な繁栄を築きやすい	チームや選手の努力が正当に結果に結びつく
デメリット	・上位チームの伸びしろをを削る恐れがある ・独占と紙一重なためにファンや納税者が搾取される恐れがある	短期的なサバイバルが優先されるため、長期的なリーグ繁栄を阻害する財政的問題（チームの倒産など）を生み出す可能性がある

出所：Trans Insight Corporation作成

別すると、4つであるとお話ししました。放送権、チケット（スタジアム内物販を含む）、マーチャンダイジング（MD、ライセンス料）、スポンサーシップ（広告看板など）です。

NFLは、これらの権利の管理をリーグが主導しています。テレビ放送権とマーチャンダイジング、スポンサーシップについては、一部の例外を除いて、すべてリーグの収入として計上されます。チケット収入については40％がリーグの収入、60％が各球団の収入となります。

こうして、リーグに集まった収入は、経費を控除したうえで、32球団に均等に分配されます。2017／18シーズンのそれは、1球団につき2億5500万ドルでした。開幕前に、全球団の黒字が確定しているというのは、この巨額な分配金ゆえです。

各球団の収入は、この2億5500万ドルに加え、チケット収入の60％、球場やアンテナ・ショップでの物販（主にグッズや弁当など）、オープン戦の興

図表5-5　NFL資産価値ランキング（2018年）

上位3球団

単位：100万ドル

		資産価値	売上	営業利益
1	Dallas Cowboys	5,000	864	365
2	New England Patriots	3,800	593	235
3	New York Giants	3,300	493	149

下位3球団

30	Cincinnati Bengals	1,800	359	60
31	Detroit Lions	1,700	361	4.1
32	Buffalo Bills	1,600	252	67

出典：Forbes

行に伴う各収入（テレビ放送権も含む）などとなります。

　NFL のブランド力が一層高まっていることと、各球団がリーグとの間で規定されていない、あるいは規定が曖昧な権利について、貪欲に追求していることなどから、近年は、この独自収入が増加している傾向にあります。

　独自収入を獲得するチカラは、市場の大きい大都市の球団に大きなアドバンテージがあり、上位はいずれも都市圏人口 600 万人を超える都市です。

　筆頭はダラス・カウボーイズです。アメリカを象徴するチーム "America's team" として、本拠地ダラスのみならず、全国的な人気を博しており、アメリカの経済誌 Forbes によれば、世界のプロスポーツ球団のなかで、レアル・マドリードに次いで 2 番目に価値のある球団で、その収入は 8 億 6400 万ドル。つまり、独自収入で 6 億ドル以上を稼いでいることになり、主要な権利をリーグが管轄しているなか、知恵を絞って換金できる権利を発掘して囲い込む、そのフロンティア精神は、まさにアメリカを象徴するチームといっていいでしょう。

　実際、ダラスおよびテキサス州と聞けば、銃とカウボーイを思い浮かべる方も多いと思いますが、白い星を 1 つあしらった州旗のローン・スター・ステイトに象徴される、頑固で誇り高い、保守本流のアメリカを象徴する地として知られています。ダラス・カウボーイズが、"America's team" といわれるのは、そんな背景もあります。

　一方、熱狂的なアメフト人気の煽りを食ってきたのが、MLB のテキサス・レンジャーズです。同球団は、1972 年にワシントン D.C. から移転して以来、全米指折りの大都市圏にいながら、人気も成績も低迷を続け、ようやくワールドシリーズ初出場を果たしたのが 2010 年のことでした。

　下位 3 球団の本拠地都市は図表 5-5 に示していますが、財政に苦しい都市（デトロイト、シンシナティ）と、小規模な都市（バッファロー）です。

　NFL で興味深い動きは、ロサンゼルスにチームが戻ってきたことです。全米 2 番目の巨大市場であるロサンゼルスは MLB、NBA、NHL いずれも 2

球団がフランチャイズを構えています。ところが NFL は、1995 年にレイダースがオークランドへ、ラムズがセイントルイスへ移転して以降、空白の地となっていました。その間、何度もロスに NFL 球団が戻ってくる、あるいは新球団を設立するという話は出ましたが、実現には至りませんでした。全米 2 番目の大市場に NFL 球団がない不思議に対しては、既存球団がフランチャイズを構えている都市に、税金で新球場を建設してもらうための交渉材料として敢えて空白にしている、つまりロスはブラフの材料としてずっと空白にしておくという説が流れたこともありました。

　しかし、2016 年、ラムズが復帰し、翌年にはサンディエゴからチャージャーズが移転しました。ラムズは、近年は、資産価値ワースト 3 の常連でしたが、ロス移転後、一気に 4 位に上昇しています。2019 年には新スタジアムも建設され、ラムズ、チャージャーズともに資産価値は大幅に上昇することが見込まれています。また、この新スタジアムは、税金による補助がない珍しい例としても注目されています。実は、ロスに長らく NFL 球団が存在しなかった大きな理由が、ロスは伝統的にリベラル色が強く、民間企業であり、かつ大富豪が所有するプロスポーツ球団のスタジアムに税金で補助することはあり得ない土地柄だということが背景にありました。この税金によるスタジアム建設については後ほど、詳しくお話しいたします。

NFLのテレビ放送権

　NFL の最大の収入源は、テレビ放送権です。2019 ／ 20 年シーズンのそれは 73 億ドルで、総収入 156 億ドルのほぼ半分を占めています。プレシーズンのオープン戦を除く、全試合の権利をリーグが統括しています。

　その放送権の売り方は、2005 年までの契約では、地上波 4 大ネットワークのうち 1 つを権利から外すことを交渉のレバレッジにしていました。

　有名なのが 1994 年から 1998 年の契約期間の入札で、CBS が、当時、新興ネットワークだった FOX に負けました。FOX は、NFL の放送権を獲得

図表5-6　NFLのテレビ放送権料

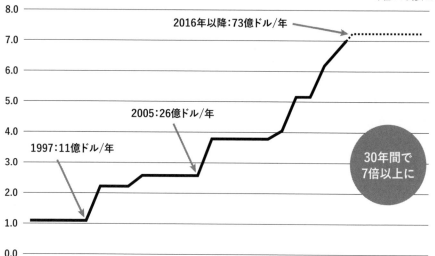

単位：10億ドル

出典：Business Insider

したことでネットワークを全国に拡げることに成功し、ABC、CBS、NBC
の3大ネットワークから、FOXを加えた4大ネットワークと称されるよう
になりました。

　一方、33年間続けてきたNFL中継を失うことになったCBSのダメージ
は甚大でした。当初、高額の放送権を払わずに済んだことで、他のコンテン
ツの強化につながるとの楽観的な見方もありましたが、アトランタ、デトロ
イト、ミルウォーキーなどの大都市で、系列局が離反するなど、予想以上の
ダメージを受けました。

　次の契約期間（1999-2006）では、なりふり構わず契約を取りにきたCBS
に対し、NBCがNFLの中継から外れる結果となりました。

　NBCは、その間、プロレス団体WWE（当時の名称はWWF）と組んで、
XFLというアメリカンフットボールの新リーグを立ち上げたものの、1シ
ーズンで解散に追い込まれるなど迷走し、多大なダメージを受けました。

　NFL が、1 社脱落の方針から転換した 2007 年以降は、NBC も含め 4 大ネットワークすべてが NFL 中継をしています。競争原理を働かせないことによって、権利料の鈍化を予想する声もありましたが、2019 年時点における放送権料は、年間 73 億ドルでまったくの心配無用という結果になっています。この 73 億ドルという数字は、試合数が 10 倍以上ある MLB の年間放送権料の総額 31 億ドルの倍以上で、驚異的な権利料といっていいでしょう。

最大の支出は選手年俸

　プロスポーツチームの最大の支出は、前述したように売上の 60％程度にまで達することもある選手年俸です。プロスポーツチームの商売は、選手が

図表5-7　世界の主要スポーツ団体の選手平均年俸（2019年）

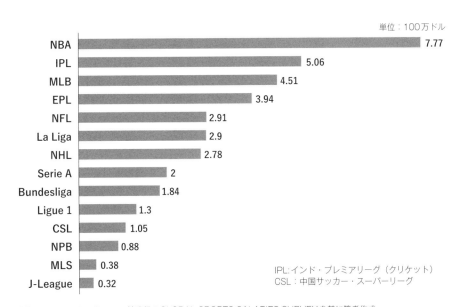

単位：100万ドル

NBA	7.77
IPL	5.06
MLB	4.51
EPL	3.94
NFL	2.91
La Liga	2.9
NHL	2.78
Serie A	2
Bundesliga	1.84
Ligue 1	1.3
CSL	1.05
NPB	0.88
MLS	0.38
J-League	0.32

IPL：インド・プレミアリーグ（クリケット）
CSL：中国サッカー・スーパーリーグ

出典：Sporting intelligence 社発行の GLOBAL SPORTS SALARIES SURVEY を基に筆者作成

試合をすることにすべての端を発していますから、当然のことですね。

　世界一、年商が多いNFLですが、平均の選手年俸は世界一ではありません。トップは、NBAの777万ドル。NFLのそれは世界で5番目291万ドルに抑えられています。

　結果として、営業利益は安定して黒字となっており、4大プロスポーツのなかでは唯一、1998年以降、一度も赤字になっていません。

図表5-8　北米4大プロスポーツ営業利益率推移

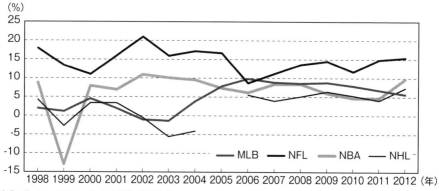

出典：Forbes、Wikipediaなどを基に筆者作成

column
アメリカにおけるアメフト人気の考察〜オンリー・イン・アメリカ

　日本では、何度かブームはあったものの長続きはせず、する競技として
も、みる競技としても、マイナー競技に留まっているアメフト。もっとも、
日本人が得意そうな競技ではないし、世界でまともに行われているのはアメ
リカ一国だし、と考えてみると、日本で人気が出るほうがむしろ不思議では
あります。

　しかし、アメリカにおける人気の絶大さといったら、アメフトについてき
ちんとした知識がないと、男と思われないし、会話にも参加できない、そん
なシロモノです。

　そのことに最初に気づいたのが、1994年。わたしが留学のために渡米し
て、しばらくした頃でした。飲み屋で大リーグがストライキに入ったことに
触れ、「せっかく、楽しみにしていたのに」と言ったら、友人たちは笑うの
です。
「どうせ、もう1カ月もしたら、フットボールが始まるから、誰も野球な
んか見ないよ。ちょうど、いい時期だよ」
　実際、9月にシーズンが始まると、アダルトビデオ店に「For Football
Widow（フットボール未亡人用）」と銘打った女性向けのコーナーが見られる
など、街の空気においても、アメフトが他とは違う、特殊な存在であること
は、容易に感じることができます。

　アメフトが始まると、週末の昼間の定番、ゴルフ中継もケーブル局で細々
と行われる程度に押しやられ、「えっ、まだやっていたの」という声がしば
しば聞かれます。シーズン佳境に入って大いに盛り上がるはずの野球も、日
曜夜の中継枠が消えたりして、なんだか忘れ去られた感じになるのです。な
ぜ、ここまで人気があるのでしょうか？

　それには諸説あります。アメリカで発明され、またアメリカにしか存在し

ないことに対する排他的な喜び。また、多くのアメリカ人は、サッカーを
「女・子供とおかまが愛好するスポーツだ」と馬鹿にしますが、それは欧州
に対する拭い切れないコンプレックスの裏返しで、ことさら、アメフトを
「男のスポーツ」と強調するのもその流れのようです。

　などなど、アメリカを象徴する競技だけに、少々穿った、しかし十分、比
較文化論に耐え得る説をたくさん耳にもしてきたけれど、まずは、素直に、
競技自体が非常によくできているというのは間違いないでしょう。

　ただしそれは、わたしが攻守が分かれる野球で生まれ育った人間ですか
ら、そう感じるのかもしれませんね。事実、欧州人男性は、このフットボー
ルをこき下ろす傾向にあります。「本物のフットボール（サッカーのこと）と
違って」と切り出し、鎧のような防具に守られていることや攻守が分かれ、
静と動が明確な点などを、いかにもアメリカ的な人工色の強い競技だと批判
します。

　人気の理由、もう１つは、秀逸なマーケティング力でしょう。カラフル
で、男性らしさを強調した防具もそうですし、ここまで記してきたように、
各球団の戦力を均衡化させ、毎年、どこが勝つか分からない戦国時代を作り
出しているのもそうです。

■ギャンブルの対象としてぴったりなのがこれまたいいフットボール

　もう１つ、ギャンブルに非常に向いている点が、この人気を決定的に下
支えしています。アメフトは、土曜に大学、日曜は NFL というローテーシ
ョンで、日本でいうと中央競馬のような存在です。１日の試合数が、NFL
の場合ですと、12 〜 13 試合というのも妙な相似点ですね。日曜夜だけで
なく、月曜夜にもう一度、一発逆転の「最終レース」が組まれている点など
は、親切というか、日本の中央競馬も顔負けの商売上手かもしれません。も
ちろん、NFL にしろ大学にしろ、それ自体が胴元ではありませんが。

　どうやって賭けるかというと、圧倒的大多数は、仲間内、もしくはそこか
ら発展したクラブ的な形です。アメリカにおいてスポーツを対象としたギャ
ンブルは 2018 年までは、ネバダなどの４州を除けば非合法でしたが、日

本での賭け麻雀と同じで、文化として暗黙の了解を得ています。

　事実、その報道も、週末の新聞のスポーツ欄は、ハンデの数字を記した勝敗予想がメインですから、「暗黙の了解」は、私的な意見というわけではありません。

　週末に向けての盛り上がり方は、中央競馬の比ではありません。月曜と火曜は、週末の反省と、次戦の展望。水曜と木曜は、追い切りならぬ調整練習の様子報告。金曜日と土曜日は、勝敗予想と予想ハンデと、報道はアメフト一色になります。こうして、いよいよ日曜日がやってきます。テレビは、朝から、天候や選手の動きや表情、怪我人の回復具合などの直前情報を流し、東部時間午後1時、キックオフとなるのです。

　観戦スタイルも、米国の風物詩として定着しています。

　典型的な姿が、10人前後の仲間が、そのうちの1人の家に集まるカタチです。宅配のピザとバッファロー・ウィング（甘辛スパイスがべっとりとついたフライド・チキン）に、各人が持ち寄ったビール、ウィスキー、スナックを囲んで、飲み、騒ぐのです。

　スポーツバーでの観戦も定番です。やることは、上に同じ。メリットは、体をどの角度に向けても大画面と大音量で楽しめることと、同時に何試合も見られることです。

　どちらにしても、試合前に出来上がってしまうものだから、ゲームに集中するのは、よくて最初と最後で、アメフトが好きなのか、飲んで騒ぐのが好きなのかは定かではないですが、米国人は毎週、これを本当に楽しみにしています。

　その集大成が、スーパー・ボウルです。当日は、街中から人影が消えるらしいとか、そのチケットは、一般向け販売はなく、ダフ屋での最安値が100万円とか、ＣＭ料が30秒で525万ドルとか、その人気ぶりは、日本でも報道されていまして、これはその通りなのですが、加えて、米国に暮らすものにとって「思い出の日」なのです。

「あれはいつだったっけ」なんていうとき、「○○と××の対戦で△△が

MVPだった年」とさえ言えば、すぐさま、その年はどんな年だったのか、そしてその日は何をしていたのかまで鮮明な記憶が甦る。そんなモニュメンタルな日です。

　実際、わたしもアメリカに在住した7年間は、スーパー・ボウルによって、各年の記憶が整理されています。たとえば、1995年というと、前の晩、大学院の授業で出されたレポートを徹夜で書き上げ、集合時間の午後4時はおろか、試合開始の6時を過ぎてもまだ寝ていたところに、電話がかかってきた。そんな記憶が甦ります。
「何してるんだよ。早く、（担当の）ジャック・ダニエルもってこいよ」
　サンフランシスコ・フォーティナイナーズ49ers が、試合開始早々に2つのタッチダウンを挙げ、下馬評どおり、サンディエゴ・チャージャーズを圧倒した年です。

サラリーキャップ

　儲かっているのに人件費を抑えられる、経営のある種の理想像を呈している NFL。その秘訣は、サラリーキャップが見事に機能しているからです。

　サラリーキャップ（Salary cap）とは、選手に支払う年俸総額を、リーグ全体の収入に基づいて上限金額を規定する制度で、元祖は NBA です。

　NBA で、サラリーキャップが正式に導入されたのは 1984 年のことでした。当時の NBA は、2/3 以上のチームが赤字に陥っており、リーグの存続も危ぶまれる状況で、経営者と選手が協力し合う機運が生まれていたこともあり、経営安定のための策として労使協定に盛り込まれることになったのです。

　ただ、導入にあたっては、年俸総額がすでにサラリーキャップを超過していたチームは時間をかけて段階的に導入することが許されたり、特定の資格を満たした選手の年俸を、サラリーキャップの枠外に置くことができるなど、緩やかなものになりました。

　特定の資格を満たした選手の年俸をサラリーキャップの枠外に置く例外規則が最初に適用されたのは、当時のスーパースター、ラリー・バードでした。コートに立つのがわずか 5 人のバスケットにおいては、興行上、スターの存在がとりわけ重要です。年俸の制限をあまりに厳密にすると、スター選手を放出せざるを得ない事態が頻発して、それはリーグの繁栄には良くないだろうと考えたのです。ちなみに、その例外規則は「ラリー・バード条項」と通称されています。

　ラリー・バード条項を含めた例外規則の多い NBA の穏やかなサラリーキャップがソフト・キャップといわれるのに対して、1994 年に NFL が導入したそれは、ハード・キャップといわれる、例外なしの厳格なものです。

　まず、リーグと全球団のすべての収入が、経営者側（リーグ）と労働組合（選手会）の団交において明らかにされます。そして労使交渉のうえで、選

手の取り分が定められるというプロセスで、2019年における配分率（選手の取り分）は47％〜48.5％の間になることが規定されています。1.5％のバッファーは、スタジアム建設など個別球団の事情を踏まえてのもので、これも労使交渉によって決まります。

　この労使間合意に基づき、2019／20年シーズンのサラリーキャップ額は1球団当たり1億8820万ドルとなり、これは前年の1億7720万ドルから6.2％増となる数字です。また、この上限額の89％が下限として定められており、人件費を抑制することで儲けることができないようになっています。各球団は、これに加え、年金や退職金、労災手当、保険、障害給付金などの福利厚生費として、最低3300万ドルを計上することが定められています。

　北米プロスポーツリーグにおいては、選手の年俸体系を含む労働環境は、経営者側と選手会との労使交渉において決まります。労使が協調し、収入は世界一、全球団黒字と盤石な経営が続いているNFLは、プロ・スポーツリーグの理想像とされていますが、これはむしろ例外で、他のリーグでは、サラリーキャップを労使交渉で持ち出せば、必ず紛糾するというシロモノです。

サラリーキャップと労働争議

　実際、アメリカのプロスポーツ・リーグでは、実際にフィールドに立ってプレーする選手の立場は極めて強く、弁護士社会、契約社会という社会的背景ともあいまって、労使協定の契約期間が満了に近付くたびに、売上の分配を巡って、激しい交渉が繰り広げられてきました。

　選手側が行使できる手段がストライキです。労働条件を勝ち取る手段として、集団で業務を停止あるいは放棄する手法です。一方、経営者側が行使できる手段は、ロックアウトです。職場を閉鎖して、労働者の就業を拒否する手法です。

　他のどの業界でもそうですが、プロスポーツにおいても、ストライキやロックアウトに発展すれば、甚大な経済的損失となります。また、どんな人気スポーツといえど、旧国鉄のように代替手段がない社会インフラとは違い、余暇産業ですから、リーグブランドを傷つけ、顧客のロイヤリティーを著しく下げることによる中長期的ダメージも計りしれません。労使ともに、それは重々承知しており、とりわけ甚大な経済的損失となる公式戦中止の事態に発展するのを望んではいません。一方で、労使紛争は、経営者側の代表者であるコミッショナーと、選手会側の代表者である委員長の進退を賭けた戦争でもあり、行くところまで行かないと結論に至らないことがしばしばあります。

　MLB で有名なのが、先に少し触れた、「百万長者と億万長者の喧嘩」と揶揄された 1994 ／ 95 年のストライキです。MLB 選手の平均年俸が、1989 ／ 94 までの 5 年間で、49 万ドルから 115 万ドルへと、不景気にもかかわらず倍以上に上昇したことを受け、オーナー側は次の労使協定に、サラリーキャップを盛り込む案を主張しました。これに対し、選手会は実質的な報酬減になる案は呑めないとして拒否。両者は折り合わず、選手会がストライキを敢行したという顛末です。その後の経緯は前述の通り、大統領が仲裁を試みるも失敗したり、経営者側が代替選手でのシーズン開幕を目論み、事態をさらに悪化させたりなど、当時、史上最長となるストライキの影響は大きく、翌年の平均観客動員は 20％ もダウンしました。

　これだけの犠牲を払ったにもかかわらず、経営者側の念願だったサラリーキャップは結局、導入できませんでした。MLB の選手会は世界最強の労働組合といわれる、歴戦の兵なのです。

　MLB 選手会の強さは、なんといっても、非常に長い間、経営者から搾取され、そのくびきを選手会が一丸となって法廷闘争をもって打ち破り、権利を勝ち取ったという歴史的背景にあります。そこに、肖像権収入など勝ち取った権利から生じる豊富な資金力が加わり、鉄の結束力を誇っています。スト破りなどしようものなら、取り返しのつかない十字架を背負わされること

になります。1994年ストライキの際も、経営者側の誘いに乗って、代替選手としてのプレーに同意した選手に対しては、以降、チームの集合写真の場にも入れず、選手会への加盟も決して認めませんでした。

世間になんと言われようが、梃子でも動かない選手会に対し、経営者サイドは、代替策として、選手会との直接的な利害相反とはならない、リーグ内での調整策を講じることになりました。一定額以上の年俸総額を超えた球団に対して罰金を課す「課徴金制度」や、各球団の売上の一定割合を拠出させたうえで、売上の低い球団に傾斜したカタチでの再分配をする「収益分配制度」に発展していきます。

当時から四半世紀を経た今振り返りますと、あのとき、ストライキによる被害が甚大だったからこそ、4大プロリーグのなかで最も保守的とされてきたMLBが、現在の繁栄のカギとなる大胆な改革を、比較的、短時間で実行に移すことができたともいえるでしょう。

前述しました「課徴金制度」や「収益分配制度」に加え、アメリカンリーグ、ナショナルリーグ、MLBに分かれていた管理業務を、MLBに統合する「三局統合」。さらに、それぞれのリーグを、2地区から3地区にしたうえで、ワイルドカードを導入することで、プレーオフ出場球団は4から8に倍増しました。

各球団の、新球場建設や大規模改修のための資金を、自治体から引き出すための交渉も、当該球団だけでなく、リーグとしてバックアップするノウハウが確立しています。そして先に記したMLBAMの成功……親しいMLB幹部は、ちょっとシニカルな口調で、こう語っていました。
「年俸を抑制できない以上、それ以外のコストを圧縮しつつ、稼ぐ方法を必死に考え、なりふり構わず実行に移すことができたという意味で、世界最強の選手会には感謝している」

貧すれば鈍する状態のなかでのシーズン中断に至る労働争議で、奈落の底に落ちた1994年のMLBとは対照的に、NBAのそれは、経営的には頂点を迎えた1998年に起きました。NBA史上最高のスーパースターであるマイケ

ル・ジョーダンが所属するシカゴ・ブルズが、リーグ3連覇を果たし、その
シリーズが歴代最高視聴率を更新するという、NBA人気が頂点に達してか
らほどなくしてのことでした。

　急上昇する人気を背景に、サラリーキャップ導入年でもある1984年か
ら、10倍近くに高騰した平均年俸（33万ドル→300万ドル）に対して、ハー
ド・キャップを用いて抑制したい旨を表明した経営者サイドに対して、選手
会側は猛反発。オーナー側は、ロックアウトで応じ、シーズンは開幕せず。
ようやく協約締結となったのは、開幕予定日から2カ月ほど経ってのことで
した。

　リーグが被った打撃は甚大で、このロックアウトによる直接的な経済的損
失だけで、10億ドル以上といわれました。追い討ちをかけるように、マイ
ケル・ジョーダンが引退したこともあり、NBAは（売上自体は、北米大陸の
好況とグローバル化により伸長していますが）、今に至るまで、この当時の輝
きを取り戻していないとの声もあります。

　NHLで勃発した最大のものは2004年。当時、NHLの年俸は、リーグ全
体の売上の76%に達していました。経営者側は、この数字は北米4大リー
グのなかで最も高い水準であり、経営を圧迫しているとして、失効する労使
協定の新協約を締結するための労使間交渉において、NFL型のハード・キ
ャップの導入を提示しました。

　選手会側は、ハード・キャップの導入は拒絶したものの、経営難に対する
理解は示し、課徴金制度や赤字チームへの利益再分配などを提案しました
が、経営者側はこれを受け入れず、交渉は決裂してロックアウト。

　結局、2004／05年シーズン、全1230試合が中止となり、9カ月に及ぶ無
給状態に根負けした選手会側がギブアップ。ハード・キャップの導入も含め
て、経営側の全面勝利となりました。この結果、収支は改善され、2009年
には2つの新規参入球団を加えるなどプラス面はありましたが、2011年に
は、新たな労使協定を巡る交渉において、再び公式戦が中止となりました。
リーグが提示したサラリーキャップの上限を、売上の57%から46%まで引

き下げる案に選手会が同意しなかったことから、リーグはロックアウトを断行し、オールスターを含めたシーズンの前半が中止となりました。

　北米の経済が好調に推移していることから、NHL の売上は、たび重なる労働争議にもかかわらず伸長していますが、人気がアメリカ北部からカナダに偏在しており、平均観客動員数では MLS に逆転され、人気面では NASCAR（National Association for Stock Car Auto Racing ／全米自動車競争協会）に逆転されています。2015 年に北米 4 大プロスポーツのなかで初めてラスベガスをホームタウンとするチームを創設するなど、攻めの経営を評価する向きもありますが、次にストライキやロックアウトなどでシーズンが中断するようなことがあれば、深刻なファン離れが加速する可能性がささやかれています。現行の労使協定の期限は 2021 年までですから、それまでに以降の労使協定が結ばれなければ、なんらかの労働争議に発展するということになります。

　こうした社会環境のもとにありながら、NFL は 1989 年以降、労使紛争でシーズンが中断したことのない唯一のリーグで、労使安定が繁栄の源でもあります。

　労使協調の背景としては、MLB に比べ一軍の選手数が非常に多く、かつ、ほとんどのポジションにおいては選手寿命が平均で 2 〜 3 年と極めて短い（MLB は 6 年弱）ため、選手会の結束力を高めるのが困難であることが 1 つ。

　もう 1 つは、後発のスポーツであり、かつ試合数も少なかったことから、テレビ中継が本格化するまでは、興行に苦労してきた歴史が挙げられます。毎日、試合がある野球が深く浸透している中規模の都市においては、ことさら興行に苦労したそうです。2016 年にラムズが、中規模の商圏であるセントルイスでうまくいかず、ロサンゼルスに再移転したのも、その名残といえるでしょう。グリーンベイのように、人口がわずか 10 万程度の小規模都市にもフランチャイズがあるのは、そんな背景もあります。つまり労使という内部での闘争よりも、外敵から身を守り、生存する歴史のなかで、労使協調

路線は育まれてきた側面があるということです。

　そもそも平均でも億を超える高額報酬を得ている選手が、弱者としてストライキを含む団交の権利を付与されている「労働者」にあてはまるかといえば、法律でなく、常識に照らせばノーであるというのが、日米問わず経営者の大多数の意見ですが、現実は、リーグ運営の混乱を避けるためには、労使紛争を避けるための策を講じざるを得ません。そこで、この北米4大リーグはすべて、選手会と、労働協約（CBA=Collective Bargaining Agreement）を結ぶことで、一定期間の運営の安定を買うという手段を講じています。

　先にNHLの労働協約が2021年に失効することを述べましたが、MLBも2021年に失効します。2018年オフから、大物フリーエージェント選手の契約交渉が不調に終わるケースが急増していることから、労使の信頼関係は悪化しており、1994年以来、続いてきた平和な時代が終わるのではないかとささやかれています。

column
新統計戦術（セイバーメトリクス）が
MLB高額FA選手の年俸の下方圧力に
・・

　金持ちケンカせず、とはいかないようだ。かつてはその激しい労使紛争が風物詩だった、MLBの経営者と選手会の非難の応酬が久しぶりにヒートアップしている。

　キャンプインしてなお、FA選手のうち100人以上の契約が決まらない異常事態となった（現時点でも60人以上！）ことに対して、選手会は、当該選手を対象にした臨時キャンプを開催する一方で、MLB側の共謀を疑い、対するMLBは、大勢のクライアントを抱える代理人が強欲な契約を欲して譲らないからだと、なじり合いをしている。

　1994年に労使紛争がワールドシリーズ中止にまでに昂じて以降は、行くところまで行ったこともあり、また国際市場という新フロンティアがみつかったこともあり、労使協調でことにあたる平和の時代に入ったMLBは、売上、年俸共に強い上昇カーブを描くようになり、売上は当時の6倍（1兆円を突破）、平均年俸も4倍（5億円に迫る）になった。

　そんなバラ色の市場環境のなか、突如として起こったこの「失業問題」の原因は何だろうか。

　直接的な理由は、大都市のチームが動いていないから。MLBは伝統的に、ローカル収入（最大はローカルＴＶの契約、次にチケット）の比重が高く、勝利に伴う収入増の度合い（限界収入）が高い大都市のチーム〜市場の大きさの順でいけば、NYY、NYM、LAD、CHC、CHW、BOS、TEX、SFあたり〜は、スター選手に対して、争奪戦を制するために、歴史を変えるような巨額契約を結んできた。ところが、近年は、大都市球団と地方球団の格差是正のための分配制度が強化され、大都市のチームは、以前ほどマーケットリーダーとしての役割を果たさなくなった。

　もう1つは、セイバーメトリクス、特に、WAR（勝利への貢献度の評価指標）の定着だ。その1球1打、守備走塁まですべてのプレーが数値で評価

できるようになった結果、スター選手のほとんどが、費用対効果としては割に合わない価格になっていることが、数値をもって表現されるようになったのだ。むろん、長期契約がリスキーであることも、FA市場に出る選手の多くは最盛期にあり、その先は下降線を辿ることも分かってはいたが、投資金額とプレーの相関が厳密に数値化されるとなれば、より慎重になるのは当然だろう。

そして実際、この3年間（2015～17年）をみても、高額FA選手に投資をしていない球団がワールドシリーズに進出している。

近年の年俸高騰および契約期間の長期化は、インターネットビジネスの成功やローカルTVの契約額の劇的な向上が背景にあるとはいえ、それもほぼ天井で、家族4人で観戦に行けば平均5万円を要するようになるなど、歪みも生じている。今季の高額契約の停滞は、市場が必要としていた調整局面がようやく訪れたと考えるのが自然だろう。

（夕刊フジ連載「小林至教授のスポーツ経営学講義」2018年3月8日紙上掲載に加筆修正）

アメリカの放送権はなぜ高い

　ここでは、ビッグマネー飛び交う北米プロリーグの原動力である放送権事情について記します。まずはアメリカのそれから。

　図表5-9が示している通り、アメリカでは、2019年に放送権収入がチケット収入を抜いて、スポーツ興行における最大の収入源となりました。

　アメリカは日本と比べると、人口が少なくとも3倍弱ありますので（3億2000万人に、不法移民2000万人を加えて、少なくとも3億4000万はいると推定されています）、マーケットが大きいのは確かですが、その放送権の規模は先に記したように、NFLだけで73億ドルで、邦貨にして8000億円以上となります。対して日本は、国内最大のスポーツ興行であるNPBの放送権料収入の推定総額は300億円、国内2位のJ1の推定額が180億円ですから、

図表5-9　スポーツ興行の4大収入源の成長

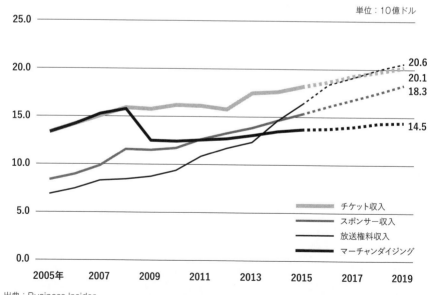

単位：10億ドル

出典：Business Insider

人口比ではとても説明できな
い差となっています。

　MLBも放送権料により、
巨額な収入を挙げています。
機構（リーグ）が管理してい
る全国放送の放送権料収入が
15.5億ドルで、これにはオー
ルスター戦、プレーオフ、ワ
ールドシリーズと、各球団の
公式戦の全国放送権がここに
属します。この15.5億ドル
は、機構の手数料を差し引い
て、各球団に均等に分配され
ます。各球団はこれに加え
て、それぞれの商圏（テリト
リー）におけるローカル放送
の放送権料が加わります。図
表5-10は、FanGraphsによ
る2016年の各球団のローカ
ル放送権料収入の推定値で
す。全国放送権の収入は、総
額15.5億ドルを単純に球団
数で割ったものです。機構管
理の全国放送と各球団管理の
ローカル放送を合わせると
31億3700万ドルにのぼりま
す。MLBの総収入95億ドル
の33％を占めるこの放送権
料収入31.37億ドルは、邦貨

図表5-10　MLBの放送権料

単位：100万ドル

	ローカル放送の放送権料収入	全国放送権料の分配金
Dodgers	204	51.67
Angels	118	51.67
Yankees	98	51.67
Red Sox	80	51.67
Mariners	76	51.67
Cubs	65	51.67
Phillies	60	51.67
Astros	60	51.67
Rangers	56	51.67
Tigers	55	51.67
Giants	54	51.67
White Sox	51	51.67
Diamondbacks	50	51.67
Mets	46	51.67
Nationals	46	51.67
Orioles	46	51.67
A's	41	51.67
Indians	40	51.67
Padres	39	51.67
Twins	37	51.67
Blue Jays	36	51.67
Braves	35	51.67
Cardinals	33	51.67
Reds	30	51.67
Pirates	25	51.67
Brewers	24	51.67
Royals	22	51.67
Marlins	20	51.67
Rockies	20	51.67
Rays	20	51.67
合計	1587	1550

出典：FanGraphs、Forbesなどを基に筆者作成

にして3450億円ですから、NPBの放送権料収入の推定額の10倍以上となります。

　アメリカも、日本と同じようにテレビ離れは深刻で、視聴率がとりわけ高いわけではありません。MLB球団の公式戦の全国放送権が中央機構に帰属していることは先に記しましたが、この権利はオールスター戦、プレーオフ、ワールドシリーズのおまけみたいなもので、あまり放送されていません。

　地上波4大局の1つであるFOXとケーブル局のESPNとTBSが放送曜日などで分け持っていますが、特に地上波のFOXが保有している土曜日の全国中継は視聴率が2％に届かないため、放送されないことが多いのです。

　それでもなお、FOXが公式戦の放送権を保有しているのは、オールスター、プレーオフそしてワールドシリーズの放送権がパッケージに含まれているからです。もっとも、そのパッケージの根幹であるワールドシリーズも、視聴率は10％に届かないのが実情です。

　そんなコンテンツに対して、なぜテレビ局は年間3450億円もの大金を払うのでしょうか。

　その理由は、テレビ市場の規模の違いが大きな要因です。

　ざっといって、日本のテレビ市場の規模は4兆円前後ですが、米国は1400億ドル（邦貨にして15.5兆円）を超え、日本の4倍近いサイズとなります。その理由の1つは、テレビ・マネーの源泉といえる広告宣伝費の規模の違いです。野村総研の研究開発マーケティングナビゲータによれば、米国は宣伝広告費のGDPに占める割合が2.5％であるのに対し、日本は1.4％に過ぎません。これは、米国が日本の25倍の国土面積を有する広大な地であるため、口コミや看板などではとてもじゃないが手が回らず、電波に頼るしかないという地理的事情が1つ。また、小売店にしろ飲食店にしろ、いわゆるコンシューマー・ビジネスが、チェーン展開をしているところが日本に比べると圧倒的に多く、これも広告宣伝費が電波媒体に傾斜投下される要因です。

　もう１つは、視聴形態の違いです。

　テレビ視聴にカネを払う習慣がない日本に対して、米国ではテレビ視聴には金銭負担を伴うという考えがあまねく浸透しています。実際、この視聴者がおカネを支払ってテレビをみる（サブスクリプション）ことから生じる売上高は、アメリカのテレビ市場の72％を占めており、これが高額な放送権料の原資となっています。

　国土が広いゆえの難視聴対策もあって、米国では早い段階から、国策としてケーブルテレビを着々と普及させてきました。広大な国土ですから、日本のように、東京スカイツリーをど～んと１本建てて、後は中継塔を経由して家庭に電波を届けるのは、不可能ではないにしても効率的ではありません。結果として、それぞれの地域で事業者がケーブルを敷いて、テレビをみたい視聴者がその金銭的負担するという、民間のビジネスとしての歴史を歩んできました。

　また、テレビは公共性の高い媒体でもありますから、当該地域でケーブルを張り巡らせるなどの多額の初期投資を強いられるケーブル事業者は、独占禁止法の適用から除外されるカタチで、原則１地域１社という、政府の庇護を受けてきました。

　テレビをみるためには、実質、ケーブルに加入する以外の手段がない環境下で、他社との競合に晒されることもありませんから、これは儲かります。儲かる業界に活気があるのは世の常で、アメリカのテレビは創意工夫を凝らした専門チャンネルが次々と誕生し、ニュース専門局のCNNや、スポーツ専門局のESPNなど、世界的に強い影響を及ぼす局が多々生まれています。

　結果、アメリカでは視聴世帯の７割近くがケーブルテレビに加入し、衛星放送や躍進著しいOTT（Over the Top、動画コンテンツや音声通話などをインターネット経由で提供するサービス）なども加えると、９割を超える世帯がカネを払ってテレビをみています。

　その金額は、Fortuneの推定によれば、アメリカ人の年間平均支払額は1280ドル（2018年）、日本円にして約14万円となっています。対して日本

は、NHKを除けば、CSやケーブルなどの課金放送サービスに加入している世帯は4割に届いていません。

アメリカとは対照的に、日本のテレビの歴史は、地上波民放の権益を第一にした無料放送の歴史で、NHKを除いて、テレビ視聴にカネを払う文化は定着しませんでした。カネが回らない業界は活性化せず、ケーブルやCSを通じた多チャンネル化は、あくまで嗜好品として、普及は遅々として進みませんでした。

近年は、地上波民放が手を出さなくなったプロ野球を柱にスポーツ中継が充実してきたことや、インターネット接続とセットで加入できることなどから、ケーブルテレビに加入する世帯数はかなり伸びましたが、それでも35％程度。これも普及がまだ十分でないなか、OTTや衛星系民間放送との競争に晒されており、それほど旨味のある業界ではなく、今後、欧米のように放送権料が大きなものになることは、あまり期待できないかもしれません。

このアメリカの代表的な文化といえるケーブルテレビ。そのしくみを、かつて、わたしも加入していたニューヨーク市のタイム・ワーナーを例に説明してみます。

米国のケーブルテレビの商品は、並と上の2段階か、特上を加えた3段階の料金プランが通例です。地上波放送と公共放送、ローカルニュースなど必要最低限の局にアクセスできるのが「並パッケージ」。音楽ならMTV、ニュースならCNN、スポーツならESPNなど、それぞれの分野でトップの局へのアクセスと、地元プロスポーツチームの試合を放映するスポーツ局へのアクセスができるのが「上パッケージ」。

これに、地元チーム以外の試合をみたい人や、コアな情報を求める人用に、「特上パッケージ」だったり、あるいオプション・チャンネルとして単品だったりします。

ここに、ペイパービュ（Pay Per View, PPV）が加わります。PPVとは、1番組ごとに視聴料金を支払うシステムのことで、2015年5月2日に行われたボクシング世界戦、フロイド・メイウェザー対マニー・パッキャオが、巨

額のPPV収入を生み出したことが、日本でも大きく報道されました。この「世紀の一戦」の視聴料はアナログ画像で89ドル95セント、HD画像だと99ドル95セント。購入数は、全米で440万件、邦貨にして480億円を売り上げました。

　さて、ニューヨーク市のタイム・ワーナーケーブルの料金は、ヤンキースなど地元球団の視聴が可能になる「上」が、64.95ドル／月、年間にして780ドルは、邦貨にして8万5800円ほど。これに通常はHBOを加えます。HBOとは、アメリカのケーブル放送局の1つで、放送されるドラマやドキュメンタリーは、エミー賞やゴールデングローブ賞の常連。そのなかには、『セックス・アンド・ザ・シティ』や、『ザ・ソプラノズ〜哀愁のマフィア』など、世界的ヒットになった作品も多々あります。HBOは、単品で月額8ドル前後が相場です。

　こうして薄く広く視聴者からケーブル配信局に集められた利用料（サブスクライバー・フィー）は、次に、配信世帯数に合わせて各テレビ局にマージンとして支払われます。

最強ケーブル局は、スポーツ専門のESPN

　このマージンは、ケーブル事業者とテレビ局との力関係でさまざま、ぴんきりで、Kagan社とS&P Global Market Intelligenceの推定によれば、最も高額なのは、4大プロスポーツの放送権をもつESPNでした。ケーブル事業者は、チャンネルラインアップから絶対に外すことができないESPNに対して、月額8.14ドル×配信世帯数を支払っていると推定しています。ESPNはディズニーの子会社なので、その売上数値は推測の域を出ませんが、上記の1世帯当たりの月額配信マージン8.14ドル×12カ月×配信世帯数8600万で84億ドルとなります。

　これに、テレビ局の伝統的な収入源であるＣＭ収入、espn.comの広告収

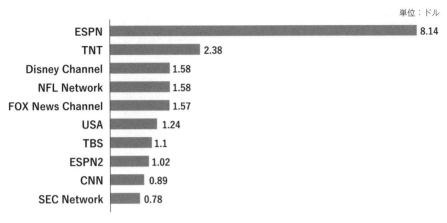

図表5-11　ケーブル配信局がテレビ局に支払う契約者1人当たりの月額（2018年）

単位：ドル

ESPN	8.14
TNT	2.38
Disney Channel	1.58
NFL Network	1.58
FOX News Channel	1.57
USA	1.24
TBS	1.1
ESPN2	1.02
CNN	0.89
SEC Network	0.78

出典：Kagan, S&P Global Market Intelligence

入とプレミアムコンテンツの課金サービス、ESPN マガジンや、外国への番組販売、そして 2018 年に月額課金を開始したアプリなどを合わせた年間売上は、Forbes の推定値で 160 億ドルでした。邦貨にして 1 兆 7600 億円。この数字は、日本最大のメディア・グループであるフジ・ホールディングスの連結売上 6692 億円（2018 年）の 2.6 倍です。ESPN は、スポーツ専門のケーブルテレビ局です。

　この原資をもって、コンテンツを買うのです。しかも、ESPN といえども競争相手には事欠かず、地上波でいえば、グループのＡＢＣ以外の3つ（CBS、NBC、FOX）、ケーブル局では FOX スポーツネットなどです。近年は、DAZN やネットフリックス、アマゾン、ツイッターなどネットも加わり、これらのメディアが、4 大プロスポーツなどの、いわゆるキラー・コンテンツを放送する権利の争奪戦を繰り広げています。

　ESPN が、スポーツの放送権に支払っている金額は、この 10 年間で倍以上に膨れ上がり、2017 年のそれは当時の売上の 1/3 にあたる 58 億ドルだったと推定されています。

　ただし、放送権料を払い過ぎたらば、青天井ではないものの、タイム・ワーナーなどのケーブルテレビ配信局へのマージンをあげ、ケーブルテレビ配

信局は、視聴者への課金というカタチで転嫁ができる。米国は、テレビにおカネが回るようなしくみができているのです。

Cord Cutting（コード・カッティング）とOTTとD2C

　もっとも、近年は、通信技術の飛躍的な進歩により、ネットメディアの進境著しく、地域独占のしくみのうえに、視聴者に高額なサブスクライバー・フィーを課してきたケーブルテレビのビジネスは大きな転機を迎えています。コンテンツ・ホルダーは、ケーブル局を通すことなく、PC、タブレット、スマホを通して、視聴者に単品で販売ができるようになりました。ESPNやCNNのようなテレビ局はもちろん、その気になれば、スポーツ団体やチームでも、視聴者に直接、コンテンツを届けることが可能になったのです。

　このケーブルテレビの契約をやめて、インターネット経由の動画視聴を選択する消費者の動向はコード・カッティング（cord cutting）と呼ばれ、スマホと4Gの普及とともに、その動きは顕著になっています。

　そのことは、ケーブルテレビ局と衛星放送にとって最大の目玉商品であるESPNの配信世帯数に顕著に表れていて、ESPNの配信世帯数は、最盛期の2011年には1億世帯あったのが、2018年には8600万世帯と、大きく数を減らしています。こうした環境のもと、ESPNは、先に記したように、月額課金のスマホアプリサービスを同年にローンチしており、こちらは開始して1年も経たないうちに200万世帯を突破しました。

　さらに話を複雑にしているのが、たとえばMLBでいえば「MLBAM」など、スポーツ団体が自前のOTTをすでに確立していることです。生産者が消費者に直売するということでD2C（Direct To Consumer）と呼ばれるこのサービス形態ですが、MLBの場合でいえば、米国以外の国々でも年間1万2000円ほどの加入料を払えばMLBのすべての試合をライブ観戦できるほか、アーカイブ（録画映像）や球団の戦術、選手データなどの分析ツールにアクセスできる優れものです。米国内では、ESPNなどテレビ局に販売している放送権料との絡みで、ライブで放送する試合は限定したものになってい

ますが、テレビ放送権料が減り出せば、それもどうなるか分かりません。

　日本においても、イギリスのパフォーム・グループが展開している DAZN が 2017 年、Ｊリーグの放送権を 10 年 2100 億円で買い取ったり、2019 年には巨人戦を含むプロ野球 10 球団のネット放送をするなど、同社がコンテンツホルダーに支払う破格の権利料ともあいまって、OTT の存在感が高まっています。

　スポーツ団体にとって放送権の扱いは、その命運を左右するビジネスの肝です。権利料も重要、ファンが容易にコンテンツへアクセスできるようにすることも重要。スポーツ団体が、どのような経営判断を下すのか？　テレビ局、OTT など各メディア入り乱れてのバトルロワイヤルが、どのように展開していくか要注目です。

　多くの専門家が、デジタルコンテンツは、コンテンツ価値を必ずしも高めないと考えています。その理由の１つが、デジタル化されたコンテンツは、複製もシェアも簡単になされてしまうからです。権利は制限してこそ意味があることはすでに述べた通りですが、ダダ漏れのコンテンツとなれば、価値は著しく減じることになります。2018／19 年のチャンピオンズ・リーグでは、予選ラウンドだけで 500 万トラフィックもの違法ストリーミングが横行していたことが報告されています。だからといって、今さら著作権保護のためにインターネット配信を制限するわけにもいきません。なぜならば、現代人にとって娯楽は山ほどあり、スマホでみれなければ、他のコンテンツあるいは別の娯楽に興じるだけなのです。

　また OTT による放送が人々の間に定着するにつれ、テレビ放送権の価値も低下するのは自然の流れです。先のコード・カッティングが象徴的ですが、視聴者数が低下すればコンテンツを買う資金力も落ちるし、そもそも独占放送権を得るために競合した結果として放送権が高騰してきたわけで、他でもみれるとなればその根幹が崩れます。プレミアリーグの国内向けの放送権料（2019／20 - 2021／22 までの３シーズン）が、下がりました。前サイクルが年平均 17 億ポンドだったのが、今回は 15 億 7500 万ポンドになったので

す。

　コンテンツホルダーとしては、OTT事業者がテレビ放送権料の低下を補完するだけの放送権料を支払ってくれればいいのですが、まだそこまでの権利料が発生するまでには至っていません。DAZNやイレブンスポーツなどのスポーツ専門のネット配信局や、ネットフリックスのような総合ネット局、さらにはGAFAなどの主要プラットフォーマーまで、OTT事業を展開しているネット企業は、スポーツコンテンツが顧客の囲い込みに大きな効果があるのはよく分かっていますが、テレビ局が支払ってきたような巨額の放送権料を投じるには至っておらず、実験段階というのが実情です。

　たとえば、アマゾンは、2018年以降、NFLの木曜日の公式戦（Thursday Night Football, TNF）のライブ中継をしていたり、フェイスブックがMLBの公式戦25試合分のライブ中継をするなどの実証実験をしてきていますが、そこから大型の契約に発展するまでには至っていません。アメリカや欧州サッカーの放送権料は、すでに述べてきましたように、テレビ局のコンテンツ争奪戦の結果、高騰の一途を辿ってきましたので、そこに割って入って高値でつかみたくないということなのかもしれません。

　映像配信者としてのOTTの存在意義は今後、高まるばかりであり、アメリカでは2020年にも広告出稿額においてテレビを追い越すと目されていますが、スポーツ中継においても、近い将来にそうなることは間違いないでしょう。しかし、そうなったとしても、既存のテレビ局が支払っていたような放送権料は払わないかもしれません。

　GAFAに代表される地球規模のプラットフォーマーの利益の源泉は会員数を増やすこと、つまりその経済圏に人々を取り込むことです。従来のテレビ局のビジネス・モデルは、無料放送にしても課金放送にしても、その源泉は視聴者数を増やすことでした。数多あるチャンネルのなかから、自チャンネルを選んでもらうためには、人気スポーツのライブ中継に優るものはないという法則は、ルパート・マードックを世界のメディア王に押し上げた鉄板のビジネス・モデルでしたが、GAFAをはじめとするネット界のプラットフォーマーに、この法則は必ずしもあてはまりません。プラットフォーマー

にとって大事なのは会員獲得であって、プライム・タイムの視聴者数を他の
チャンネルと争っているわけでもありません。先に記した通り、スポーツコ
ンテンツが顧客の囲い込みに大きな効果があるのはよく分かっていますが、
そのためにかける費用については、スポーツコンテンツに100億円かけるの
と、広告やキャンペーンなどを展開するのに100億かけるのとどちらが得な
のかを冷徹に判断することになるでしょう。入札競争によって値段が吊り上
がることは考えにくいのです。

　いずれにしても OTT の動きは止まらないでしょう。なぜならば、人々が
それを求めるからです。2019年に研究視察の目的で渡米した際、ゴルフコ
ースでも居酒屋でも、スマホのストリーミングでスポーツ中継をみながらと
いう光景が当たり前でした。スマホでみれなければ、人々は、山ほどある他
の娯楽に興じるだけのことです。デジタル化により価値が落ちたとしても、
スマホで視聴可能なコンテンツにならざるを得ないのです。テレビだけでし
かみられないコンテンツは人々に選んでもらえなくなると、史上最高の売上
高を謳歌している欧米のトップリーグでさえ、そう考えているのが現状で
す。だから、既存のテレビ局も、先に記した ESPN もそうですが、インタ
ーネットのプラットフォームやアプリを開設して、テレビと同じ映像を流す
ようになっています。ほんの数年前までは、テレビ局のウェブサイトやアプ
リでみれるのは録画放送であったり、途中までだったり、一番大事な場面は
テレビでしかみられないような仕掛けが多かったですが、今はそのような放
送形態は、アメリカではもうなくなりました。
　そして2020年には5G（第5世代移動通信システム）が本格化し、通信と放
送の垣根はより低くなります。1990年代以降、スポーツコンテンツの価値
が右肩上がりで高騰してきたのは、通信と放送技術の発展の賜物でもありま
した。5G がスポーツ興行にもたらす変化にも要注目でしょう。

課金視聴スタイルで
サッカーが崩壊を免れた英国

　イングランド・プレミアリーグをはじめ、欧州サッカーに巨額のカネが流れ込み、米国の4大プロスポーツと肩を並べるビッグ・ビジネスになったのは、衛星放送の出現により、アメリカ的な課金視聴スタイルが定着したことが大きな要因でした。

　元来、欧州は、日本よりもはるかにテレビに対して保守的で、1980年代までその放送事情は、英仏独などの先進国においても国営放送が中心で、民間放送はせいぜい1局程度のものでした。そこにメディア王ルパート・マードックが現れたのです。

　時は1991年。マードックは、たび重なる暴動などで崩壊寸前となっていたイングランドのサッカー・リーグから有力チームを引き抜き、プレミアリーグを創設させ、その試合中継を、自身が率いる有料衛星放送BスカイBで独占放送しました。

　その放送権料は、5年契約で3億ポンド、年平均で6000万ポンドでした。当時のポンド円のレートは年平均224円ですから、邦貨にすると5年672億円、年換算134億円という契約でした。その前身となるリーグが1991年に受け取っていた放送権料は、1000万ポンド前後だったそうですから、一気に6倍。この金額を、当時わずか150万世帯にしか配信していない有料衛星放送会社が支払ったのですから、大変なギャンブルでした。

「大衆の心をつかむのは、日々のニュースや映画よりも、ライブのスポーツである。有料放送の加入者を増やすには、その国に合ったスポーツ・コンテンツを提供することがいちばんの近道」

　とはマードック氏の有名なセリフですが、言い得て妙。その経営方針はズバリで、当時、普及に苦しんでいたBスカイBは、視聴世帯を一気に3倍以上となる500万世帯に増やすことに成功しました。その後も順調に視聴世帯を伸ばし、今や課金放送は、ドイツを除く欧州全土に広がり、文化として完全に定着しました。

ドイツだけは日本と同様、広告モデルの地上波無料放送が充実しており、プロスポーツ団体に放送権料がどばっと流れ込む構造になっておらず、結果、ブンデスリーガの収入の伸長が、プレミアなどに比べて穏やかになっています。

　その後の欧州サッカー・リーグの隆盛は、先に記した通りで、その元祖、プレミアリーグは、2016年から2019年までの国内放送権は69億ユーロにまで達しました。年平均にして23億ユーロ、1試合当たり1370万ユーロで、1ユーロ120円とすると16億4400万円となります。
　四半世紀前、トップリーグの「崩壊」からスタートしたイングランド・サッカーは、課金放送のキラー・コンテンツとして蘇り、今や莫大な放送権料を得る、世界指折りのコンテンツに成長し、アメリカ4大プロスポーツに比肩する収入を誇るまでになりました。

図表5-12　イングランド・プレミアリーグの国内テレビ放送権料（10億ユーロ）

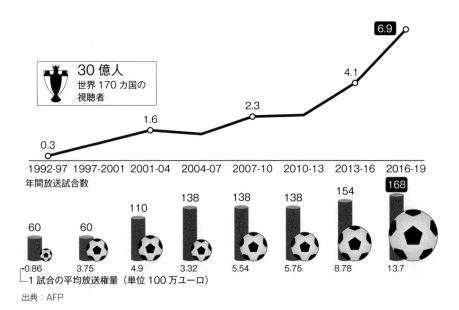

出典：AFP

　日本のテレビ市場環境は、民間の無料放送が充実し、公共放送が大きな売上とチカラをもっていることは先に記した通りですが、この状況は2011年に地上波デジタルとなっても変わりませんでした。

　それどころか、地上波デジタルになると、各局はその気になれば同時に3本配信が可能であり、ＣＳ局、ＢＳ局にブロードバンドと多チャンネル化が進み、視聴者の立場からすれば、テレビの楽しみ方は充実したものの、コンテンツ・ホルダーからしますと痛し痒しで、それは市場が細分化されただけに過ぎず、あまり大きなおカネが流れ込んでくる状況にはありません。

　DAZNが2017年に、Ｊリーグと、10年間2100億円で独占放送権契約を締結したことは先に話しました。年間平均にして210億円という契約額は、それまで例年スカパーが支払ってきた額の4倍にものぼり、世間をあっと言わせました。DAZNはその後、チャンピオンズ・リーグの日本での独占放送権や、非独占ながらプロ野球10球団のネット中継権も購入するなど、日本のスポーツコンテンツ市場の価値を高める役割が期待されています。DAZNが、プレミアリーグの価値を一変させたＢスカイＢのように、日本

図表5-13　イングランドプレミアリーグの売上は北米４大プロリーグに匹敵（2018年）

リーグ名	創設年度	球団数	シーズン試合数	売上（10億ドル）	1試合平均入場者数
NFL	1920	32	16	15.6	67,100
MLB	1869	30	162	10	28,652
NBA	1946	30	82	7.6	17,987
EPL	1992	20	38	6.5	38,273

※参考

NHL	1917	31	82	5.2	17,446
NPB	1936	12	143	1.64	29,785
Jリーグ（J1）	1993	18	34	0.78	19,079
Bリーグ（B1）	2016	18	60	0.13	3,078

出典：各リーグのウェブサイト、Forbesなどを基に筆者作成

のスポーツ・コンテンツの価値を劇的かつ継続的に高める役割を担うことを期待する声もあります。もっとも、当時のイギリスでは、余暇としてのテレビ市場は未開拓のブルーオーシャンであったのに対し、現在の日本は娯楽に溢れ、1日平均4時間ないといわれる現代人の余暇を奪い合っており、その市場はレッド・オーシャンともいえます。

スポーツ・ベッティングが起こす地殻変動

　スポーツを賭けの対象とすることは、公序良俗の観点から、あるいは八百長を誘発する危険性の観点から反対の声が多くあり、それらはとても説得力があると思います。しかし、こうした良識的な声が、いくら海洋という天然の要塞がある日本といえど、世界の潮流に対してどこまで抑止力を保つことができるかというと、懐疑的にならざるを得ません。

　なぜならば、ギャンブルはボーダーレスなサイバー空間でのやり取りで事足りる産業ですから、日本において違法ではあっても、取り締まるのが極めて困難だからです。

日本のプロスポーツも対象の英国ブックメーカー

　まずは外国の現状をお伝えしましょう。たとえば英国は、ギャンブルに対する規制が最も緩やかな国の1つです。ブックメーカーと呼ばれる胴元は民間企業で、天気をはじめ不確実なものすべてを賭けの対象としています。サッカー場内にブックメーカーの投票所があるのはもちろん、プロ野球、サッカーJリーグ、大相撲を含めた日本のプロスポーツも賭けの対象であり、日本の顧客のために日本語サイトも開設しています。日本から賭ける行為は合法ではありませんが、無修正ポルノと同様、ボーダーレスなサイバー空間において取り締まるのは容易ではありません。海外のウェブサイトを通じて賭けた場合、日本からであっても、その賭け金が1円も課税されないことも大きな問題です。

　米国は、日本と同様にスポーツを賭けの対象とすることに対して極めて厳しい姿勢を取ってきており、1992年には、プロフェッショナル＆アマチュア・スポーツ保護法（通称PASPA；Professional and Amateur Sports Protection Act）という連邦法を制定してまで、政府や個人が、アマチュアまたはプロスポーツ選手が参加する試合を対象とした賭け事を主催、運営、広告またはプロモートすることを禁じてきました。しかし、このPASPAに対して、スポーツ賭博を合法化することにより税収増を目論むニュージャージー州が異議を唱え、最高裁までもつれた結果、ついに2018年、違憲判決が確定しました。

　米国というと、カジノで世界的に有名なラスベガスの存在から、ギャンブル大国をイメージする方もいることでしょう。実は、ラスベガスのあるネバダ州を除くと、1試合の勝敗を対象としたギャンブルは違法でした（日本のtotoのように、複数試合を対象としたものは、デラウェア州、モンタナ州、オレゴン州で合法でした）。

　ただし、米国の新聞のスポーツ欄には試合の勝敗予想がハンデを含めて詳細に解説されていますので、スポーツが仲間内でギャンブルの対象になっていることは暗黙の了解ということではあります。

　しかし、誰でもどこでも、サイバー空間を通じてスポーツ・ベッティングにアクセスできる現状を踏まえ、財政の厳しい州が合法化に向けて動いてきました。その筆頭格が、先に挙げたニュージャージー州で、同州は1兆円近い赤字を抱え、財政破綻に瀕するなか、2012年にスポーツ・ベッティングの合法化案を州議会で承認したうえで、PASPAを廃止すべく、裁判で争ってきたという次第です。

　実際、スポーツ・ベッティングの市場は巨大です。「国連犯罪防止刑事司法会議」によると、裏表合わせて年間3兆ドル（1ドル110円として約330兆円）と推定されています。この数字は、日本のGDPの60%を超える規模です。

　こうした現実を踏まえて、ニュージャージー州の合法化を阻止すべく提訴

した北米4大プロスポーツリーグも、PASPAが違法とされたことを受けて、ギャンブルの対象となることをビジネスチャンスと考え、ブックメーカーとの業務提携、スポンサー契約を矢継ぎ早に交わしています。先陣を切ったのはNBAで、カジノ運営の大手、MGMリゾーツとパートナーシップを締結しました。NBAは判決前の段階ですでに容認派に転じており、試合中継をみながらスマートフォンの画面をクリックするだけで簡単に賭けができてしまう現実において、目を背けたり、拒絶したりしても意味がなく、州の監視のもとに合法化して、税金を徴収するのが現実的であるとの公式見解を表明してきました。

また、NHLは北米4大プロスポーツリーグで初めて、ラスベガスをフランチャイズとする球団（ラスベガス・ゴールデンナイツ、新規球団です）を承認しました。NFLも所属球団（オークランド・レイダース）のラスベガス移転を承認しました。これらはいずれも、現実路線への転換を象徴する出来事といっていいでしょう。

ギャンブルに対して最も厳格なスタンスだったMLBも、MGMリゾーツとのスポンサー契約を結び、さらに、MLBの試合を対象とした賭けが世界中で行われており、賭けられた金額は年間6兆円にものぼっている現実を踏まえ、不正監視システムの導入を急いでいます。

ギャンブル化に消極的な日本のプロ野球

こうしたなかで、我がニッポン。スポーツを対象とした賭けで合法なのは、競馬、競輪、競艇、オートレースなど、いわゆる公営ギャンブルのみに留まっています。ちなみにtotoは、サッカーの勝敗を対象とはしていますが、予想や推理が及ぶようなものではありませんから、宝くじの一種で、ギャンブルと呼べる類のものではないでしょう。つまり、ラスベガスを除く米国と同様に、スポーツ・ベッティングから距離を置いているというのが現状です。

とりわけ強い反対を表明しているのが、日本で最も大きなスポーツ興行であるプロ野球界です。プロ野球界はtotoに対しても、高潔性が汚されると

して、その対象となることに対して一貫して反対の立場を堅持してきました。賭けの対象となれば、八百長を誘発する可能性が高まり、健全な国民的娯楽としての地位が揺らぎかねないというのがその理由です。

　確かに野球界では、それが現実になった歴史があります。1970年前後に発覚した「黒い霧事件」です。プロ野球選手が金銭の授受を伴う八百長（敗退行為）に関与しました。この一連の疑惑は、中心選手が関与したとされる西鉄ライオンズの経営を行き詰まらせ、最終的には所沢への移転となるなど、プロ野球ビジネスの根幹を揺さぶる大スキャンダルになりました。

　こうした歴史が背景にありますので、政府から、「東京五輪の財源の捻出のためになんとか頼みますよ」と懇願されても、「趣旨は分かるのですが～、歴史があり～」と渋っていたところ、2015年から2016年にかけて一連の野球賭博事件が勃発しました。これで話は頓挫、今に至るというわけです。

　しかしながら、冒頭にも記しましたように、日本だけが世界の潮流とまったく無縁でいられるはずはないのです。

ギャンブル化でスポーツ産業は潤う

　わたしは、①世界のスポーツ・ギャンブルの現状、②ベンチマークである北米プロスポーツの動向、③日本のスポーツ振興予算が2020年以降は劇的に縮小し、自立が求められること、④野球固有の事情として、少子化のペースを上回る若年競技人口の激減──などを考慮し、プロ野球もギャンブルの対象として認めることで、実利を得る現実路線に転換するほうがよいのではないかと思っています。

　ギャンブル市場の拡大は、露出の劇的な増大につながるのはもちろんのこと、試合結果を予想するデータビジネスの高度化が期待できるなど、産業としての発展を強く後押しすることになります。

　サッカーファンならば、スポーツ・ベッティングの本場であるイングランドにおいて、プレミアリーグを対象とした分析・予想の充実ぶりをお分かりの方も多いでしょう。各試合の勝敗、得点者、得点差、試合展開から警告と

退場数やオウンゴールの有無、さらには各チームの監督の退任や有力選手の移籍など、予測に値するあらゆる賭けが用意されています。その分析のために、優秀な人々が分析・解析のためのツールの開発に躍起になっています。

　世界中の優秀な人が、証券・債券・金融派生商品の開発のために、ウォール街に集っているのと同じことです。カネが動くところにはヒトやモノが集まり、行き過ぎた市場主義のもとにさまざまな問題は生じるにしても、長い目で見れば業界として洗練されていくのだと思います。

　賭けに関しても、解禁することによって選手に闇の手が迫ったり、ギャンブル依存症の人が増えたりなど、さまざまな混乱が生じることでしょう。一方で、江戸末期の開国がその後の日本の発展の礎になったように、開放なくして成長なしといった考え方もあると思うのです。

　日本がベンチマークとしてきたアメリカでも、先に記したように、現実路線に方向転換しました。NBAのコミッショナーの座に30年の間（1984〜2014）君臨し、売上を20倍以上にしたデビッド・スターンは、PASPA廃案を受けて、ラジオのインタビューに以下のような趣旨を答えています。「1992年のPASPAの法制化に尽力したように、わたしはスポーツ・ベッティング反対派であり、今もそうだ。しかし現実に、法案は廃止となって、これからのアメリカのスポーツ界がどうなるかというと、たとえばNBAの売上は激増するだろう。倍なんてもんじゃないね。ギャンブルの対象となれば、ファンの視線は、これまでと比較しようのないレベルの熱を帯びるからね」

　こうした市場の変化に対して、日本はどうするのでしょうか。サイバー空間はご承知の通りボーダーレスです。頬かむりをするか、現実を踏まえてビジネスチャンスとし、スポーツ市場および税収の拡大に結びつけるか。識者の間では、カジノのオープンまでは何も動きがないだろうと予想する向きが多いですが、そうすると2025年以降ということになります。スポーツの市場規模を2015年の5.5兆円から、オリンピックが開催される2020年に2倍、2025年には3倍にしようという目標を掲げていますが、2019年の時点では、中間目標である10兆円にはそれほど近付いていないというのが、日本のスポーツ市場の現状です。

column
スポーツ・ベッティング解禁後のアメリカ事情

　昨年（2018年）5月に、アメリカ連邦最高裁において、スポーツを対象にしたギャンブル（通称スポーツ・ベッティング）を各州の判断にゆだねる判決が下され、事実上、スポーツ・ベッティングが解禁になったことについては、先に記した通り。

　スポーツ・ベッティングの市場（つまり賭け金）はインターポールの調査によれば、裏表合わせて全世界で330兆円である。この数字は、世界のスポーツ興行（みるスポーツ）市場の総和23兆円の14倍であり、日本のGDPの60%に相当する。そんな異次元の市場に、アメリカのスポーツ産業界がどう向き合っているのか、解禁して1年余りが経過した今の時点で分かってきたことについて幾つか述べてみたい。

　現時点では、以前から許可されていたラスベガスなどの4州に、ニュージャージーなど4州が新たに加わった段階で、今年中にさらに4州で合法になる。2024年までには全50州のうち35～40州が合法になると目されている。

　中心は、スマホで中継をみながらいつでもどこでもポチっというWatch&Betである。解禁前から、ギャンブル大国イギリスのブックメーカー（胴元）を通してこっそり横行していたが、大手を振ってできるようになった今、世界のデジタル・ブックメーカーがアメリカのマーケットに押し寄せている。パフォーム・グループもその1つだ。DAZNで試合中継をみながら、ワンクリックで賭けができる利便性を強みに、近年、急速に業績を伸ばしている。そこにネットテクノロジーの最先端を行くアメリカ企業が迎え撃つか、なにぶん目の前に拡がるのは先に記したように異次元の巨大企業だから、広告合戦も凄まじい。胴元による広告出稿額は、年間8000億円に迫ると目されている。

　そんな巨額な広告料と、何よりも人々のニーズに応え、スポーツベッティ

ングは、新聞、ラジオ、テレビそしてネットのスポーツニュースの中軸的なコンテンツとなっている。オッズが画面左端から下端のスペースに四六時中流れるなか、アルゴリズムを駆使した予想番組は、賭けていなくとも引き込まれる秀逸なコンテンツである。

1992年にPASPA制定のために奔走したスポーツ団体も、そんな現実を踏まえ、ブックメーカーとスポンサー契約を結び、さらに、当該競技の賭け金から0.25%ほどのキックバック（インテグリティ・フィー）を得られる模様である。

もちろん、ものごとには光と影があり、ギャンブルについては、依存症は個人の人生を、八百長は当該競技団体を、いずれにしても破滅に導く大きなリスク・ファクターがある。特に心配されているのはNCAAである。年俸も社会的地位・責任も高い4大プロスポーツの選手が八百長をするリスクに興じるとは考えにくいが、学生選手は無報酬である。スポーツ団体にギャンブルを禁じる権限はない。未然に防ぐテクノロジーは飛躍的に発達してはいるが、欧州サッカーにおいて今も八百長が横行している様子をみても決定打ではない。

それでもパンドラの箱は開けられた。スポーツ・ギャンブルは、アメリカのスポーツ・ビジネスに、異次元のマネーを注ぎ込み、テクノロジーはより進化し、競技・ビジネス両面で優秀な人材を、これまで以上に惹きつけることになることは間違いないだろう。

（夕刊フジ連載「小林至教授のスポーツ経営学講義」2019年10月9日紙上掲載に加筆修正）

価値向上のためのさまざまな特殊なルール

　各リーグでは、所属球団が潤い、資産価値があがるよう、リーグそのものの価値を高めることを含め、さまざまなビジネス戦略を講じています。

　その根幹であるテレビ放送については、ここまでつまびらかにしてきましたので、ここでは、それ以外の、会員特典について記していきましょう。

税制優遇措置

　北米4大プロスポーツのチームのオーナーになるには、新規参入か、既存球団の買収しか方法はありません。高級会員制クラブ、あるいは談合の集まりのようなものです。

　新規参入するためには、多額の新規参入金を含めた厳しい入会審査と、オーナー会議の3/4の賛成を要します。買収する場合においても、当該球団との交渉が成立すればそれでよしとはいかず、これまた厳しい入会審査と、オーナー会議の3/4の賛成を要します。

　古株に頭を下げて、へいこらするのは嫌だという場合は、新リーグを立ち上げる方法が残されていますが、先に述べたアメフトの新リーグの例でもお分かりの通り、既存の4大リーグは、それぞれがっちり根を張っており、もう難しいでしょう。

　NHLでも、8000万ドルの新規参入金を課して、この指止まれができて、買収額は今まで一度も下がったことのない理由は、オーナーになることによる恍惚感や名誉など、カネで買えない精神的な利得を得られる側面もありますが、やはり大きいのは、儲かるからです。一度、入会してしまえば、先に記したテレビ放送権料を含め、数々の恩恵にあずかることができるし、売ればキャピタルゲインですから。

　実際、球団の売買は頻繁に行われており、21世紀以降だけでも、NFLは20球団、MLBは15球団のオーナーが入れ替わっています。

図表5-14　4大プロスポーツ、主な球団売買

NFL

日付	球団	価格	買収者	
2018	パンサーズ	22億ドル	デヴィッド・テッパー	投資ファンド経営者
2005	ヴァイキングス	6億ドル	ジグマント・ウィルフ	ショッピングモール経営者
1999	レッドスキンズ	8億ドル	ダニエル・スナイダー	資産家
1995	バッカニアーズ	1.92億ドル	マルコム・グレイザー	レストランチェーン店経営者

MLB

日付	球団	価格	買収者	
2018	マーリンズ	13億ドル	ブルース・シャーマン	投資ファンド経営者
2012	ドジャーズ	20億ドル	グッゲンハイム野球運営会社	マジック・ジョンソンなど複数の投資家による共同経営
2002	エクスポズ	1.2億ドル	MLB	リーグが買収
1995	カーディナルズ	1.5億ドル	ウィリアム・デウィットJr.	投資ファンド経営者

NBA

日付	球団	価格	買収者	
2017	ロケッツ	22億ドル	ティルマン・フェティータ	レストラン・チェーン店経営者
2010	ウォリアーズ	4.5億ドル	ピーター・グーバー	映像製作会社経営者
2005	キャヴァリアーズ	3.75億ドル	ダン・ギルバート	オンライン・ローン会社の創業者
1995	ヒート	6800万ドル	ロバート・サーヴァー	資産家

NHL

日付	球団	価格	買収者	
2019	ハリケーンズ	5億ドル	トム・ダンドン	投資ファンド経営者
2013	パンサーズ	1.5億ドル	ヴィンセント・ヴァイオーラ	投資ファンド経営者
2005	ダックス	7500万ドル	ヘンリー・サミュエリ	IT企業の創業者
1995	キングス	1.14億ドル	AEG	複合スポーツ興行会社

出典：TSP21のウェブサイト（http://www.tsp21.com/sports/purchase.html）、Forbesなどを基に筆者作成

図表5-15　レンジャーズの球団売却価格

1974	1047万ドル
1989	7930万ドル
1998	2億5000万ドル
2010	5億9300万ドル

　その大きな理由が、テキサス・レンジャーズの例にみられる通り、売るたびに値段が上がるからです。1972年に誕生したレンジャーズはこれまで4回の売買を経ていて、最初の売却時（1974年）には1047万ドルだった球団の価格が、1989年に売却された際の値段は7930万ドル。15年間で7倍です。ちなみに、このときに買収したグループの中心人物の1人はジョージ・W・ブッシュでした。そしてそれから9年後の98年には、さらに3倍の2億5000万ドルで売却されています。

「ジョージ・W・ブッシュがやってなお3倍になるのだから、大リーグビジネスとはよほど美味しい商売なんだよ」とは、わたしの知るアメリカの経済学者の言ですが、実際、大リーグ球団の売買は、少数の例外を除いてほとんどが売るたびに値上がりしています。

　売るたびに値上がりする実績を作った経営努力や特殊なしくみについては、これから述べますが、そのなかで1つ、税制による恩恵をここで取り上げておきましょう。

　大リーグに限らずアメリカのプロスポーツ球団の売買においては、買う側はその買収額の1/2を資産にして、選手の年俸として減価償却していいと、アメリカの国税庁が認めています。

　たとえば、400億円で球団を買ったとすると、200億円は選手年俸として資産にすることができるのです。実際に支払っている年俸がいくらだろうが関係ありません。つまり、ビルを買うと資産も付いてきて、資産として評価する。それと同じように選手を資産として評価できて、5年間で減価償却することが認められているのです。

　これは大変な旨味があります。仮に、次の年に40億円の黒字が出たとしても、200億円÷5＝40億円を償却できるので、利益は相殺され、所得税

を払う必要がありませんから。

　税金でいえば、プロスポーツ球団の運営における費用は、これは実は日本でもそうですが、通常のビジネスと大きく性格を異にするため、利益の出し入れがほとんど自由になることも大きいでしょう。端的にいえば、通常の民間企業では通らないものが、費用として認められます。たとえば、北米プロスポーツ球団のオーナーのほとんどが、個人としてプライベートジェットをもっていますが、その燃料代は球団費用として計上されていたりします。

　もう1つ、北米プロスポーツ球団が、スタジアム建設およびその運営費に関しても、税金で賄われるケースがビジネス慣行になっています。これについては、後に詳しく記します。

フランチャイズ制度

　アメリカの4大リーグは、それぞれリーグにより、チーム数とその所在が厳密に管理されています。

　各チームには、営業独占地域（フランチャイズ。NPBでは保護地域、MLBでは operating territories と表現されています）が権利として与えられます。顧客であるファンの奪い合いを避けるためです。

　たとえば、MLBの場合は、フランチャイズの適正規模を、中心部の人口50〜60万人以上、圏内200万人以上としたうえで、以下のように定められています。

- 独占的営業権には、放送権（ラジオ、テレビ）も含まれる
- 大都市に限り2球団認める
- 2球団所在する都市では、ホームゲームが重複しないよう、日程が調整される

日本のプロ野球は、野球協約の第7章において、地域権が規定されていま

す。MLBとの対比で特徴的なのは、MLBが、原則として全主催試合を保護地域で行うことを義務付けているのに対して、NPBは50％以上。独占的営業権には、放送権は含まれていません。このように、日本における保護地域は、MLBのoperating territoriesに比べると緩やかなものになっています。日本のプロ野球は、日本最初のプロ野球球団「大日本東京野球倶楽部」が、全国新聞である読売新聞のコンテンツとして誕生しました。その後の発展は、もちろん、大衆に愛され続けてきたからこそですが、親会社の支援の賜物でもあります。日本は、北米のように、プロスポーツ球団を自治体が税金で支える文化はありませんから、財政的安定のために、親会社がその役割を果たしてきました。

　巨人も阪神も、長い間、球団単体では赤字でしたが、グループ企業のビジネスに連動させることで、存在意義を高めていく工夫を重ねてきました。現在、プロ野球を保有している親企業の多くも同様です。

　歴史的な背景を眺めてみても、アメリカが、独立国家に近い自治権を有する州の集合体（United States of America＝「合州国」が本来あるべき邦訳だと思います）であり、それぞれの州および都市が、民間企業の如く、激しく競争をしているのに対し、日本は、中央集権国家です。経済活動の4割近くが首都圏に集中しており、地方都市との格差は歴然です。

　結果、MLBでそうしているような保護地域の概念は、日本ではなかなか適用が難しいでしょう。ただし、権利は、制限することで初めて財産となり、その管理を厳密にすることで価値向上が図られるというのは、あらゆる権利ビジネスの基本です。スポーツ・ビジネスはイコール権利ビジネスですから、NPBおよび所属球団が価値を向上させていくためには、その権利について整理整頓・管理を推進する必要があります。

column
球界参入を阻む「保守の壁」
買収も新球団設立も困難か？？

　プロ野球球団の保有が会社のブランド力を高めることに絶大な威力を発揮することは、よく知られている。古くはロッテやオリックス、最近ではソフトバンク、楽天、DeNA。いずれもプロ野球への参入が、その後の飛躍の契機になった。

　新進気鋭の経営者である前澤友作氏が日本野球機構（NPB）への参入希望を表明したことは、そのことを改めて世に知らしめた。野球業界にとっては喜ばしいことだろう。また、一代で1兆円企業を築いた経営手法で、プロ野球ビジネスに新風を吹き込んでくれることに期待したいファンも多いことだろう。

　しかし、実際に参入するとすれば、方法は既存球団の買収、もしくは新球団を立ち上げるしかなく、どちらも困難で、なんとももどかしい。

　まず、既存球団の買収となると、売る意思のある相手の存在が大前提となるが、現在の12球団を見渡しても、わたしの知る限り、そういう意図を示している球団はない。さらに日本の場合は、親会社の経営難やチームの絶望的な低迷や不人気などが背景だった歴史ともあいまって、世間から「身売り」などというネガティブな捉え方をされがちで、そのことがより売却を困難にしている。

　前澤社長（コラム執筆当時）がファンであると公言し、本拠地球場の命名権を購入している千葉ロッテにしても、確かに12球団の中では観客動員、チーム成績ともにやや低迷しており、改善の余地は少なからずあるが、ロッテはグループ売上6兆円を超える世界的大企業であり、パ・リーグ最古参の親会社として、良い時も悪い時も球界を支えてきた自負があるだろう。

　新規参入については、自民党が2014年にまとめた「日本再生ビジョン」でうたわれた16球団構想が有名だが、球団拡張（エクスパンジョン）は球界内外で将来の可能性として語り継がれてきたことではある。

こういう夢のある話は、わたしも大好きだが、現実には難しいだろう。なぜなら球団数の増加が、人口減と地方の疲弊にあえぐ日本において、市場の拡大につながると確信をもつのは極めて困難であるというのが、少なくともわたしが球界内部にいたときの球界の見解で、それが変わったとは聞いていない。本稿を読んで、なんと保守的な世界だと嘆息するファンもいるかもしれない。構成員の意思によって運営されている団体は、多かれ少なかれ、そういうものであるが、不可能だといっているわけではない。

　歴史と伝統に彩られた会員制クラブならではの保守性を理解しつつ、国境なきインターネットの世界で成功を収めた英知とエネルギーをもって、NPBひいては野球界に新たな付加価値をもたらしてほしいという、そんな思いである。

（夕刊フジ連載「小林至教授のスポーツ経営学講義」2018年8月2日紙上掲載に加筆修正）

ドラフト会議と保留制度

　北米４大リーグにおいては、チーム数はもちろん、その所在地の割当もフランチャイズ制度によって厳密に管理されていますが、選手の割当についても同様です。そのためのしくみがドラフト制度と保留制度です。

　まずはドラフト制度からみていきましょう。アマチュアの選手を各チームに振り分けるのが目的で、最初に導入したのは NFL です。有望なアマチュア選手を巡っての争奪戦が激しくなり、獲得費用が高騰していたことに対する対応策として、1936 年に導入されたのです。このドラフト制度、MLB と NPB が新人獲得のためのルールとして採用したのが、同じ 1965 年のことでした。

　MLB は、豊富な資金力で圧倒的な強さを誇っていたニューヨーク・ヤンキースへの戦力の偏りを是正する目的でした。ヤンキースは、1950 – 64 年までの 15 年間で、リーグ優勝 13 回、そのうち８回はワールドシリーズも制していました。

　日本は、新人選手への契約金が高騰するなか、その抑制策として、NFL の先行事例を基に、西鉄ライオンズ（現・埼玉西武ライオンズ）の提唱を他球団が受け入れるカタチで導入されました。

　実際、自由競争最後の年、東京オリオンズが山崎裕之に支払ったとされる契約金は 5000 万円。その現在価値を、当時の大卒初任給３万円から推定しますと３億円超。また、当時のプロ野球選手の年俸は、一流選手の証が 1000 万円で、日本プロ野球史上最強のスーパースター＝王貞治と長嶋茂雄でも、2000 万円に届かなかったという説が有力ですから、新人選手の争奪戦に音をあげ、共謀して契約金を抑制しようと考えるのは自然の流れだったかもしれません。

　リーグによって分配方式は異なりますが、ドラフト制度導入の大義名分は、①補強費の抑制、②戦力均等化です。代表的なものは、この２つの大義名分を反映した、成績が下位のチームから順に獲得したい選手を１人ずつ指

名していく、ウェーバー制のドラフトで、NFL、MLBがこの方式です。

　ただし、このウェーバー方式では、最下位球団が、いの一番の指名順位を得るため、希望選手を獲得したいがために敗退行為を行うなどの弊害も散見されたことから、指名順位を抽選で決める方式（ロッタリー方式＝NBAとNHLが採用、入札抽選方式＝NPB）など、工夫を凝らしたリーグも見られます。

　このドラフト制度は、契約の自由に対する制限（職業選択の自由）もしくは独占禁止法などに抵触する可能性が、導入以来しばしば指摘されてきており、実際、欧州では禁止されています。

　ただし、ドラフト制度がすでに定着している北米や日本では、アマチュアがプロになる通過儀礼としての市民権（社会的認知）を得ており、その法律的整合性について、本格的なチャレンジを受けるまでには至っていません。

　また、アマチュアのスター選手が対象となるNPBやNBA、NFLのドラフトは、大きな社会的注目を集めるイベントとして、プロアマ問わず、当該競技のプロモーションとして大きく寄与していますから、そこを敢えて法的整合性にチャレンジする意義も見出しにくいかもしれません。

　「保留制度」とは、契約期間満了後も、戦力とみなす選手を拘束できる制度です。その間、契約更新の権利は所属球団が有しますから、他球団でプレーをしたい場合、あるいは年俸に不満がある場合は、所属球団との相談ということになります。所属球団がノーと言えば、球団の提示した条件を呑むか、その団体でのプレーを諦めるか、ということになります。

　起源は1879年のMLBという、この保留制度。選手の立場からすると、特定のチームに拘束され、不利な状況下での契約交渉を強いられ、あるいは物のように取引されることから、奴隷契約だという声もあります。一方、リーグ・球団にとっては、選手の獲得や育成に費やされた資金の回収のために不可欠な制度という、両者の利害が真っ向から対立する条項です。

　この両者の利害が折り合う制度が、「フリー・エージェント制度」です。

　フリー・エージェントとは、北米では自由契約選手はすべてフリー・エー

ジェントと表現されますが、日本では、特別な自由移籍の権利をもつ選手のことを指します。

　具体的な折り合いは、一定の期間、お勤めを果たした選手に自由に他球団と契約できる権利を与えるというもので、MLBの場合は6年、NFLは4年、NHLは7年、NBAは4年です。

　どのリーグも、ドラフト指名選手の契約内容は、金額、期間共に一定のガイドラインが示されています。NFLは、全7巡まで指名されますが、その契約金総額と契約期間が労使協定（CBA）で定められています。2019年のドラフトにおいては、指名を受けた選手に支払える金額の総額は130億ドル（推定）で、これを順位の高い選手から傾斜配分をしていくことになります。順位に応じて目安の金額が示されています。契約年数は最大4年で、契約期間が満了すればFA（制限なしのフリーエージェント、Unrestricted Free Agent, UFA）となります。ただし、高額契約かつ生え抜きのスター候補であるドラフト1位については、チームは1年の契約延長権を保有し、こうした状況の選手は制限付き自由契約選手（Restricted Free Agent, RFA）と呼ばれます。

　ちなみに、2019年のドラフト1位のカイル・マレー選手の契約は総額3500万ドルの4年契約で、5年目はチーム（アリゾナ・カージナルス）が一定額（労使協定によって変動しますが、仮に2019年の場合であれば440万ドル）を提示すれば自動更新となります。

　NBAも、指名順位に応じて契約金の目安が示されている点において、NFLと同様のシステムですが、保証されているのは2年間で、3年目以降は、球団に契約更新権があります。契約金および更新した場合の金額は、順位に応じて規定された目安額がCBAによって定めらています。2019年ドラフトにおいて、1巡目（全体9番目）指名の八村塁選手を例に説明しますと、ワシントン・ウィザーズとの契約金は2年で916万ドル、3年目、4年目はウィザーズに更新権があり、それぞれ492万ドル、627万ドルです。そして5年目の契約をチームが望む場合は、4年目の125％のオファー（Qualifying Offer, QO、627万ドル×1.25 = 784万ドル）をします。その際、選手は他球団とも交渉できますが、他球団に移籍した場合は、元のチーム

は、ドラフト指名順位の譲渡などの補償を受けます。6年目はRFAとなります。他のチームのオファーを受けることができますが、元の所属チームが同じ条件以上のオファーを提示すれば残留となります。

　NHLも、順位に応じて契約金が定められています。契約年数は最大で3年で、4年目以降は7年目までRFAとなります。NHLのRFAは、チーム側にかなり有利になっており、所属チームが提示する額（QO）は、100万ドル以上の年俸を得ている選手に対しては、前年の年俸と同じ額となります。選手は拒否して、他球団のオファーを受けることはできますが、元の球団はその額と同等以上の契約を再度、提示することで、残留させることが可能です。ちなみに2019年のドラフト1巡目1番目の選手は、ジャック・ヒューズという高校生でしたが、その契約内容は、3年間1132万5000ドルでした。

　MLBも、順位に応じて契約金が定められていますが、契約金として扱われ、年俸については、配置されるマイナーリーグの年俸に従うことになります。すべてのルーキーは、マイナー契約となりますが、そのほとんどが配置されるルーキーリーグ、もしくはクラスAですと、月給1100ドル×5カ月（シーズン期間）ですので、5500ドルとなります。つまり年俸60万円ということになります。これはドラフト上位で高額の契約金を得て入ってくる選手にとっては、修業期間を実感できるサラリーということになりますが、下位指名の選手（21巡目以降の選手の契約金は1000ドルが相場です）となると、衣食住にも事欠く厳しい生活を強いられることになり、シーズンオフはバイトに精を出すのが通例です。実際、時給換算すると最低賃金にも満たないということで、近年、訴訟が複数起きています。

　2019年ドラフトの全体1位指名は、オレゴン州立大学3年生の捕手、アドリー・ラッチマンで契約金は810万ドルでした。そして、チームはマイナー契約の期間は最大5年間、メジャー契約に昇格した後は6年間、選手を保留することができます。

　このMLBの保留期間について、期間は6年ながら、4年目以降は年俸調停の権利を獲得します。MLBの年俸調停制度では、球団側と選手側が、

各々の希望年俸額をあらかじめ提示し、MLBと選手会が合意のうえで選定した中立的な第三者から成る公聴会によって採決が下されますので、メジャーリーガーらしい高額年俸を稼げることになります。

　一方で、年俸調停の権利を得るまでの3年間は、原則として、どんなに素晴らしい成績を挙げても、最低年俸（2019年は、55万5000ドル）もしくは、それに毛の生えた程度しかもらえません。プロスポーツの世界では、3年やって一人前という格言がありますが、それを契約上においても表現しているといえるでしょう。

　ちなみに、日本のフリー・エージェント制度は、NPBの他球団への移籍の権利の取得に、高卒で8年、大卒・社会人出身で7年を要します。海外も含めた制限なしのフリー・エージェント権の取得には9年を要します。

　額面上はMLBに比べて長く、選手会からすると、そこが交渉材料であり、実際2007年には、当時、一律9年だった取得までの期間が長過ぎるとして、選手会は臨時総会を開いてNPBを提訴することを決議しています。

　その後、両者の話し合いのもと、上記の期間に収まっていますが、現在も、MLBに比して長いことなどを材料に、権利取得までの期間のさらなる短縮を訴えています。

　契約にしろ雇用にしろ、お互いの自由意思のもとに行われるのが、先進諸国における基本的人権の1つで、実際、一般の社会においてはそうなっています。チーム・スポーツにおいても、欧州サッカーがそうなっていますから、選手会の法的根拠を基にした主張は合理的なものといえます。

　一方で、現実問題として、日本においてはMLBと違い、保留されている選手の年俸も、成績の査定を基に上昇する商慣習が、すでに確固たるものとして出来上がっています。その公平性についても、契約更改は毎年オフの風物詩として、マスメディアが逐一、報道しますから、選手が泣き寝入りするようなこともありません。

　MLBは、トップ選手の年俸は30億円を超え、平均でもNPBの5倍超という夢の世界ですが、1つの球団の支配下にある選手は300人以上、そして

毎年そのうち50人以上が淘汰される、過酷なサバイバル競争の世界でもあります。やっと、メジャーに這い上がっても、3年間レギュラーで活躍するか、バイプレイヤーならば6年間、メジャーに留まらなければ、高額年俸の可能性はありません。

　もちろんNPBも、日本で最も人気のある競技において選ばれしものの集まりであり、そこでの競争も平均選手寿命は7年ほどと過酷な世界ですが、MLBの組織のなかで這い上がっていくことに比べれば、ずっと緩和された世界といえます。

　1チーム70人、育成選手を合わせても、福岡ソフトバンクホークスの90人（2019年シーズン開始時点）が最多です。

　訓練施設に、味も栄養も十分に満足のいく食事、そして冷暖房にネット環境まで完備された寮に住み、手厚い指導を受けることができる。

　1年でもレギュラーとして活躍すれば、年俸は大きく上昇しますし、3年レギュラーを続ければ億に手が届き、日本代表クラスのスター選手になれば、数億単位の年俸を獲得できます。また、一度、年俸をあげると、1億円以下は25％まで、1億円以上は40％までという減額制限があります。これに、ポスティング制度の存在も踏まえますと、日本の選手はMLBの選手よりも、むしろ恵まれている側面もあるというのが、プロ野球業界で選手、経営者の両方を体験させてもらったわたしが実感したことです。

　図表5-16（次ページ参照）は、MLB選手の平均年俸を、人種別に並べたものです。アジア人のほとんどが日本人ですが、他の人種に比べて高いことが見て取れます。彼らがNPBを経ることなく、MLBの組織に直接飛び込んで、同様の活躍ができたかというと、その可能性は限りなく低いとわたしは思います。

　日本ハムファイターズが、MLB入団を表明し、NPB球団に指名しないよう要請をした大谷翔平を敢然と1位指名し、交渉の際に使った資料は一般公開されて、大変に反響を呼びましたが、実際、非常によくまとめられたものであり、図表5-17（次ページ参照）にその当該部分を抜粋して、転載いたします。

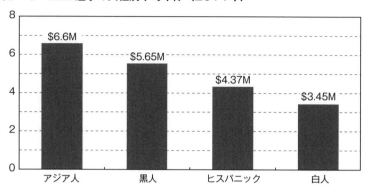

図表5-16　MLB選手の人種別平均年俸（2014年）

出典：besttickets

図表5-17　大谷選手との入団交渉時に提示した球団資料「夢への道しるべ」（一部抜粋）

NPB（選手を引き上げるしくみ）	MLB（選手を淘汰するしくみ）
・ハングリー精神 ・自主性 ・コーチ、トレーナー環境 ・練習施設 ・コミュニケーション	・食事 ・多国籍な慣習 ・交友関係 ・社会性の向上 ・ストレス解消　ほか

結論
①早期渡米と『長期活躍』は今のところ結びつきが確認できず、むしろ、NPB実績をあげるなかで『野球技術の確立』『人としての自立』を身につけることが、『MLB即戦力』『長期活躍』の可能性を高めている ②若年期海外進出の効果は、競技ごとに違う。 　日本野球においては、指導力を含む育成環境が世界トップレベルにあり、早くから海外進出する必要性に乏しい ③世界で戦うためには、身体能力を競うやりかたではなく、ストロングポイントとして日本人らしい技術や戦術を会得し、それを発揮することが賢明である

　また、MLB と NPB の選手年俸の格差、およびその原資の格差を踏まえますと、選手会が主張している海外 FA 権も含めた期間の短縮は、手厚い指導で育成した選手が、短い活躍期間で MLB に流出することになり、それは、スターの流出による魅力の低下と訓練費用の回収をより困難なものにすることで、NPB の存続を脅かすことにもつながりかねないと考えます。

column
ポスティングは現代の不平等条約だ
· ·

　大谷翔平選手が、どの球団と契約をするのか、来季（2018年）、どのような活躍をするのか、楽しみにしている方は多いでしょう。わたしも、1人の野球ファンとして、その気持ちは確かにあります。

　その一方で、日本のスター選手が、FA権を取得する前に移籍を可能にしている制度〜ポスティング〜については、日本の野球の将来を考えるにつけ、このままでいいのだろうかという懸念もあります。

　行くなとも、憧れるなとも、売るなとも言いません。わたしたちが生きている資本主義社会は、それぞれが経済合理性を追求して切磋琢磨することこそが繁栄の源ですからね。ただし、その基盤となるルールはフェア（機会の平等）でなければいけません。これも、資本主義社会の根幹です。

　ところが、ポスティングは、実にアンフェアな制度です。

　まず、NPB → MLB はあっても、その逆がない。現実にはそんなことまずないと言う向きもあるかもしれませんが、では、日本人がアメリカの車を買うことはほとんどないから、貿易協定を結ぶ必要なし、と言ったら、アメリカは絶対に認めないし、日本からしても、それではアンフェアだからルールは定めておきましょうよ、となるでしょう。

　スポーツ界においても、サッカーは、Jリーグのチームが、世界最高峰のプレミアリーグのクラブの契約下にあるスーパースターを獲得することは制度上、可能なのです。

　このように実にアンフェアな制度であるにもかかわらず、ますます日本に不利になっているのも気になります。

　松坂、ダルビッシュを獲得する対価（譲渡金）が5000万ドルを超えたことから、2013年には、上限が2000万ドルに引き下げられました。そして今回、MLBが新たに設けた、25歳未満のドラフト対象外の外国人選手に関する規定によって、大谷の契約金は多くても4億円弱で、獲得球団は

最大６年間、拘束できます。しかも調停の権利を得るまで（MLBで３年間プレー）は最低年俸です。

　こんなポスティングについて、ESPNやスポーツイラストレイテッドなど、アメリカの大手スポーツメディアは、日本にとってあまりに不利で、MLBはアメリカ・ファーストで節操がないという趣旨の憐憫記事を書いていました。確かにMLBには、業界のリーダーとして、もう少し、共存共栄の発想をもってもらいたいものですが、本件は、幕末に結ばれた不平等条約（日米通商航海条約）のように、武力を背景に無理強いされたものではありません。日本は、破棄を含めた条件交渉について、アメリカと対等の権利を有しています。

　NPB各球団が、否定派、容認派、積極派で意見が割れており、日本プロ野球としての意思を明確にするのは簡単なことではありませんが、導入されて20年、そろそろ「開国」に伴う混乱期から、「坂の上の雲」を目指して一丸となる時期ではないかと思う次第です。

（夕刊フジ連載「小林至教授のスポーツ経営学講義」2017年12月7日紙上掲載に加筆修正）

税金ビジネス

　彼我の収支構造において、売上面ではテレビ市場の違いを分析しました。一方、支出面では、MLBが売上の60％まで選手年俸に充当できて、NPBは25％がぎりぎり。加えて、MLBは、税金による自治体の支援があることが大きいとお話ししました。

　では、その税金支援、具体的にはどのようなものでしょうか。

　図表5-18は、1990年から2017年までの28年間のスパンに、プロスポーツ球団の本拠地球場の建設コストと、そこに投じられた税金です。

　MLBは、27球団が新球場を建設して、その建設費用は総計129億5900万ドル、そのうち60％が自治体の負担でした。NFLは56％、MLSが51％、NBAが44％、NHLは31％。まとめると、同期間に、5団体計で、138の新スタジアムが建設され、その費用は552億5200万ドル、うち49％が公金でした。

　MLBにおいて新球場が27ということは、つまり歴史的建造物であるリグレー・フィールド（シカゴ・カブスの本拠地スタジアム）とフェンウェイ・パーク（ボストン・レッドソックスの本拠地スタジアム）、そして新規建築はしていないものの、観客席は原型が分からないほどの大規模改修が行われたエンジェルズ・スタジアムの3球場を除く、すべての球場が新造されたということになります。

　そのうち建設費を民間資本のみで賄ったのは、サンフランシスコ・ジャイアンツの本拠地、ＡＴ＆Ｔパークただ1つ。ジャイアンツの新球場建設への税金投入は、住民投票で3度却下され、同球団は自腹で建設をしたという次第です。同市は、白人の比率が50％を割っているなど、アメリカの大都市のなかでも、とりわけ民族構成が多様で価値観も多様。共和党の支持率が20％を割り込んでいるリベラル＝民主党の牙城という文化ゆえ、民間のビジ

ネス、それも大富豪が主宰する娯楽産業に税金を投入することに対しては、一貫して反対だったという次第です。

　税金に頼ることができるのは、建設費用だけではありません。営業権も含め、独占的に利用する権利を付与され、さらにその運営にかかる費用も免除されるという、日本ではちょっと想像しにくい優遇を享受しています。

　1つその典型的な例として、ミルウォーキー・ブリュワーズの本拠地＝ミラー・パークのケースを以下に記してみましょう。

- 2001年開場
- 土地は自治体による無償提供
- 建設費は4億ドル、そのうち77.5％（3億1000万ドル）が自治体負担、22.5％（9000万ドル）がブリュワーズ負担
- 資金調達は地方債の発行。償還のために、財源は消費税を2014年まで0.1％あげることで対応（達成率が低く期間延長）
- 所有者と運営：第3セクター ｜周辺5自治体が64％、ブリュワーズが36％出資｜
- 球場の維持運営費として、ブリュワーズは年間90万ドルを負担する。

図表5-18　新球場建設の数、費用、税金投入額（総額）とその割合

単位：100万ドル

球団名	新球場建設の数	費用	税金投入額（公費総額）	公費の割合
MLB	27	12,959	7,804	60％
NFL	31	17,717	9,899	56％
MLS	17	2,236	1,142	51％
NBA	31	11,113	4,925	44％
NHL	32	11,227	3,488	31％
合計	138	55,252	27,258	49％

出　典：Baade and Matheson, 2013. "Financing Professional Sports Facilities," in Financing Economic Development in the 21st Centuryを基に筆者がアップデート

その不足分については、上記周辺5自治体が、年間216万ドルを上限として負担。

- ブリュワーズが支払う賃貸料は年間1ドル。
- ブリュワーズに与えられる権利は、365日の占有営業権。つまり球場および駐車場から発生するすべての収入はブリュワーズに属する
- ネーミング・ライツはミラー・ブリューイング社が購入。価格は4100万ドルで契約期間は20年間（年間205万ドル）。収入はすべてブリュワーズに帰属

日本の行政が聞いたら腰を抜かしそうな話ですが、実話であり、かつ、ブリュワーズは決して極端な例ではなく、典型的な例です。

日本ではこうはいかない

NPB球団でも、日本ハムファイターズ、東北楽天ゴールデンイーグルス、千葉ロッテマリーンズ、広島東洋カープが、MLBと同様、自治体もしくは第3セクターなどが所有する「公設」球場をフランチャイズとしています。

日本とアメリカで大きく違うのは、自治体もしくは第3セクターが運営している球場との関係です。日本では、大リーグ他アメリカプロスポーツの競技施設とは対照的に、球場の運営権を球団が保有していないケースがあります。

その典型的な例が、DeNAが参入する際に、球団と球場との契約が大きく報道もされた横浜スタジアムです。

DeNAが参入する前の、球団と球場との契約関係は、おおむね以下のようなものでした。

- 総工費52億円かけて建設されたスタジアム

- 1978 年の開場時から、横浜 DeNA ベイスターズ（当時大洋ホエールズ）の本拠地球場
- 施設は横浜市が所有し、市などの出資による第3セクター・株式会社横浜スタジアムが運営管理を行う
- 球団は、横浜スタジアムの営業権をもたない。つまり、広告看板や、売店のテナントなどの権利は株式会社横浜スタジアムに帰属
- 球団は、3億円程度の営業協力費（選手強化費用の名目）を得る
- 球団は、試合や練習など、一定の範囲で優先的に使用はできるが、興行を行う際は、チケット収入の 25.5% を横浜スタジアムに納める
- 横浜スタジアムは、その有価証券報告書によれば、大洋ホエールズが川崎から移転した 1978 度から一貫して黒字経営を続けている
- その歴史における最高売上は、ベイスターズが日本一となった 1998 年に 50 億 8200 万円を売り上げ、営業利益 12 億 9800 万円を記録した

　一方、横浜ベイスターズの経営は楽ではなく、頼りだった巨人戦の放送権収入および観客動員の減少が著しく、赤字決算が続き、コンテンツとしての価値も薄れていくなか、親会社の TBS ホールディングは、2010 年、LIXIL への売却を試みました。この当時のベイスターズの売上は 85 億円で、内訳はチケット収入 30 億円、放送権が 35 億円、スポンサー収入が 15 億円、グッズが 5 億円、赤字額は 25 億円であることが報じられました。

　当初、売買は成立すると思われていましたが、デューデリジェンスの過程で、横浜スタジアムとの契約が、プロ野球球団の運営にとって大きな障害となることや、その見直しが難しいことなどが判明し、結局、破談に終わりました。その後、2012 年に DeNA が買収して、現在に至っています。

　DeNA の参入にあたっては、横浜スタジアムが、球団に対する球場使用料を半額近くに引き下げたことや、営業権の一部を球団に帰属させることなどが報道されました。その背景には、LIXIL が買収を断念した際、横浜スタジアムとの契約が、球団にとって不利であることが大きく報道され、「強欲だ」など批判の声が大きかったこともあるでしょう。

　これは横浜に限った話ではなく、プロチームが、公共およびそれに準ずる

球場で興行をやろうとなると、使用料として1試合につき数百万円から1000万円を超える金額が課されるのが通常です。また独自のスタジアムビジネスを展開する余地もない。これが北米との大きな違いです。

　ならば官に頼ってもダメだから民でやるというのは、ごくまっとうな発想ですが、すでに述べてきたように、スタジアム建設やその維持には多大なコストがかかり、その回収は楽ではありません。

　ホークスを例に説明を試みましょう。福岡ドーム（現在のペイペイドーム）が開場したのは1993年。親会社のダイエーが760億円をかけて建設しました。これだけの投資を、回収せずとも収支とんとんでやっていくには、その減価償却費＝25億円、利子＝29億円、固定資産税＝7億円の61億を、毎年、営業利益として出す必要がありました。

　プロ野球は、平均的な球団の売上は先に記したように175億円で、トップクラスでも300億円を超える程度です。欧米のように、テレビ放送権がどかんと入ってくるわけではなく、チケットやグッズを地道に売るビジネスです。利益が出れば、ファンへの還元（入場券の値下げなど）や、選手年俸への還元を強く求められる、情緒色が強いビジネスでもあります。60億円を超える利益をあげるのは不可能なのです。

　その後、福岡ドームは2004年、親会社のダイエーが経営破綻する過程で、隣接のホテルとショッピングモールと共に3点セットで、米系ファンド会社コロニー・キャピタルの手に落ちました。2007年からは、シンガポールの政府系投資ファンド（GIC）に転売され、2012年、ソフトバンクがドームを870億円で買収しています。

　その間、つまり、ソフトバンクがダイエーから球団を譲り受けた2005年からドームの所有権を手にするまでの間、ホークス球団は、ドームの占有営業権の対価として毎年、50億円を超す家賃を払っていました。球場使用料としては世界最高です。これに、運営にかかるすべての経費、修繕補修を含めた維持費、固定資産税も重くのしかかっていました。当時、経営陣の1人だったわたしは、財務諸表が示すこれらの費用が球団運営にのしかかる負担

の重さに、「目指せ！世界一」は家賃からか、と嘆息して一同、苦笑したことを憶えています。

アメリカの自治体が税金を投入する背景

　それにしても、米国も日本同様、自治体の財政状況は楽ではありません。では、なぜMLB球団がこんな好条件に浴することができるのかというと、1つに、そうしなければ球団は他の都市に移転してしまうかもしれないという事情があります。

　実際、こうした例は枚挙に暇がなく、シカゴ・ホワイトソックスは、「税金で専用球場を建ててもらえないのであれば、フロリダ州タンパに移転する」と公言し、イリノイ州とシカゴ市に揺さぶりをかけ続け、球場建設の全費用および、毎年の運営費用として、最大1000万ドルまで税金で負担させることに成功しました。

　また米国は地方自治の国であり、地方自治体の徴税権に関するフレキシビリティーは日本より格段に高いこともあります。消費税1つとっても、その権利は自治体に属し、たとえばニューヨークのように8.25％のところもあれば、オレゴン州のように0のところもあります。

　また、スポーツ団体が政治を動かす力が大きいこともあるでしょう。球場に税金を投入するかどうかは議会、時には住民投票の判断に委ねられることになりますが、MLBはじめ北米プロスポーツ団体は、中央、地方ともに、専門のロビイストを雇い、代議士には献金、学者などの識者には研究活動費の支援など、日頃から対策に余念がありません。シアトル・マリナーズが新球場（現在のセーフコ・フィールド）を建設するにあたり、税金を投入するかどうかでもめた際、一度は住民投票で却下されながらも、議会でマイナーチェンジのうえ、案を復活させて通過させたのはこの好例でしょう。

　いずれも、日本では現実的ではありません。自治体もしくはその外郭団体

が年間予約席を買おうものなら、たとえそれが職員の福利厚生費の予算内で、どうせ使うならば地域貢献も兼ねて地元球団の支援に使おうということであっても、血税を何と心得る、とオンブズマンの激しい糾弾に晒されるお国柄です。

　加えて、日本は国土も狭く、中央集権の国です。米国のように、広大な国土に散らばる各自治体が、その魅力を他都市と激しく競い合うという構図は考えにくい。また、移転をちらつかせるようなえげつない交渉は国民性にも合わないでしょう。

　ただし、日本流に穏当なカタチではあるが、変化の兆しはあります。Jリーグは発足時からその理念として、公共性とスポーツ文化を前面に押し出した結果、幾つかのクラブが、公共スタジアムの使用料減免や、税金による資本注入など公金による援助を受けるに至っています。そのJリーグに端を発し、地域のアイデンティティとしてのプロスポーツの重要性あるいは公共性が認められつつもあります。

　たとえば、東北楽天ゴールデンイーグルスが、県営宮城球場をフランチャイズに定めるにあたって、都市公園法5条の管理許可に基づいて、年間5000万円の球場使用料と引き換えに占有営業権を得るというアメリカ型の契約を成就しました。もっとも、修繕・補修を含めた球場運営費を負担するなど、MLB所属球団に比べればまだまだですが、NPB球団としては出色の契約で、最初にしっかり交渉すれば、日本の自治体を説き伏せることも可能であることを示した例といえるでしょう。

　千葉においても、横浜スタジアムに類似した契約に苦しんできた千葉ロッテマリーンズは、2006年から千葉マリンスタジアムの指定管理者となり、球場ビジネスを展開できるようになりました。

　指定管理者制度とは、公共施設の運営を協定によって民間事業者に委ねる手法です。管理・運営を自治体から任されることにより、スタジアム運営についてもチーム独自の工夫を凝らすことができるようになるのです。具体的には、スタジアム内の売店、看板広告の自主運営、設備（観客席・アミュー

ズメント施設等）をある程度自由に変更できます。とりわけ広島東洋カープは、市営の新球場（マツダスタジアム）の設計段階から、指定管理者としてスタジアムの管理・運営を任されることを前提に全面的にコミットしました。エンターテインメント性溢れるマツダスタジアムは、2009年に開場するや否や、観客の心をわしづかみにし、売上はその前年の71億円から117億円に大きく増えました。2017年には全席が売り切れとなる盛況ぶりで、売上高188億681万円、当期利益12億9705万円と過去最高を記録するまでになりました。2018年、2019年も全席ソールドアウトが続いています。

　巷では、NPBも、MLBやJリーグのように、企業名を廃して地域名を冠してはどうか、との声が今もって高い。我が国では特に、「企業」に対して「地域」という言葉が、利害なく美しい人と人とのふれあいを想起させるだけに、その気分はなお強くなります。しかし、その際の問題は、誰が責任をもって支えるのかということになります。米国はそれが自治体であり、プロスポーツを何十億、何百億というレベルで支援する。日本では、政府や自治体がそのような大きなレベルで支えることについては、とりわけ厳しい視線が注がれることになります。

　2015年に勃発した新国立競技場の建設費問題も、スポーツに税金を使うことに対して、厳しい視線が注がれる例だったともいえるでしょう。
　夕刊フジ紙上で連載しているコラム「小林至教授のスポーツ経営学講義」2015年7月9日付で、以下のような論を展開しておりますので、ここに再掲いたします。（原文そのまま）

　2020年東京五輪のメーン会場となる新国立競技場の建築計画が、世の中の批判にさらされています。わたしは、2520億円に膨らむといわれる建設費は、合理的な説明がなされるなら構わないと思います。
　スポーツの効用は、文明が発展するほど高くなるといわれています。しかし日本は、するスポーツでも、見るスポーツでも、先進諸国の中で突出

して貧弱な環境です。たとえば、スポーツ産業のトップランナーの米国では、大小合わせて500近いプロスポーツチームがひしめき合い、ゴルフ、カーレース、大学スポーツなどが加わり、スポーツ観戦市場が年間8兆円前後にもなります。一方で欧州、中東、アフリカを合わせた市場規模も約6兆円に上ります。

　ところが、日本の場合はどうやっても3000億円に満たない。ですから、世界3大都市の1つである東京に2520億円かけたスタジアムを建造すること自体は"あり"だと思うのです。

　ただし、ここまでのやり方は非常につたない。そもそも基本構想のデザイン・コンクールでイギリスの建設設計会社の作品が最優秀賞に選ばれた理由は「世界に日本の先進性を発信し、優れた技術をアピールできるデザイン」だったから。つまり国威発揚です。

　オリンピックを国威発揚の場とすることは、1936年のベルリンにおいて、ヒトラーがドイツの優秀性を世界に誇示することに成功して以来の伝統的な動機。64年の東京もそう、近年では2008年の北京もそうでした。しかし、すでに成熟した先進国にとって、この概念は膨張の一途をたどる開催費用に見合うものではありません。

　民間であれば、このような大規模商業施設を建造する場合、予測される売り上げから償却費や運営維持費などを引いた『予想利益』を綿密にシミュレーションした上で、ＤＣＦ（収益資産評価法の1つ）によって建設費を割り出します。福岡ソフトバンク・ホークスもそうやって、この10年間に本拠地・ヤフオクドームの改修を大小さまざまに行ってきました。

　新国立競技場の場合、建設費は税金で賄えるようですから、後は開催後の運営維持の資金をどう捻出するか。本来、基本計画はここからスタートすべきなのです。

　当局は運営維持費を年間約40億円と試算しているようですが、これはプロスポーツのフランチャイズなしでは不可能な額。はっきり言ってプロ野球の球団か、サッカー日本代表戦込みでＪリーグの複数クラブを誘致するしかないと思います。96年アトランタ五輪のメーンスタジアムが開催

　後に野球専用に改装され、米大リーグのアトランタ・ブレーブスの本拠地として使用されている例は参考になるでしょう。

Build it and they will come.

　『フィールド・オブ・ドリームス』という映画があります。ケヴィン・コスナー扮するアイオワ州の農夫が、ある日「それを作れば、彼らは必ず来る＝"Build it and they will come."」という天の声を聞く。最初は「それ」や「彼ら」が何のことか分かりませんでしたが、「それ」とは野球場で、「彼ら」とは野球に人生を捧げた往年の名選手たちの霊だと悟り、自分のトウモロコシ畑をつぶして立派な野球場をこしらえると、本当に往年の名選手（の霊）がやってきて野球をするという物語です。

　まったくのファンタジーの物語ですが、アメリカでは、この映画が公開された1989年前後から、公費でプロスポーツ球団の大規模スポーツ施設を作ることが習慣となりました。

　地方自治体は、プロスポーツ球団の大規模スポーツ施設を建設すれば、荒廃の一途を辿り、特に夜は、犯罪蠢くゴーストタウンとなっていたダウンタウン（市の中心部）が活性化されると期待したのです。

　具体的には以下の4つ。

- 地元住民が、仕事が終わると一目散に郊外の自宅に帰ることはなくなる。
- そうなれば、レストラン他の商業施設が戻ってくる。
- 観光客が来てお金を落としていく。
- 便利なダウンタウンでの生活が見直され、ドーナツ化現象に一定の歯止めがかかる。

　日本においても、中心部の夜間人口の減少は少なからず起きている現象ですが、アメリカにおけるこの現象は、日本とは比較になりません。アメリカにおけるダウンタウンは、特に夜間においては犯罪の町であり、一般の人間

が近寄れるような場所ではないのです。

　この現象は70年代あたりから顕著になり、水族館、イベント、ショッピングモールに続いて、公的資金による大規模スポーツ施設の建設が、今も続く潮流となっています。

　それは、スポーツ施設を核とした都市再開発が、ボルティモア市、クリーブランド市において、町に劇的な変化をもたらしたことが契機となっています。

税金で球場を作る契機になった都市その1 ～ボルティモア市

　ボルティモアは、アメリカ合衆国メリーランド州北部の都市。チェサピーク湾奥のパタプスコ川河口に位置します。世界最大級の天然港をもつ港湾都市であること、また、鉄道・道路網、航空路の拠点でもあることから、古くから商工業が発達しました。

　特に盛んだったのが、製鋼業と石油精製業でしたが、1950年代以降の重厚長大産業の衰退と、自動車の発達による郊外化で、中心部は空洞化とともに建設物の老朽化と犯罪の増加が進み、アメリカの多くの都市にみられる都市問題に悩まされていました。それを象徴するように、同市の人口は1950年の95万人を境に低落の一途を辿り、2017年には62万人となっています。

　こうした事情を背景に、その後、多くの大リーグ球場のモデルとなる、オリオール・パーク・アット・カムデン・ヤーズは1988年に着工、1992年に誕生しました。当初、慢性的財政難に悩むボルティモア市そしてメリーランド州が、営利企業であるプロスポーツ球団のために、100％税金で2億ドルの建設費を負担することの是非を問う声もありましたが、上に記したように、都市問題が深刻であったこと、また、1984年に同市のNFL球団コルツがインディアナポリス市に移転しており、MLB球団のオリオールズを同市に残すことは、市にとって重要なことであるとの声が強かったのです。

　実際、オリオールズ球団は、1980年代を通じて、新球場を作ってくれなければ移転すると圧力をかけ続けており、特に、コルツが移転した1984年以降は、フロリダ州タンパ市ほかさまざまな具体名を挙げながら、市と州に揺さぶりをかけていました。

　開場した新球場はアメリカ建築協会の賞をもらうなど、都市の景観と見事にマッチし、ダウンタウンの再開発のシンボルにふさわしいものとなりました。ライト後方のレンガ造りの旧倉庫を球団事務所や店舗として利用し、球場もレンガ色を基調とした、温かみのある、古き良き時代を想起させます。

　ただし、復興のシンボルではあるものの、同市のダウンタウンの再開発は、オリオールズの新球場が完成する11年前、1981年にすでに完成しており、カムデン・ヤーズあっての再開発というわけではありません。

　実際、1981年に完成したインナーハーバーは、その後の日本のウォーターフロント開発のモデルにもなったほどの見事な出来栄えで、完成した年には、フロリダ州のディズニーワールド以上の観光客が同市を訪れています。

　もう1つ挙げるなら、カムデン・ヤーズが、チームの成績は低迷しても球場は満員であるほど実に魅力的な球場であることには違いないものの、それによって市がどれほど恩恵を被ったかについては、今に至るまで、懐疑的な声が多いのも事実です。ですが、このカムデン・ヤーズの成功がこれ以降、爆発的に増える、公金による新球場の理論的支柱になったことから、MLBの経営革命の発端であることは間違いありません。

税金で球場を作る契機になった都市その2 ～クリーブランド市

「大規模スポーツ施設が都市の再開発の目玉になる」という神話を作り上げた立役者のもう1つが、クリーブランド市です。

　クリーブランド市はオハイオ州北部に位置し、五大湖の1つエリー湖に面しています。

港湾都市として、鉄鋼、石油精製、工作機械、自動車などの重工業を中心として発達してきた同市ですが、産業構造の変化によりボルティモアと同様、1950年代以降は、多くの企業が転出するなど衰退を続け、失業率は4.6％から10％へと上昇しました。

　企業が移転するにつれ人口も減少を続け、1950年に91万5000人の人口を擁し、アメリカ有数の大都市であったクリーブランドの人口は、1990年には50万6000人まで落ち込み、2017年にはついに40万人を割り込み、衰退が続いています。

　人口流出の結果、失業者、貧困家庭の割合が高くなり、また、うち捨てられた廃墟のようなビルや住宅が数多く残るなど都市環境が大きく悪化し、一時は廃墟の街とまでいわれるに至りました。映画『メジャーリーグ』（1989年）は、そんなどん底のクリーブランドを舞台にしたものです。斜陽著しい町の、これまた落ちぶれた大リーグ球団のクリーブランド・インディアンズが、寄せ集めの軍団で優勝を目指すという物語でしたね。

　新球場建設が、ダウンタウン再生の最後の仕上げだったボルティモアに対して、クリーブランドでは、新球場の建設がダウンタウン再開発計画の核でした。その概要は、廃墟と化していた倉庫群や中央市場の跡地に、野球場とアリーナを中心とする複合施設「ゲイトウェイ」を、総工費4億3500万ドルかけて建設するというものであり、着工は1990年。

　4年後には、野球場（現プログレッシブ・フィールド。インディアンズの本拠地球場）、体育館（現クイッケン・ローンズ・アリーナ。NBAキャバリアーズの本拠地ほか、アイスホッケー、コンサートホールの多目的施設）が完成。その後も、エリー湖畔にロックの殿堂やファーストエナジー・スタジアム（NFLブラウンズの本拠地）を建設するなど、大規模な再開発プロジェクトにより、町の風景は一変しました。

　プログレッシブ・フィールドは、90年代後半を通じて、インディアンズ主催試合のチケットがシーズン開始前に完売となるなど、確かにダウンタウ

ンの活性化に貢献し、球団も、映画『メジャーリーグ』に描写されていた通りのどうしようもない球団から、常勝球団へと変身しました。

　とはいえ、再開発指定区域＝球場の周辺こそ、レストランやバー、土産物屋などで賑わっていますが、ほんの数百メートル離れると廃墟と化したビルが建ち並び、薄暮になると恐怖で身震いする、そんな風景が今もって町を覆っています。2010年にはForbesが、全米で最も惨めな都市に挙げました。

　実際、同市は今も、逼迫（ひっぱく）する財政状況下、警察官や消防員を大量に解雇したり、ゴミ回収を含む公共サービスの回数を減らすなど、悪循環に陥っています。

スポーツ球団と地域経済との関わり方諸例

ペンシルバニア州レディング市

　スポーツ球団が地域にあるのはいいものだ。そんな思いが、税金による支援に結びついていることを、アメリカの自治体を訪れるたびに感じます。ペンシルバニア州レディング市もそんな町でした。

　同市は、人口9万人弱の小さな町です。かつては、フィラデルフィアと結ぶ鉄道（レディング鉄道）の要衝として栄え、日本でもお馴染みのゲーム、モノポリーのなかにも登場する町でした。しかし、輸送手段の変化、石炭産業の衰退により、現在、かつてのような輝きはありません。実際、貧困線以下の暮らしをしている割合が人口の33％。これは、全米平均15％の倍以上の数字です。町の活性化への取り組みも遅れが目立ち、幹線道路を整備したり、アウトレットを誘致した程度で、有効策を打ち出せていません。

　このレディングの町にあるのが、大リーグ球団フィラデルフィア・フィリーズ傘下のレディング・フィリーズというＡＡの球団です。

　同市は、多くのアメリカ北東部の都市と同様、古くから野球が盛んで、

1883年にはすでに球団があったといいます。フィリーズ球団も1967年以来ずっとそこにあり、年間観客動員数は、AAに属する全30球団中、常に上位にいます。

わたしが、2004年、試合観戦を含めて球場を視察したときも、ほぼ満員の観客で埋まっていました。

1951年に建造されたファースト・エナジー・スタジアムは、外見は古びており、時代に取り残された感すらあります。しかし、ひとたびなかに入ると、その楽しそうな雰囲気は、アメリカの球場のエッセンスが凝縮されています。アメリカの球場は、メジャー、マイナーに限らず、野球をみる場所というよりは、子供にとっては遊技場、大人にとっては社交の場です。

野球のレベルが下がるマイナーリーグにおいては、特にその傾向は強くなる。つまり、どれだけ社交場として快適な空間を提供できるかどうか、ここに勝負がかかるのです。

球場は社交場、遊戯場である

レディング・フィリーズの場合でいえば、レフトスタンドは写真5-1の通り丸々、居酒屋になっています。3塁側内野席の一部も居酒屋になっているほか、ライトのプールサイドには、予約制のパーティー場と、社交の場としての機能が充実しています（写真5-2）。

遊戯施設も子供だましではあるが充実しており、バッティングセンター、ピッチングセンター、パットゴルフ、ミニバスケット、ゲームセンターなど出店も多く、日本でいえば縁日のような雰囲気が演出されているのです。

ここで、わたしが過去に訪れた球場で、いくつか面白い取り組みがなされていたので紹介しておきましょう。

まずは、ラスベガス・フィフティワンズ（51s）というAAAの球団。2000年に愛称をスターズから変えたのですが、なぜ51かというと、エリア

51 にこじつけたという次第。エリア 51 とは、ネバダ砂漠のまんなかに位置し、アメリカ政府が宇宙人の研究を行っているという噂がある場所で、ロゴを宇宙人の顔にしたのです。

　なんともバカバカしい戦略にも思えますが、これが当たり、帽子やシャツ、ジャンパーなどグッズの小売（＝マーチャンダイズ）売上は、ロゴを変えた年は 130％伸びました。

　さらに同球団は、2002 年 7 月、ハワイアン・ナイトと称して、何をやるかと思ったら、選手にアロハ模様のユニフォームを着用させて試合をしました。同球団は、2019 年、親球団が

写真5-1　レフトスタンドは写真の通り丸々、居酒屋になっている（筆者撮影）

写真5-2　ライトスタンドにはプール（筆者撮影）

ニューヨーク・メッツからオークランド・アスレティックスに変更になり、新球場に移転したことともあいまって、エイビエーターズに愛称を変更しています。

　MLB 球団においても、そこはただ野球をみる場所ではありません。居酒屋、ピクニック場、バッティングセンター、ピッチングセンター、ミニバスケット、パターゴルフ、ゲームセンターなどは定番中の定番であり、これらがない球場のほうが珍しい。

また、人気スポーツの試合会場は、多くの人間が一堂に集う場所であり、そこにはビジネスチャンスが転がっています。野球のマイナーリーグレベルでも1000人単位、メジャースポーツともなれば数万人の人が訪れるのです。空いているスペースを貸して、さまざまなビジネスが展開されるのは、自然の帰結ともいえます。

　定番なのが、クレジットカードの勧誘や住宅ローンの相談。変わったところでは、結婚式場の相談などというものもありました。

　場外での選挙運動も定番ですが、一度、驚いたのは、メリーランド州ボウイ市のAA球団ボウイ・ベイソックスの試合のとき、場内で選挙運度が展開されていました。聞けば、場所代を払えば別にかまわないとのことでした。これも彩りの1つで、実際、訪問してから10年以上経っても、わたしの脳裏に深く刻まれています。

　こうした取り組みの結果、マイナーリーグは、廉価なファミリー・エンターテインメントとしてのポジションを確立し、MLB傘下にない独立リーグを合わせると、チーム数は217、観客動員数は4400万人を超えています（2017年）。

　マイナーリーグは、厳しい時代を過ごしたうえでの復活です。戦後、人気を博し、最盛期の1949年には、観客動員数3900万人を超えていたのですが、娯楽の多様化、MLB球団数の増加、交通手段の発達に伴って、急速に人気を失い、1960年代には、年間総観客動員数は1000万人を割り込みました。そこから、地域の人々に安価な娯楽を提供することに徹したことで、復活を成し遂げたという次第です。

　マイナー球団と地域経済の関わりについて、わたしは2004年、上記のレディング市の市長トム・マクモーン氏に取材をしています。当時の球団名は、現在とは違うファイティン・フィルでしたが、昔も今もフィリーズ傘下のAA球団です。

レディング市長トム・マクモーン氏への インタビュー

——「昨日、球場に行きました」

TM「どうでしたか。もう古い球場ですがね」

——「客がたくさん集まっていたので驚きました。ここはフィラデルフィアまで、1時間半もあればいけるでしょう？　大リーグの試合に容易にアクセスできる町で、住民がマイナーリーグ球団にそれほどの興味をもつとは、ちょっと想定外でした」

TM「あそこはねえ。社交場なんですよ。いろいろあるでしょう。プールにバーに。特段、野球にもフィリーズにも興味がない人でも、年に1～2回は行くものですよ」

——「球団と市との契約はどのようになっているのですか」

TM「市が球団にリースしています。リース料は、今年（2004年）から2017年まで2万2000ドル。2018年以降は少し上がって、契約満了は2020年です」

——「売店や広告看板の権利は」

TM「球団は、リース料と引き換えに、球場におけるすべての権利をもっています。普通のオフィスビルのテナントと同じですね」

——「飲食店などにおいては、売上に応じて、賃貸料に上乗せする契約形態もなかにはありますよね」

TM「レディング市とフィリーズの契約はそうしたものと違います。チケット、飲食、広告看板、ネーミング・ライツ、駐車場などなど、すべての権利は球団に属しています。実際、市が球場を別のイベントで使うときは、こちらがお金を払わないといけないことになっています。たいした額ではないですがね。ただ、入場料に関しては、その5％を入場税として納めてもらっています」

　実は、この入場税を取るケースは、アメリカのプロスポーツに対して広く

行われています。たとえば、シカゴ・ホワイトソックスの主催試合の入場券には市税7％と郡税3％の計10％が上乗せされていることが明記されています。

　日本においてこれを可能にするには、現在、さかんに議論されている自治体の課税自主権の問題になるでしょう。そこまで待たなくとも、「ゴルフ場利用税」という同類の前例があるため、可能だという議論はありますが、杓子定規に割合が全国的に決まることの弊害をどうするか。たとえば、各自治体が当該のスポーツ球団に対して行う支援額などがそれぞれ違うなかで、同じ率を課すのは現実的なのかどうかなどの問題が発生することが指摘されています。

　市長へのインタビューに戻りますと……。

──「それは金額にしてどのくらいになりますか」
TM「先月の支払いの報告書がちょうど今朝、わたしの手元に届いて、4425ドル89セントだったね」
──「すると年間でどの程度ですか」
TM「7月は客が多い時期だから単純に5倍するわけにはいかないだろうが、どのくらいかな。ちょっと今すぐ計算できないけれど、ここに、フィリーズから市に支払われた額の総額がある。昨年の10月21日から今年の8月20日までにフィリーズが市に納めた金額の数字を計算させたんだよ」
──「わたしのためにどうも」
TM「どういたしまして。それで、支払われた額は、ざっといって11万ドルだね。これに7月分と8月分が入るから、おそらく今年は15万ドル前後になると思う」
──「これは、球場のリース料に、入場税、所得税、法人税の総計ですか」
TM「そうです」
──「市は球団がいることで儲かってますか。それとも赤字になっていますか。球団発行の資料ですと、1987年以降の改修工事の費用は、フィリーズが452万ドル支出したのに対して、レディング市は54万5000ドル、ペンシ

ルバニア州が95万ドルの支出となっています。市の負担は意外と少ないように思いました」

TM「それは、バーを作ったり、プールを作ったりなど、客を集めるための経営努力に対する支出のことですね。それが、水漏れや、ひび割れなどになりますと、市の負担となりますので、たとえば、昨年は、老朽化したワイヤーの交換やら何やらで、4万5000ドルを出費しています。古い球場ですからいろいろかかるんですよ。とてもリース料で賄えるようなものではありませんね」

──「しかし、フィリーズからの税収を考えると、市民に対して正当化はできるというレベルですか」

TM「そうですね」

──「修理や改修の際、どのように線引きをするのですか」

TM「これが毎度、かなり侃々諤々の論議になりまして、一応基準はあるのですが、グレイ・エリアが多くてね。実は、今手元に、2週間前に球団から送りつけられた修繕の要望がありまして、これなんですが、今日の午後、どちらがどう負担するかで、厳しい意見交換になると思います。土産物屋の屋根が雨漏りするというのは仕方ないにしても、プールの日除けは市がやることじゃないと思うんですがね。ははは」

　市長によると、市の予算は5200万ドル。アメリカの他の都市と同様、財政は決して楽ではないという。しかし、最終的に市が負担するケースが多いそうだ。

「大規模な改修工事をしているといっても、1951年の球場となると、そのうち、新球場を作ってくれという話も出てくるんじゃないですか？」

　そう突っ込んだら、市長は、ちょっと困ったような顔でこう答える。

TM「実は、この1～2年のうちに、そんな話が切り出されると思っているんだよ」

──「どうするんですか？」

TM「市の財政も難しいところにあるからね」

――「では、他の多くの球団がそうであるように、球場を作ってくれないと出て行くと言われたらどうしますか」

TM「そこなんだよ。あなただからお話しするけど（外国人訪問者であるわたしから情報が漏れることはないという意味）、最終的には作ることになると思う」

――「なぜですか？　マイナーリーグとはいえ、球団のオーナーは、税金をあてにする必要はないくらいの金は持っている人たちですよね」

TM「おっしゃる通り。ただ、オーナーのクレイグ・スタイン、それからGMのチャック・ドミノ。2人ともしたたかなビジネスマンでね。確かにわたしたちも公金を使うことに疑問を感じることもある。しかし、やっぱりこの町から球団を失いたくないんですな。わたしの経験からも、町に野球チームがあって、選手との触れ合いがあるなかで、選手に憧れて育っていくというのはとてもいいことだ。野球場にはたくさんの良い思い出がある。やはりそういうものを地域に残しておきたいと思うんだなあ」

――「新球場を作ったら、負担は大変なものでしょう」

TM「幸い、現在の州知事がスポーツ、特に野球に対して理解がある人だから、州からの援助は相当にあるだろうけれど。実際、知事がフィラデルフィア市長だった時代に、フィリーズ、イーグルス（NFL）、セブンティシクサーズ（NBA）は全部、新球場になったくらいだから。それでも、市で1/3は負担しないといけないだろうから、結構な負担ですよ」

――「議会は大丈夫ですか」

TM「勿論。わたし1人では決められないですよ。ただ、野球が好きな人は勿論、そうでない人も年に何回かはあそこに行って、ワイワイやる。こんな小さな町で、あれだけの人が集まる場所というのは、他にはないからねえ」

――「つまり、球団がそこにあるメリットは、お金には代えられないものがあるということですか？」

TM「そうだね」

　トム・マクモーン氏は、その後、2012年まで2期8年間、市長を務めま

した。

インディアナ州サウスベンド市

マイナー球団と地域経済の関わりについて、もう1つ。古くから、マイナー球団が定着していたレディング市と対照的な別の事例を紹介しましょう。町の活性化のために球場を建設してマイナー球団を誘致した、インディアナ州北部の都市、サウスベンド市です。

同市は、工業都市として発展したものの、ボルティモアやクリーブランドと同様、1960年代から70年代に多くの工場が撤退。特に、ミシンメーカーのシンガーや農機具メーカーで世界最大手のジョン・ディアなどの大企業の撤退は、市の経済を直撃しました。

その後、市の北部にあるノートルダム大学の発展により、やや経済は持ち直したものの、ダウンタウンは荒廃したままで、80年代から90年代の最重要課題がダウンタウンの再開発でした。

球場建設のアイデアは、そうした状況のもとで持ち上がりました。サウスベンド市は我が国では、恐らくその名を聞いたことのある人は皆無に等しいと思われますが、アメリカにおいてはアメフト、バスケットボールなどの名門であるノートルダム大学のある町として、それなりの知名度はあります。

とはいっても、両競技とも行われるのは秋口から冬にかけてです。

その期間は週末を中心に町は活気づくものの、いかんせん、フロストベルトと呼ばれる一帯で、冬ともなると雪に覆われ、1月には平均最高気温が零下に突入。寒い日には零下20℃近くにも達するという酷寒の地です。

一方、本来であれば、その開放感から活気溢れていなければならない夏の間は、ノートルダムの学生は故郷に帰り、イベントもなし。町は閑散としています。

余談ですが、わたしが訪問した8月はまさにそんな時期でした。サウスベンド市、ノートルダム大学ともに、調査への協力を申し出たところ、実に懇

切丁寧に応対してくれたのも、彼らが暇であったことと決して無縁ではなかったのでしょう。

　以下、サウスベンド市経済振興局特別職のアン・コラタ氏、同市同局部長シャロン・ケンドール氏（両者ともに、肩書は2004年の調査当時）への聞き取り調査を基に、サウスベンド市が、球団を誘致した経緯、そして現状について記してみたい。

町の活性化の切り札に

　この町に野球チームが欲しい。第二次世界大戦頃からあったというその声は、ついに1984年、30人ほどの有志（サウスベンド野球愛好家）が大リーグの下部組織の球団誘致を行う計画を表明したことで、現実味を帯びることになりました。

　当初、サウスベンド野球愛好家は、AAA球団もしくはAA球団の誘致を考えましたが、近くにリーグがないことなどから断念。現実的な策として、サウスベンド市の近隣を中心に展開されている、Aレベルのリーグ＝ミッドウェスト・リーグの球団の誘致に向けて動きをはじめました。

　その後、Aクラスの球団の所有権をもつシカゴの投資家＝ステイリー家に白羽の矢が立ちました。ステイリー家は、所有球団の本拠地として、イリノイ大学の野球場を同大学野球部と共用する計画を立てていましたがうまくいかなかったことから、税金で球場を作ってくれる自治体を探していたのです。

　一方、サウスベンド野球愛好家は、同市にスタジアムを建設することに対して、市長を説き伏せることには成功したものの、議会や市民団体の反対に遭うなど、「町の歴史上、最大の混乱」（前出のコラタ氏）といわれるほど、スタジアム建設の可否、その資金調達方法などを巡って、大論争が繰り広げ

られたそうです。

　結局、銀行からの融資で資金を調達することに決定したのが1985年。年利13.4％の10年返済。毎年の市の負担は100万ドルほど。翌1986年8月に着工しました。

　ところが、着工からほどなくして、ステイリー家は球団をニューヨーク在住の投資家に売り払い、再び町は大混乱に陥りました。というのも、サウスベンドに球団を移転することに同意したのは、あくまでステイリー家であり、ステイリー家から球団を譲り受けた新オーナーとは新たなリース契約を結ばなければいけないことが判明したのです。

　実際、ステイリー家と新オーナーとの売買は、そのことを見越してのものでした。ステイリー家が買収した際の価格は2万ドル。それを2年後に、球団としての活動がないにもかかわらず4万6000ドルで売却できたのは、サウスベンド市がマイナー球団を誘致できる前提で、すでに球場建設を始めているため、リース料を安く抑えられるに違いないというヨミがあったといわれています。

　スタジアムが完成したのは1987年4月。最終的にかかった建設費用は595万ドルでした。リース料は、結局、安くするくらいなら破談となってもいいという断固とした姿勢もあって、市にとっても、新球団にとっても妥当な線に落ち着いたとのことです（当時のリース料は不明）。

経済的な採算は合わないけれども……

　2004年当時の、市当局と球団（シルバーホークス）とのリース契約は以下のようなものでした。

■契約期間は2008年まで

■2003年から2005年までの基本使用料は15万ドル。それに加え、年間観客動員数に応じて、以下の追加リース料を市に納める。

　・19万人を超える場合は、19万9999人まで1人増すごとに、50セン

ト。

- 20万人を超える場合は、20万99999人まで1人増すごとに、60セント。

- 21万人を超える場合は、21万99999人まで1人増すごとに、75セント。

- 22万人を超える場合は、1人増すごとに、1ドル。

　2004年度の年間観客動員数は21万2531人であり、およそ1万3000ドルがリース料として加算されたことになります。

　ちなみに、この年の観客動員数21万2531人は、クラスA60球団中17位とまずまずの数字で、市当局も、シルバーホークスの観客動員には満足しているとのことでした。

　なお、同市においても、球場での飲食、広告看板の利益など球場で発生するすべての利益は球団に属することになっています。

　さて、このリース契約によって、市は、儲かっているのか否か。

　正確な額は明かしてくれませんでしたが、概算で年間20万ドル前後。1996年までに、球場建設費595万ドルの銀行ローンは完済しており、市当局は、現状を黒字と考えているとのこと。また、シルバーホークス球団が市に存在することによる有形無形の意義は大きく、そこについては大変、満足しているとのことでした。

　では初期投資を含めて考えた場合はと聞くと、銀行のローンがあった時代（1987年〜1996年）は、毎年の返済額が100万ドル。一方で、球団から市が得る直接の収入は、年平均で20万ドル前後ですから、返済額を賄う収入を得ることはできていないということになります。

　コラタ氏も「ローン返済後から今に至るまでの収入で、初期投資分が賄えたとは思っていない」そうです。

　確かに、インフレーション率を加味しない単純計算でもそれは明らかですね。毎年100万ドルのローン返済から収入（20万ドル）を差し引くと、80万ドルですから。

　では、球団誘致とそのための球場建設は失敗だったのかと問うと、返ってきた答えは、レディング市長トム・マクモーンと同じく、単なる経済的損得で計れないものが、球団にはあるというものでした。

　1つは、町の人が共通の話題、関心を持つことの意義。特に同市は、球団が来る前は、夏に閑散としていただけに、球団が与えた活力は極めて大きかったといいます。

　また、球場を建設した地域は、スチュードベーカー社（自動車メーカー）が去った後、市で最も荒れ果てた地域であり、ドラッグディーラーやギャング団の溜り場となっていて、一般人は昼間でも近づける場所ではなかったといいます。視察した限りでは、現在でもその雰囲気は残っており、ちょっと怖かったですが、同時に、その中心に球場を配置できたことにより良化している様子も見て取れました。

　そのほか、社交場としての機能も見逃せません。前出のレディング市でもそうですが、こうした小さい町では、数百人、ときには数千人単位の市民が一堂に会する機会も場所もないのが通常です。こうした社交場の機能をもたせる施設として、日本においては、豪華な公民館などを建てるケースが多いですが、アメリカでは、公民館やコンベンションホールよりも、まずスポーツ施設なのです。

　さて、このシルバーホークス球団、2015年からカブス傘下のマイナー球団となったこともあり、チーム名もシルバーホークスからカブスとなりました。そしてもう1つ、ダウンタウンの開発のために、紆余曲折と苦労の末にできたこの球場、実は2010年の大改装を機に、マイナーリーグ・ビジネスの史上に残る、ターン・アラウンド・マネジメントの成功例となりました。

　2010年、開業25周年を機に、大規模な改修工事が行われました。その際も、税金を投入するか否かで議会は揉めに揉めたそうですが、結果的に、改修工事の7割を市が負担することになりました。さらに翌2011年、同球団を買収したオーナー、アンドリュー・バーリンとサウスベンド市が20年のリース契約を結び、さらに、オーナー6割、市4割の費用負担で、よりエンターテインメント性の高い球場にするよう、大規模投資を行いました。これ

がズバリ的中、翌2012年の観客は70％増、2013年にはさらに25％あがり、観客動員数は24万人を突破。2014年には25万8836人と、ついに1994年の記録を塗り替えて球団新記録。その余勢を駆って、2015年からは先に記したように近隣の名門チーム、カブスの傘下となりました。バーリン率いる球団フロントの、短期間での矢継ぎ早の改革と実績は、スポーツ・ビジネス界では大きな注目を集めており、2015年には、MLB傘下のマイナーリーグ160球団のなかで最も優れた興行体に贈られる、ジョン・H・ジョンソン会長賞の栄誉に輝きました。2018年の観客動員数は34万3763人、1試合平均4911人と順調に推移しています。

ウィスコンシン州グリーンベイ市、奇跡の球団パッカーズ

　権利処理の手法を洗練させ、ファン、マスメディア、自治体などのステークホルダーを満足させ、そこから上手におカネを引っ張り出す、そんなアメリカのスポーツ・ビジネスの集大成ともいえる姿が、グリーンベイ・パッカーズでしょう。

　グリーンベイの街は、ウィスコンシン州の東北部に位置します。ミルウォーキーからまっすぐ北に180キロ。北緯44.5°は日本でいえば北海道の旭川より北。その寒さは、平均最高気温が12月から2月まで零下、平均最低気温となると11月から3月まで零下という、厳しい気候です。その厳しい気候を反映して市の人口はわずか10万3000人。周辺地区を合わせても20万人の小都市です。

　この気候条件の悪い小都市に、全米で最も人気のあるプロスポーツリーグ＝NFLの本拠地があるのです。これだけでも不思議な話ですが、NFLのシーズンは9月〜1月、ウィンタースポーツです。たとえば、網走や宗谷で真冬に屋外で球技を行い、その試合が満員の観客を集める。そんな不可能が実現しているのです。

　このパッカーズに関する不思議な話はここに留まりません。その代表的な

ものを以下、列挙してみましょう。

- 本拠地のランボー・フィールドは屋外球場。収容人数は8万1441人。この球場が、1960年以来、60シーズン連続でチケットが売り切れ、シーズンチケットの順番待ちリストには11万5000人以上が名前を連ね、その待ち時間は平均30年。人口わずか10万人の町にある、屋根のない球場が真冬にもかかわらず、常に満員になるということです。ちなみに収容人数は、1960年の開業時の倍以上になっています。
- 北米4大プロスポーツ唯一、非営利団体によって運営されています。Green Bay Packers, Inc. という非営利組織を作り、株式発行によって広く資本を集め、運営しています。
- その株式の性質がまた不思議です。
  ①利益が出ても配当はない
  ②清算時にも配当はしない
  ③親族以外には売却できない
  ④株を持てるのは個人だけ
  ⑤一定株数以上は持てない
  ⑥寄付金として税務上控除できる恩恵もない
  ⑦チケットが優先的に買える特典などがあるわけでもない
  ⑧頼まないと決算書を送ってもらえない

　要するに、株式発行とはいうものの、実質的には寄附です。株式の発行は過去、1923年、1935年、1950年、1997年、2012年の5回にわたって行われました。合計501万1558株が発行され、それを36万760人が所有しています。

　上述の通り、この株を売買することは禁止されており、配当金が出ることもありません。唯一の楽しみは、毎年夏に行われるグリーンベイの株主総会。ヘッドコーチをはじめとする球団首脳が、株主たちに対して説明や質疑応答を行います。

目論見書の前文には、以下のような趣旨の文章が記されています。
「この株を買った人は、グリーン・ベイにおいて、プロ・フットボールチームが今後とも存続していくことを支えるという重要な役割を担うとともに、企業統治上の発言権を得ることになります」
　2012年の発行時は、1株250ドルでした。

　これまた不思議なのは、アメリカは商業化の最先端で、カネさえあればすべてが与えられる一方、カネ無きものには、ほとんどすべての可能性そして機会が遮断される社会です。医療も教育も裁判の判決も、正義も悪もカネ次第。そんな露骨な社会です。日本も、ヒトのことはいえませんが、まだましですかね……。
　だからこその現象なのかもしれませんね。人は非日常を求める。弱いものが強いものに立ち向かい、そして撃破する、そんなアメリカ人の夢が凝縮した奇跡がグリーンベイ・パッカーズなのかもしれません。

　パッカーズの設立は1919年。当時、すでに人気のあるMLBが大都市に本拠を構えていたこともあって、多くのNFL球団は、アメリカ人に聞いても知らないような地に本拠を置くケースが多かったのです。その1つが、このグリーンベイ・パッカーズです。パッカーズは最初から「市民球団」だったわけではなく、地元の缶詰会社インディアン・パッキング・カンパニーの所有球団でした。「パッカーズ」のニックネームの由来もこの缶詰会社からきたものです。
　市民球団となったのは1923年。缶詰会社の倒産を受けてのことでした。スポンサーを失い、消滅か移転かの選択をせざるを得なくなった同球団に対し、地元有力企業や名士が球団を残す道を探るなかで、そうなったのです。
　以来、同球団は非営利団体として、理事会によって運営されています。理事会は、実務経験豊富な地元の財界人を中心に、元パッカーズ選手、判事、大学の学長など、さまざまな人々が名前を連ねています。球団社長（実質オーナーの役を務めます）を除き、彼ら理事全員が無給です。

　こうした経緯を含めた「小さな町に起きた奇跡」は全米に知れ渡っており、現在、同球団はアメリカで最も人気のあるプロスポーツチームであるといわれています。たとえば、球場の改修を目的として、4度目の公募増資（1997年）がなされた際は、1株200ドルで12万株売り出された株券のうち、半分近くが州外の人によって購入され、その動機もクリスマスプレゼント用がほとんどでした。このように北米全体にファン層が拡大している状況を踏まえ、2012年の5度目の公募増資の際には、初めてカナダ在住者にも購入の門戸が開かれました。現在、株主はアメリカ全50州とカナダに存在しています。

column
奇跡の現場を訪ねて

. . . .

　奇跡の現場、凍てつく「寒村」はどんな町なのか。わたしは、2004年に、研究視察の一環としてグリーンベイ市を訪れています。

　事前にグリーンベイ市当局に問い合わせると、試合がなければ、ただ閑散とした「寒村」を訪れるだけのことになるので、試合日に合わせたほうがよいが、よほど資金に余裕がない限り、公式戦は無理、オープン戦がよいのでは、とのことでした。

　実際、6月の時点で、公式戦開催日（9月〜12月）の前後は、空路はすでになし。陸路は、ミルウォーキーからでもレンタカーの手配が困難。アメリカですから、カネを出せばどうにでもなるはずだと調べてみれば、確かに富裕層向けの特別パッケージは存在したが、お値段は100万円以上かかったりして現実味はない。結局、グリーンベイ市当局のアドバイスに基づき、8月のオープン戦に合わせて視察することにしました。

　まずはチケットを予約しようと試みるも、正規販売のチケットはすでにソールドアウト。シーズン中の試合がすべてシーズンチケットとして完売されているのは予備知識として持っていましたが、よもやオープン戦のチケットまでとは……。

　球団に電話で問い合わせたところ、「正規のチケットは、オープン戦もすべてソールドアウトです。シーズンチケット保有者から、買い取り転売している業者はたくさんある。どこが信頼できてどこが信頼できないかは分からないが、球団としてオーソライズしているところが1社ある」とのことでした。その業者も含め、さまざまな情報を入手して検討した結果、コスパが最も良さそうなのが、2泊3日で税込み553ドルというパッケージだった。額面25ドルの最安チケットに、宿泊は廉価で知られるモーテルチェーンのベスト・ウェスターン。実際、何もないときであれば50ドルで宿泊できるそうな。

チケットだけ買い、宿舎は別途ネットなどで探す選択肢も考えましたが、周辺の宿泊施設は2カ月前にしてすでにソールドアウト。情報網を駆使して探し当てた地は80kmほど西の町。それでも試合前後は1泊150ドル。チケット自体は、過去のさまざまな経験から当日ダフ屋から買えることに確信は持っていたが、ホテルはどうにもならないのが通常です。ということで、高いなとは思いつつ、わたしは553ドルのパッケージを購入しました。

　試合前日に、200km南のミルウォーキーからグリーンベイ入りしたわたしは、地元紙グリーンベイ・プレス・ガゼットのパッカーズ担当記者＝ピート・ドーティ氏、グリーンベイ市経済振興局のジェニファー・ブラウン氏、そして町の人々に聞き取り調査を行いました。

　そこで判明したのは、同市が全米トップクラスの教育レベルと高所得を成し遂げていることでした。特に犯罪率は全米で最も低いという。

　同時に判明したのが、圧倒的な割合を占めているのが白人種、それもドイツ系白人とオランダ系白人だということです。同市の白人の割合は全米平均の75％を大きく上回る85％でした。それゆえ、ドーティ氏によれば、一昔前は、パッカーズでプレーすることを嫌がる黒人が多かったそうです。

　詳しく触れることはしませんが、ウィスコンシン州はアメリカのなかでも特に排他性の強い地域として知られており、グリーンベイはそのウィスコンシンのなかでも排他性が強く、裏を返せば地元意識の強い地域として有名だという情報を町で仕入れました。パッカーズは豊かで地元意識が特に強い風土のなかで育った球団なのでした。

パッカーズと地域経済との関係

さて、パッカーズと市当局との関係ですが、2000年から2003年にかけて、本拠地ランボー・フィールドの大改修を行った際には、総額2億9500万ドルのうちの57％、1億6900万ドルがグリーンベイ市とその周辺地域の消費税を0.5％あげて賄われました。

ジェニファー・ブラウン氏によれば、0.5％の消費税率増によって得られる金額は毎年約1600万ドル。また改修によって球団は1300万ドルの増収となりますが、NPO法人であるグリーンベイ球団ですから、その増収分も課税されません。ランボー・フィールドは市営球場であり、そのリース料は年間90万ドルと格安で、まさに市民が支えている球団です。

パッカーズ球団によると、「第三者機関の手により作成した」経済効果調査書は、改修後の経済効果は年間140億円にのぼるそうです。特に、パッカーズの場合は、パッカーズ関連の消費の90％がグリーンベイ市外の訪問者によってなされていますから、町の経済にとって、これほど有難い存在はありません。エッフェル塔にしても、グランドキャニオンにしても、観光目的となるようなブランドをもつ経済効果は莫大なものになるのです。

column
日本と世界でスポーツ興行市場に大きな格差。
大きく違う球団と球場の関係

　2016 年、DeNA が横浜スタジアムの運営会社を買収しました。買収の方式は TOB で、価格は 1 株 1500 円。これに対して既存株主の大半は TOB に応じ、DeNA は 76.87% を所有することになりました。2011 年に球団を買収した際に、横浜スタジアム株の 5.74% を保有していましたから、71% の発行済み株式を獲得したこの TOB にかかった費用は 105 億円ほどだったということになります。

　我が国のスポーツ・ビジネスに関わるヒトの間では、以前から、そうなるといいねと言われてきた懸案事項が具現化するということですから、諸事情を乗り越えて買収に応じる横浜市、民放局、横浜銀行を中心としたステークホルダーに心より拍手を送りたい。

　日本のスポーツ興行は、特にこの 20 年、世界から大きく取り残されてきたことは、本稿でも何度か記してきました。たとえば、スポーツ興行の市場規模は、北米が 8 兆円、欧州（中東とアフリカを含む）6 兆円に対して、日本は 4000 億円程度と、経済規模からすると信じられないような差異が生じています。

　その理由の 1 つに、これは特にアメリカで顕著ですが、90 年代以降、エンターテインメント性溢れる専用スタジアムを、税金で建設する座組みが定着し、客数、客単価ともに大きく伸びたことがあります。

　たとえば、日本人選手が多数、活躍してきたシアトルマリナーズの本拠地、セーフコフィールド。このマリナーズの専用球場は、建設費 517 億円のうち 72% が税金によって賄われた、公設球場（キング郡の外郭団体が所有）です。

　店子のマリナーズは年間 70 万ドルの賃料を払い、24 時間 365 日の占有使用権（コンサートなど他のイベントの興行も含め）を有しています。

　これ、MLB 球団のごく平均的な姿です。もっと交渉上手の球団は、損失

補填契約を結んでいたり（コロラド・ロッキーズ。年間観客動員数250万人以下の場合、自治体が不足分を買い上げて損失補填をする）、賃料が1ドル（シカゴ・ホワイトソックスなど）だったり、より大規模な税金ビジネスを展開しています。

　横浜は、こうしたMLBの球場リース契約と真逆の例として業界内では有名で、LIXILが買収を断念した際、その理由の1つだったことで、大きく報道もされました。当時のリース料がチケット収入の25％、加えて、広告看板の権利、売店の権利など球場から発生する収入源も、横浜スタジアムが保有していたのです。DeNAが球団の親会社になってからは、かなり見直しはなされてきたものの、そこは行政が深く関与する別会社、スタジアム・ビジネスの肝である「一体運営」とまではいかず、お互い、歯がゆい思いをしてきたことだろうと思います。

　オリンピックの経済効果は、開催決定から開催までの延べで3兆円と試算されています。こうした一発長打のメガイベントに比べれば、プロ野球興行は、地道ながら、毎年、日常的な経済活動として、当該地域に500億～1000億円くらいの経済効果を生み出しています。アメリカのような税金ビジネスまで飛躍するのはまだまだ先か、あるいはあり得ないことなのかもしれませんが、一体運営により、顧客の多様なニーズに応える感動空間を演出すること、その結果として、ビジネスが成長するのを促進するところまでは、自治体つまり税金がもっと支援してもよいと思います。

（夕刊フジ連載「小林至教授のスポーツ経営学講義」2015年11月5日紙上掲載に加筆修正）

第 **6** 章

大学スポーツの経済学

アメリカの大学スポーツ

　大学スポーツが、プロと同等あるいはそれ以上の興行になっていることも、アメリカのスポーツ・ビジネスの特徴です。

　Bloomberg が 2017 年 9 月 28 日に配信した記事によれば、アメリカの大学スポーツが生み出している収入の総和は 130 億ドルと推定されており、4 大プロスポーツのなかで、これを超える売上は NFL だけという巨大な市場を形成しています。もっとも、その市場の大半はアメフト興行によるものであり、推定で 70％を占めているといわれています。

　アメフトの強豪大学ともなると、4 大プロスポーツ並みあるいはそれ以上を売り上げており、テキサス大学の運動部の売上高は、図表 6-1 にあるように 2 億 1400 万ドルで、一部の NBA 球団よりも大きな数字になっています。20 位のワシントン大学でも 1 億 2900 万ドルで、これは NHL の下位球

図表6-1　NCAA所属大学収入ランキング（2018年）

順位	大学	カンファレンス	総収入
1	Texas	Big 12	214
2	Texas A&M	SEC	211
3	Ohio State	Big Ten	185
4	Michigan	Big Ten	185
5	Alabama	SEC	174
10	Auburn	SEC	148
20	Washington	Pac-12	129
50	Iowa State	Big 12	83
100	Western Kentucky	C-USA	30

単位：100万ドル

	top	bottom	平均
NFL	864	335	488
MLB	668	224	333
NBA	443	204	253
NHL	253	96	168
EPL	799	161	320

単位：100万ドル

出典：Forbes, USA Today などを基に筆者作成

図表6-2 大学スポーツの収支

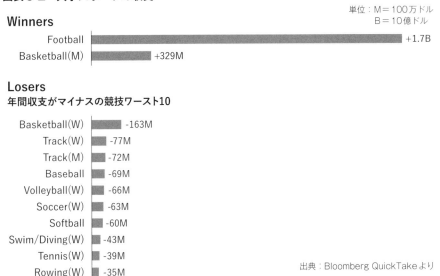

単位：M＝100万ドル
B＝10億ドル

Winners

Football	+1.7B
Basketball(M)	+329M

Losers
年間収支がマイナスの競技ワースト10

Basketball(W)	-163M
Track(W)	-77M
Track(M)	-72M
Baseball	-69M
Volleyball(W)	-66M
Soccer(W)	-63M
Softball	-60M
Swim/Diving(W)	-43M
Tennis(W)	-39M
Rowing(W)	-35M

出典：Bloomberg QuickTakeより

団よりも多い売上高となります。100位のウェスターン・ケンタッキー大学の売上3000万ドルは、テキサス大学と比べると小さな数値ですが、日本のバスケットボールのプロリーグ（Bリーグ）の売上トップ（千葉ジェッツ）の売上が18億円弱であることを考えると、アメリカの大学スポーツというか、大学アメフトの市場は巨大です。

　興行として成立しているのは、アメフトと、それに次ぐ市場規模（10％程度）の男子バスケットボールの2競技だけで、そのほかのスポーツはすべて赤字です。図表6-2の通り、アメフトが17億ドルの黒字、男子バスケットボールが3億2900万ドルの黒字で、最も赤字が大きいのが女子バスケットボールの1億6300万ドル、そして陸上女子、陸上男子、野球が続いています。

アスレチック・デパートメント

　アメリカの大学スポーツの特徴に、運動部を統括管理するアスレチック・デパートメント（AD）の存在があります。ADの役割は、選手が学生であ

ることを除けば、プロスポーツの球団と同じです。チケット、広告看板、テレビ放送権、グッズなどを売り、稼いだお金で、競技施設や用具、監督・コーチの給与、奨学金などを支出します。収支バランスも大事ですが、競技成績も大事です。

　多くの AD は、アメフト部と男子バスケットボール部で稼いだお金で他の運動部の赤字を補っています。具体的にはどのようなものか、テキサス大学運動部の年次報告書（2016 年）を基に、Texas Tribune 紙が分析した記事がありますので、ここで紹介しておきましょう。

　同大学運動部の 2016 年の総売上は 1 億 8800 万ドルで総支出が 1 億 7100 万ドル、1700 万ドルの利益を大学にもたらしました。運動部全体（アスレチック・デパートメント）への寄付や、運用益などを除き、各競技固有の収入にアイテム化すると、1 億 2800 万ドルはアメフト部の売上でした。アメフト部の支出は 2870 万ドルで、差し引きすると約 1 億ドルの利益をテキサス大学にもたらしています。最大の支出は、監督・コーチの給与で 1050 万ドルでした。大学アメフト部の監督・コーチは高給取りで、強豪校ともなると年収 100 万ドル（つまり 1 億円以上！）は助監督やコーチのレベルです。たとえば 2018 年は上位 82 位までがミリオネアで、トップはアラバマ大学の名将ニック・セーバンで年俸 830 万ドル、テキサス大学の監督の年俸は 550 万ドルでした。

　アメフト部に次ぐ収入源が男子バスケで、テキサス大学男子バスケ部の 2016 年の収入は 1820 万ドル、支出が 980 万ドルで、840 万ドルの黒字でした。男子バスケの監督も高年俸であり、上位 59 大学の監督がミリオネアで、トップはケンタッキー大学のジョン・カリパリで、先のセーバンよりも高い 928 万ドルでした。

　この 2 競技で稼いだお金で、他の競技の赤字を補塡しているのです。たとえば、野球は収入 550 万ドルに対して支出が 562 万ドルで 12 万ドルの赤字、ゴルフが男女合わせて 67 万ドルの収入に対して支出は 219 万ドルで 152 万ドルの赤字です。

　赤字を出すくらいなら、それらの競技をやめてしまえばいいではないかと

思われるかもしれませんが、そうはいきません。NCAA に籍を置くためには、運動部の数やその運営方法に細かい条件が課されているからです。

NCAA

National Collegiate Athletic Association（全米大学スポーツ協会）の略称 NCAA は非営利法人組織で、大学運動部の統括組織として、加盟大学の運動部間の連絡調整、管理など、さまざまな運営支援を行っています。創設されたのは 1906 年でした。当時、大学間対抗のアメフトの試合において、重大な負傷が相次ぎ、死に至るケースも起きていたことが社会問題化して、時の大統領（セオドア・ルーズベルト）の求めに応じるカタチで、大学スポーツに一定の秩序をもたらすために、自主管理組織として発足したのです。競技規則の管理を中心とした自治組織としてスタートした NCAA は、加盟校が増えるにつれ役割も大きくなり、1921 年に陸上競技の大会を主催したのを皮切りに、興行運営にも携わるようになりました。1973 年には、加盟大

図表6-3　NCAAは、3つのディビジョン

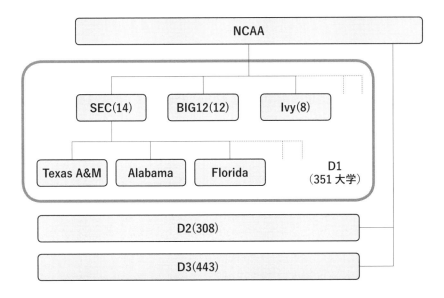

学を運動部の予算規模によって３つのディビジョンに区分けし、この３ディビジョン体制は、現在に引き継がれています。

2018 年時点において、1102 大学が加盟しており、ディビジョン I には 351 大学、17 万 9200 人の学生選手（スチューデント・アスリートの邦訳と考えてください。アメリカでは NCAA に加盟している運動部の

図表6-4　NCAAの３つの理念

○ Academics（学業との両立）

● 練習時間の制限
　・シーズン中〜1日4時間、週20時間、1日の休息日など
● 学業成績により選手資格を制限
　・入学時（高校時代）の成績
　・入学後は、取得単位数や成績

○ Well-being（安全と健康）

● 健康保険
● 補償制度
● 食糧保証(DIとDII)

○ Fairness（公正）

● 男女平等（Title IX）、LGBTへの配慮
● 奨学生の数
● Academics, Well-being なども Fairnessの一環

部員をスチューデント・アスリートと呼びます）、ディビジョン II には 308 大学、学生選手数は 12 万 1900 人、ディビジョン III は 443 大学、学生選手数は 19 万 900 人です。

　NCAA の売上高の総計は 10 億 578 万ドル、専任スタッフの数は 500 人を超え、大学スポーツの中央統括団体としての管理・監督業務のほか、39 の競技で 90 の大会を運営している世界最大の大学スポーツ組織です。

　NCAA に加盟する大学は、アマチュアリズムの原則のもとに掲げている３つの理念（図表6-4）と、その運用のために定めた 5800 を超える規約を順守することが求められます。

　Title IX とは、1972 年に定められた男女教育機会の平等を定める法律です。この Title IX は、大学スポーツにおいても徹底されており、たとえば、アスリート奨学生の数は、学生選手の人数に対して男女とも同じ割合でなければいけません。つまり、男子運動部員が 1000 人いて、そのうち 200 人にアスリート奨学金を支給する大学は、女子にも同じ割合（つまり 20％）を支

給しなければいけ
ません。女子運動
部員が、1500人
であれば300人、
500人であれば
100人ということ
になります。

図表6-5が示し
ているのは、アス
リート奨学生の数
で、男子は、大学
スポーツの花形で
あるアメフトが
85人、バスケが

図表6-5　NCAA（ディビジョンⅠ）のアスリート奨学生の上限

	NCAA DIVISION I	
Sport	Men's	Women's
Baseball Softball	11.7	12
Basketball	13	15
Track & Field	12.6	18
Football	85	0
Golf	4.5	6
Gymnastics	6.3	12

出典：NCAAのウェブサイト

13人であるのに対して、女子は陸上が18人で最多、これにバスケが15人
と続いています。もっとも、アスリート奨学生の人数の上限が定められてい
るのは、特定の大学に戦力が偏在しないようにするための機会の平等がそも
そもの趣旨であります。

　またNCAA加盟大学は、学生選手の競技にかかる費用はすべて、つまり
練習施設やアパレル、用具、遠征費用、健康保険、傷害保険などまで、大学
が負担する必要があります。さらにディビジョンⅠとⅡの加盟大学は食費も
大学が負担しなければいけません。ディビジョンⅠのアメフトやバスケの学
生ともなると、豪華な寮と食事、最新鋭のトレーニング器具にサプリ、チュ
ーター（家庭教師）がついているのは当たり前で、学生選手は、手ぶらでや
ってくればいいのです。

　運動部の数についても、ディビジョンⅠの所属大学は、最低でも男女合わ
せて14以上の運動部をNCAAのルールに則って運営しなければいけませ
ん。先に記した通り、アメフトと男子バスケ以外は、基本的に赤字ですが、
ディビジョンⅠの競技会（試合）に参戦するためには、それ以外の運動部も

大学が丸抱えで運営をしなければいけないのです。結果として、アメリカの大学の運動部は、競技数も人数も絞り込む傾向にあり、厳選した競技に、選抜された選手のみで構成されることになります。たとえばシアトルにあるワシントン大学は、学生数3万人を超える大規模州立大学で、男子がアメフトとバスケを中心に9つ、女子が11、合わせて20の運動部がNCAAに加盟しています。

　しかし、同大学の水泳部はNCAAに加盟していません。アメリカにおいて、水泳は五輪の英雄がひしめく伝統的な競技であり、かつ水泳五輪代表選手のほとんどは大学生で、大学スポーツにおける水泳の存在意義は大きいのですが、NCAAディビジョンⅠの競技会に参加するレベルの活動を維持するには大きな予算がかかるのです。水泳を入れれば、他の競技をNCAA基準で運営できなくなるため、諦めているのです。

　アメリカの大学にとって、スポーツの競技成績は、大きく報道されるアメフトと男子バスケを中心に、大学の価値を大きく左右するおおごとです。在校生の士気はもちろん、OBや地元名士からの寄付金の額にも大きな影響を及ぼします。その結果、アメフトとバスケを中心に、指導者への報酬や施設、器具などの費用はかさむ一方です。予算には限りがありますから、メジャーな競技であっても、施設や運営費に対して外部からの補助（寄付金）がなければ、ワシントン大学の水泳部のようにNCAAに加盟しない、あるいは脱退する判断に至る例は少なからずみられます。

　その最も顕著な例として知られているのが、シカゴ大学です。シカゴ大学は、学問の世界では世界で最も評価の高い研究機関の1つで、とりわけ経済学においては、しばしば全米1位にランキングされる私立大学です。大学スポーツにおいても、花形であるアメフト部がカンファレンス優勝6度を誇るなど、NCAAの中心的な存在でしたが、1939年、そのアメフト部をNCAAから脱退させてしまいました。理由は、大学間の競争が激化し、競技への高いコミットが求められる環境において、学業との両立は不可能であると判断したからです。そして1946年には、すべての運動部をNCAAから脱退させました。現在は、陸上など一部の競技は、NCAAのディビジョンⅢ（つ

まり3部）に加盟してい
ますが、アメフトやバス
ケなど高いコミットが求
められる競技について
は、NCAA に加盟して
いません。

NCAA 主催の大会で
最も有名なのが、マー
チ・マッドネス（春の狂
宴）の愛称で全国民が注
視するバスケットボール

図表6-6　March Madnessの経済学

March Madness

NCAA男子バスケットボールトーナメント

予選を勝ち抜いた68校によるトーナメント

春休みに3週間（3月中旬～4月初旬）

放送権収入だけで年間7億7000万ドル
- 2011～2024までの14年間契約（総計108億ドル）
- 1試合あたり1150万ドル

出場チームの監督の平均年棒176万ドル（2016年）
- 最高額は730万ドル

選手権です。実際、10億ドルを超える売上高のほとんどはこの大会から生み出されるものです。全国から選抜された68校が、一発勝負のトーナメント方式で覇を争うこの大会。3月半ばから4月第1週にかけての大会期間中は、大統領から小学生まで全米がこの話題でもちきりとなり、その放送権料は、男子が7億7000万ドルです。1ドル110円で邦貨換算をすると847億円となり、J1の年間総収入とほぼ同じ数字となります。

先に記したように、バスケの強豪大学の売上は、アメフトほどではありませんが非常に大きく、同大会の常連ルイビル大学の男子バスケ部の興行収入は年間4000万ドル以上になります。

column
スチューデント・アスリートとTitle Ⅸ

　８月下旬から９月上旬まで、２週間ほど渡米していた。主たる目的は、アメリカの大学スポーツの調査研究である。今春３月に、大学スポーツの中央統括団体として一般社団法人大学スポーツ協会（UNIVAS）が発足した。その制度設計から設立まで縁あって深く関わり、発足後も理事を拝命しているこのUNIVAS。モデルとしたのは、アメリカの大学の中央統括団体NCAAなのだ。そのNCAAの本部があるインディアナポリスと、友人が勤務している縁でミシガン州立大学（MSU）などを訪問した。

　ゴルフの源流はスコットランドだが、本場がアメリカなのは、本稿の読者の皆様であればよくご存じのことだろう。頂点であるプロゴルフのレベルはもちろんのこと、ゴルフ場の数もR&Aの調査によれば１万6752で、これは世界の43％に相当する。ちなみに２位を言い当てたアメリカ人にはいまだ出会ったことがないが、我が日本で、その数3169である。

　２位日本の５倍以上のゴルフコースが存在するアメリカは、大学ゴルフも盛んであり、プロツアーと同様、世界中の有望選手が切磋琢磨する場で、現在の世界ランキング上位20名のうち、アメリカの大学ゴルフ部の出身者でないのは、ローリー・マキロイとジャスティン・ローズの２名だけである。１位のブルックス・ケプカやタイガー・ウッズらアメリカ人選手はもちろんのこと、ジョン・ラーム（スペイン）、フランチェスコ・モリナリ（イタリア）、アダム・スコット（オーストラリア）も、アメリカの大学ゴルフ部の出身者である。

　PGAツアーのシード権を得られるような有望選手が通う大学ともなると、例外なく大学が専用コースを所有している。わたしが視察したMSUもそんな大学の１つで、豪華かつ難易度の高いコースを２つ所有している。加えて、６億円かけて新築されたクラブハウスには、最新のテクノロジー満載のシミュレーターに、ピッチ・パット、バンカーの訓練施設が備わってお

り、最高気温が氷点下というミシガン州中部の厳しい冬場でも腕を磨くことが可能だ。

　当然のことだが、このような恵まれた環境でゴルフをできるのは選ばれしものだけに与えられる特権で、MSU の部員数は男子 9、女子 12 である。NCAA 所属大学の運動部は、統括部局（アスレチック・デパートメント＝AD）が一括管理している。MSU の AD の予算は約 145 億円、その原資は NCAA1 部に所属しているような大学はどこもそうであるように、アメフトと男子バスケの興行収入である。当然、振り分けられる予算も、アメフトと男子バスケがほとんどで、たとえば MSU のアメフト部、男子バスケ部の監督の年俸はいずれも 6 億円以上である。

　一方、ゴルフ部は赤字事業である。それでも MSU でいえば、女子が団体戦で全米チャンピオンに輝くなど、歴史と伝統深く、支援者もいるし（新設のクラブハウスも OB 篤志家の寄付）、そもそも NCAA の規則により、NCAA1 部所属の大学は最低でも 14 の運動部を NCAA 基準で運営しなければいけない。ということで、ゴルフ部も、学生選手に対して、施設、用具、遠征費、食事などを含めた競技に関わるすべての費用を大学が負担することになるから、予算の関係上、人数を絞り込まざるを得ない。また NCAA1 部所属の大学は、学生選手に対して奨学金を出すことになるが、この上限額が各競技で定められている。アメリカの大学の学費は非常に高い。私立大学ともなると、学費だけで年に 500 万円はくだらないのが通常だが、MSU のような州立大学でも、州民ならば年間 160 万円だが、州外になると 440 万円である。ゴルフ部の奨学金枠は、男子 4.5 人、女子は 6 人が上限で、これを部員で分け合うことになる。これも人数が絞り込まれる要因だ。このような予算と規則の厳しい制約のもと、高い競技力を保つために選び抜かれた精鋭が集うのがアメリカの大学ゴルフなのである。

　NCAA の規則でもう 1 つ特徴をなしているのが、男女同権が制度化されていることである。NCAA 加盟大学のゴルフ部に与えられるアスリート奨学金の数が、男子 4.5 人、女子 6 人となっているのもそのせいである。

NCAA が男女の権利をイコールにしている背景には、Title Ⅸという法律がある。Title Ⅸとは教育改正法第 9 編の略称であり、教育における性差別の禁止を規定した法案である。男女教育機会均等法案との日本語訳にもある通り、1972 年に法制化された際の趣旨は、教育機関における男女の機会均等だったが、最も大きな影響を与えたのが、学生スポーツの世界だった。

　アメフトや男子バスケなどのような人気競技は、大学経営にとって非常に重要で、そこから得られる興行収入はもちろん、学生募集、学生・教職員・地域・OB の帰属意識の向上、そして寄付金募集の触媒まで、大きな影響を及ぼすから、各大学は、競い合って指導者には高い報酬を払い、豪華な施設や機材を整え、有力な高校生をリクルートしている。そうでない競技についても、アメリカのアマチュアスポーツの中心は大学であり（ほとんどのオリンピック選手は大学生）、それぞれの競技団体のロビー活動や OB や地域の篤志家の支援もあり、学生選手については、先に記したような支援を受けるようになり、NCAA がそれを制度として整備してきた。

　しかし、そんな大学スポーツにおいても、女子は置き去りにされてきたが、人種差別を禁ずる公民権法が 1964 年に成立するなど、差別撤廃の大きな潮流のなかで、Title Ⅸも成立したのだ。

　この結果として、学生選手の数、アスリート奨学金の支給額も原則として男女平等であることが求められるようになった。この Title Ⅸの影響は絶大であり、Title Ⅸが法制化された 1972 年の時点で学生選手の数が男子 17 万人に対し女子は 3 万人だったのが、2018 年には男子 28 万人、女子 22 万人と、人数も男女比も劇的に変化した。

　男子の場合は、学生選手の数も奨学金支給額も、ドル箱のアメフトが中心となり、アメフト部の奨学金支給額の上限はなんと 85 人分である。アメフトに次ぐ人気種目のバスケは 13 人で野球は 11.7 人である。女子にも同じ人数に同じ待遇を用意しなければいけないが、たとえば女子にはアメフトはない。それで、全種目にエントリーすると 60 人が試合出場できる女子ボートの奨学金枠が 20 名になっていたりして、やや数合わせの様相を呈している。冒頭に記したゴルフも、男子は他の競技との兼ね合いでなんとか 4.5

人を確保している状況だが、女子は公式戦に出場できる枠（6名）をそっくり奨学生で固めることができるのである。

　数合わせといったが、実際、女子のNCAA競技には、そうとしか思えない競技が幾つかある。先のボートもそうだが、奨学金枠12のラグビーも、女性特有のスポーツというわけでもなく、男子のNCAA競技にも存在しない種目である。実際、どちらの競技も初心者が多く、学生選手のアスリート奨学金を狙っての、日本風にいえば"学生デビュー"である。こうした状況に対して、行き過ぎた男女同権だと不満を叫ぶアメリカ人男性も実は多い。一方、女子の言い分は、男子チームの指導者に女性はほぼ皆無であるばかりか、女子チームであっても指導者となると男性が60%を占めている、従って、まだまだまったく不十分だという。Title Ⅸについても、もともとは学生選手の男女の比率を、学部生の男女比率と同じにするはずだったのに、実際はそうなっていないことについて、女性差別が今も根深いことを指摘する声もある。先に記したように、2018年の学生選手の数は、男子28万人、女子22万人で割合にすると56：44だが、実は、学部生の割合は男子43%で女子57%である。つまり、アメリカでは、大学生の数は圧倒的に女子が多いのである。

（ゴルフダイジェストオンライン連載「小林至博士のゴルフ余聞」2019年9月25日／10月15日に加筆修正）

NCAAのスチューデント・アスリートは、学生か労働者か

　このように、プロ顔負けの興行となっているカレッジスポーツ、旨味はなんといっても選手年俸を払わないで済むことです。全米の大学スポーツを統括するNCAAは、アマチュアリズムを信奉しており、学生選手（アメリカでは大学運動部員を、スチューデント・アスリートと呼びます）が競技活動から報酬を得ることを禁止しています。

　アメリカの大学は、学費が非常に高く、アメフト部やバスケットボール部に力を注いでいるような有名な州立大学ともなると、学費、教材・生活費と合わせると年間6〜8万ドルはかかります。一方で、名の通った大学を卒業することの意義は、キャリア形成に対して、日本とは比べものにならないインパクトがあり、投資効果が高いことが「売り」です。

　NCAA一部所属大学のアメフトやバスケの選手ともなると、この授業料＋生活費を全額奨学金で賄うことができて、授業についても特別の配慮がなされることで正当化されてきました。しかしながら、大学のアメフトとバスケが、プロにひけを取らない人気を博し、莫大な収益があがっていることや、ヘッドコーチなどの指導者には、プロにひけを取らない給与が支払われていることなどの背景ともあいまって、近年は、学生選手は搾取されているとの声が強まっていました。

　そうしたなか、元UCLAのバスケ選手だったエド・オバノン氏が、2009年に集団訴訟を提起しました。オバノンの主張は、NCAAとその肖像権管理会社であるCLC、ゲーム会社のエレクトロニック・アーツ社（EA社）に対して、学生アスリートの名前や肖像権、キャラクターの使用により手にした収入を学生アスリートへ還元しないのは反トラスト法（日本でいう独禁法）に違反しているというもので、2014年の一審ではオバノンが勝訴しました。この判決を受けて、CLCとNCAAの実在の選手の肖像を使用したビデオ・ゲームを販売していたEA社は示談に応じ、ゲームに肖像を使われたスチューデント・アスリートに対し総額4000万ドルを示談金として支払い

ました。また、全米労働関係委員会は、アスリート奨学金を受け取っている学生選手は、賃金契約のもとで雇用者の管理下にあることから労働者であると宣言しました。

　NCAA は判決を不服として控訴しました。控訴審では、「アマチュアリズムが NCAA の商品としての人気を保っていること」「学生選手が多額の報酬を受け取ってしまえば、一般学生との断絶が生じて大学スポーツではなくなる」ことについて NCAA の主張を認めつつ、「大学側は、学生選手が肖像権の対価として卒業後に年間 5000 ドルを上限とする報酬を支払うことができる」として学生選手が対価を受け取ることについては、オバノンの主張も認められました。オバノンはこれを不服として最高裁に上告しましたが、2016 年、最高裁は審理をしないことを決定しました。つまり、学生選手に肖像権が帰属することについてはオバノンの主張を認めつつも、プレーの対価として、（奨学金を大きく逸脱するような）多額の報酬を支払わないことについては、NCAA の主張を認めたことになります。

　今後については、これで一件落着となるかというと、恐らくそうはならないでしょう。その理由の１つが、高校から直接、NBA 球団と契約できないルールとの兼ね合いです。2006 年以降、NBA は、高卒後、最低１年を経てからでないとドラフト対象としない制度を導入しました。先述した通り、大学バスケットは全米の注目を集めますから、そこで才能をお披露目したうえで、晴れて NBA 入りするというのは、大学バスケ界にとっても NBA にとっても興行上、嬉しいことです。日本の甲子園のスターがプロ入りするのと同じようなイメージですね。もっとも、才能ある選手からすると、NBA 入りが１年遅れるのは時間の無駄であるばかりか、その間に怪我でもしたらどうするんだ、ということになるでしょうが、NCAA ディビジョン I のバスケ部員の 70％が NBA 入りできると思っているものの、実際にそこに辿り着くのは 1％ 余りです。先にも記したように、アメリカにおける大卒の価値は、日本とは比較にならないくらい大きいですから、圧倒的大多数のバスケ選手にとっては悪くないルールでしょう。

　とはいえ、ワン＆ダン（one & done）の俗称で知られるこの規制に対して

は、報酬を得てプロとしてやれる選手が、NCAA の興行のために、1 年間無料奉仕をする理由が見当たらないという批判は根強いものがあります。具体的には、9 月に入学して、3 月のマーチ・マッドネスに出場して、6 月のドラフトで NBA 入りするのと、高卒即プロ入りする違いがどこにあるか分からない、18 歳と 19 歳、17 歳と 18 歳の違いはどこにあるのか、激しい練習と、大観衆の前での試合の繰り返しの日々なのは大学でもプロでも変わりないなどの意見が、NBA 選手会を中心に表明されています。本稿執筆時点（2019 年）では、NBA と NBA 選手会は見直す方向で検討を続けている段階ですが、近い将来、撤廃となる可能性もあるでしょう。

UNIVAS

　ここまで、アメリカの大学スポーツが、競技によっては国民的規模での人気を博し、プロに匹敵する市場を形成しており、その中央統括団体として NCAA の存在があることを記述してきました。

　一方、我が国にはアメリカの NCAA に相当するような大学スポーツの中央統括大学は、2019 年 3 月に大学スポーツ協会（UNIVAS）が設立されるまで、存在したことがありませんでした。日本の大学スポーツは、アメリカのようなビジネス化においては未成熟ですが、東京六大学野球、箱根駅伝、ラグビー早明戦などなど、歴史と伝統に彩られ、日本の文化として広く認知された対抗戦は少なからずあり、日本のスポーツの発展や競技力の向上に大きな役割を果たしてきました。大学野球が、長嶋茂雄さんをはじめ多くのスターを輩出してきたことはご存じの方も多いでしょうが、オリンピアンの 2/3 は大学スポーツ出身者です。また、スポーツは大学の帰属意識の醸成に大きく寄与する存在でもあります。自身が所属している大学を「うちの大学」と表現することは多いと思いますが、こうした帰属意識を確認する、あるいは高める機会は、スポーツには多々あります。たとえば、野球部員がドラフトで指名されたり、箱根駅伝などで活躍すると、「うちの大学」が報道され、

周囲でも話題になりますが、そんなときは、母校への意識も高まるでしょうし、時には誇らしい感情をもつこともあるでしょう。

　そんな日本の大学スポーツに、大学横断的かつ競技横断的な統括組織を作ろうという動きが本格化したのは2016年のことでした。2013年に東京2020オリンピック・パラリンピックの誘致が決まり、2015年にスポーツ庁ができるなど、社会におけるスポーツの重要性に対する認識が高まるなか、本書の冒頭でも記した通り、安倍内閣の経済成長戦略「日本再興戦略2016」において、スポーツ振興が重要施策として位置付けられました。そこでは、日本のスポーツはこれまで教育の名のもと、産業化が十分になされていないことや、運営や組織の体制が不十分であること、逆に潜在成長力に満ちていることが確認され、大学スポーツはまさにその象徴的な存在であり、裏を返せば可能性に満ち満ちているという結論が導かれたという次第です。

　具体的な方向性としては2つあり、まずは大学スポーツにアメリカのNCAAのような、大学横断的・競技横断的な中央統括団体を設置することです。つまり、運動部員、指導者、所属大学、および競技連盟による協働組織を作ることで、いろいろな課題に協働して対応しようということです。そして、もう1つが、各大学に、アメリカの大学におけるアスレチック・デパートメント、つまり運動部を統括する部署を設置することです。

　これまでそうなっていなかったのが不思議だと考える向きもあります。中央統括団体でいえば、民間企業は経団連がありますね。農業をやる人には農協があります。高校スポーツは高体連。アメリカはNCAA、イギリスはBUCSという大学スポーツの統括組織がありますが、日本にはなかった。その理由は、これまで大学における部活動は自主自立の課外活動で、大学が直接コミットするものではないという考え方もあったのだろうと思います。

　しかし、あらゆる組織でガバナンスが求められるような時代において、それでいいのだろうか。2018年に国民的関心事となった日大アメフト部のタックル問題では、大学の運動部では、俗人的なお手盛り管理体制が、易々とまかり通ることが露呈しました。先に挙げた通り、大学スポーツの可能性、価値はかなり大きい。人格形成、そして学内、卒業生、地域のコミュニティ

の醸成、形成に役立つ。つまり、スポーツの発展、社会の発展に寄与する資源です。

　一方で課題もあります。先に述べたように、ガバナンスがない。ルールが確立されていない。ナレッジの共有がされていないのももったいない。大学や学連によっては、先進的な取り組みをしているところも多々あります。たとえば、早稲田大学は、運動部員すべてを対象に、学業との両立、人格形成を骨子とした育成プログラム（早稲田アスリートプログラム、WAP）を作成し、2014年から実施しています。一般社団法人全日本学生柔道連盟（学柔連）は、登録選手に対して成績証明の提出を義務付け、一定の単位を取得できていない学生には試合出場をさせないことにしています。早大や学柔連のような先進的な取り組みなどの情報を集約し、横展開するプラットフォームがあれば、発展はより促進されるでしょう。

　ということで、3年近く検討を重ねてきて、ようやくカタチになったのがUNIVASです。

　発足から半年を経た2019年9月時点で、加盟大学は222で、これは運動部のある大学の1/4を超える数字です。加盟競技団体は34で、主な競技団体はほとんど加盟しました。

　UNIVASが達成しようとしているのは、アメリカのNCAAの理念とほぼ同じで、1つが、学業の充実、つまり文武両道。もう1つが、学生スポーツ選手の安全と安心を守ること。そして、文武両道と安全・安心の実現のために必要な経費を作ること。つまり、マーケティングを展開していこうということで、この3本柱です。

　2019年の発足時点では、図表6-7のような具体案を掲げていますが、UNIVASは加盟大学の意思の総意ですから、これから現場のニーズを中心に優先順位を決め、1つ1つ取り組んでいくことになるでしょう。

　そしてもう1つ大事なのが、それぞれの大学が、アスレチック・デパートメント（スポーツ局）を設置することです。各大学の運動部を1つの部署で一括管理することで、ガバナンスを高め、学生や指導者を守ることはもちろ

ん、運動部に関する情報を学内外へ発信することで、OB、ＯＧ、現役学生、教職員のアイデンティティ醸成に必ず寄与することでしょう。アメリカでは、たとえばハーバードのような学問で有名な大学でも、スポーツ以上に帰属意識を実感できるツールはないと認識されています。

図表6-7　UNIVASの３本柱

学業充実	●入学前からの動機付け ●学習機会の確保 ●成績管理・対策 　さらなる動機付け ●キャリア支援
安全安心	●事故情報の集約化 ●共通ルールの設定 ●ガバナンス体制の構築 ●ハラスメントや暴力に関する相談体制の構築 ●指導者研修
事業 マーケティング	●大会レギュレーションの整備 ●個別データの管理運用 ●シェアードサービスプログラムの開発提供 ●大学SAの業務支援 ●広報戦略 ●スポンサー制度 ●組織整備

column

日大アメフト問題がかくも国民的関心事となったワケ

　日頃、関心を示す方があまり多くない大学アメフトの、それもシーズン前のオープン戦での反則が、ついには日本最大級の学校法人の経営を直撃するという驚きの展開となった日大アメフト悪質タックル問題（2018年5月）。

　わたし自身もマスメディアで解説をしたりして片棒を担いだ身でこういうのもなんだが、半島情勢やら南欧の金融危機やら、わたしたちの生活に大きな影響を及ぼしかねない重要なニュースが多々あるなか、やや不思議な感はある。

　一方、大学スポーツおよび大学にとっては、他人事ではない、教訓に満ちた一件ではあった。実際、もし我が大学で同じことが起こったらと、ぞっとしながら事の成り行きを見守っていた大学関係者も多いことと思う。

　まず部活動と大学との関係。日本における大学の部活動は、自主自立の課外活動であり、大学は不干渉というのが慣例だ。多くの大学では、監督は、大学の業務としての位置付けはなく、その人事や報酬（といっても交通費プラスα程度の謝礼というのがほとんどだが）もOB会が担っている場合が多い。今回、内田氏は大学の常務理事だったが、アメフト部の監督人事に大学当局が介在していたとは思えない。

　そんな第三者の監視が届きにくい大学運動部の世界では、指導者は、生殺与奪の権利を背景に、カルト集団の教祖のような服従の構造をこしらえ、学生を意のままに操ることも不可能ではない。ましてや、内田氏の場合は大学当局においても常務理事という大幹部だから、問題提起をするには、あの記者会見のような辛い手段を取らざるを得なかったのは、ガバナンスの欠如に他ならない。この類の指導者は昔も今も存在する。

　監督が学校法人の経営陣に名を連ねている例も、大学スポーツに限らず、高校野球などでも散見する。そういう部活動については、監視機能が効いているかどうか、学校関係者は、対岸の火事とせずに今一度の確認をしたほう

がいいだろう。

　今年度中に発足予定の日本版NCAAの狙いの1つは、まさにそこである。各大学には、学内の運動部を統括し、責任を負う部署を明示してもらったうえで、日本版NCAAは、第三者の目をもって、監視、調査・懲罰の機能を負うことになる。

　そしてもう1つ指摘しておきたいのは、大学経営は、文科省の設置要件など一定の基準を満たしさえすれば、経営の自由度はかなり高いということだ。高等教育機関として公共性の高い大学を経営するような立場にいるものは、その自由度を逆手に取るようなことはしないということになっているのだが、経営を厳しく監視する株主の存在もなく、経営を担う理事会はもちろん、その監視機能を担う評議委員会や監事会までシンパで固めて、ガバナンスを機能不全にすることは可能である。

　こう綴ってみると、今回の一連の悪質タックル問題が国民的関心事となったのは、日大あるいは大学スポーツの問題に留まらず、大学をも超え、日本社会に対して多くのヒトがもっているガバナンスへの疑念が噴出したからではないか。

（夕刊フジ連載「小林至教授のスポーツ経営学講義」2018年6月7日紙上掲載に加筆修正）

第

7

章

欧州サッカーの経済学

欧州サッカー

　イングランド・プレミアリーグが、2016年から2019年の放送権（イギリス国内）を、年平均23億ユーロ（約2760億円）、1試合平均約16.44億円で売ったことは先に記しました。プレミアリーグ所属クラブのスポンサー料も大変な価値を生じています。名門クラブの1つ、チェルシーの胸には、YOKOHAMA TYERSの文字が躍っていますが、その権利料は、2015／16－2019／20までの5年契約で2億ポンドでした。2019年9月の換算レートは、1ポンド135円前後ですから、邦貨にすると270億円、年間54億円となります。この契約額は、その前に胸マークのスポンサーだったサムソンの1800万ポンド／年の倍以上です。このように、景気のよい話が飛び交って

図表7-1　世界主要リーグの売上高（2018年）

リーグ名	球団数	シーズン試合数	売上（10億ドル）	1試合平均入場者数
NFL	32	16	15.6	67,100
MLB	30	162	10	28,652
NBA	30	82	7.6	17,987
EPL	20	38	6.5	38,273
NHL	31	82	5.2	17,446
La Liga	20	38	5	27,290
Bundesliga	18	34	4.6	44,657
Serie A	20	38	2.7	24,783

※参考

NPB	12	143	1.64	29,785
Jリーグ（J1）	18	34	0.78	19,079
Bリーグ（B1）	18	60	0.13	3,078

出典：Forbes、Wikipediaなどを基に作成。1ドル110円で換算

いる欧州のプロサッカーリーグ。売上も図表7-1にあるように、イングランド、スペイン、ドイツ、イタリアと、いずれも日本よりも経済規模が小さい国であるものの、その国内サッカーリーグは、北米4大リーグと肩を並べる規模を誇っています。

　欧州サッカーリーグの運営方法は、北米リーグと対照的な構造です。競技もシンプルならば、リーグのしくみもシンプル。クラブの財力・戦力の均衡化を図るような制約はほとんど存在せず、自由競争です。自由競争ですから、わたしたちが住む資本主義経済のもとで起こっているのとほぼ同様の現象が起きています。財力のあるチームは、世界中から選手をかき集め勝ちまくり、財力のないチームは、優勝は夢のまた夢、一部リーグ残留が目標ということになります。

　欧州サッカーのなかでは、最も上位と下位の格差が低いイングランド・プレミアリーグでも、上位と下位の差は、北米4大リーグと比べると著しく、図表7-2は2013年の数字ですが、その差は6倍以上でした。売上1億ドルに満たないクラブが、その6倍を売り上げるクラブと同じ土俵で戦うのは難しく、プレミアリーグ創設以来27年間で、優勝したクラブは6。そのうち13回はマンチェスター・ユナイテッドで、チェルシーが5回、マンチェス

図表7-2　世界の主要スポーツリーグにおけるチーム収入、その格差（2013年）

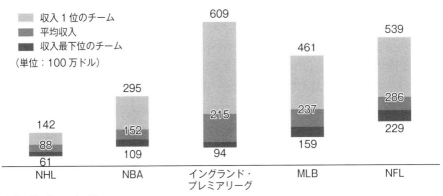

出典：Business Insider

ター・シティが4回、アーセナルが3回です。

　勝負はやってみなければ分からないし、大番狂わせが起こることはあります。実際、2015／16シーズンには、イギリスのブックメーカーが、ネッシーの出現よりも確率が低いとしていたレスター・シティが優勝したこともあります。しかしロングランで俯瞰してみると、やはりカネをかけたチームは強い。たとえばチェルシーは、2003年にロシアの大富豪、ロマン・アブラモビッチがクラブを買収して多額の投資をしたことで、急速に力をつけて、2005／06シーズンにはプレミアリーグ初優勝を果たしました。以後は、常勝軍団としてプレミア優勝4回、チャンピオンズ・リーグにも出場を逃したのは一度だけで、2011／12には優勝も果たしました。近年、急速に力をつけているマンチェスター・シティも同様です。2007年に、前タイ首相のタクシン・チナワット氏率いる投資グループが買収してから、世界のスーパースターを次々と獲得するようになり、翌年、アラブ首長国連邦の投資会社ADUGにオーナーが移譲されると、スター獲得に拍車がかかり、その甲斐もあって2012／13シーズン、ついにプレミアリーグ初優勝を果たし、1年おいた2014／15シーズンで2度目の優勝を飾り、2017／18、2018／19と連覇を果たしています。

　図表7-3は、21世紀以降における世界の主要リーグの優勝チームを掲げたものです。アメリカのプロスポーツに比べると、欧州の優勝チームは偏在しています。2019年9月の時点で、ドイツのブンデス・リーグは、バイエルン・ミュンヘンが6連覇中、イタリアではユベントスが8連覇中です。対して、アメリカのプロスポーツはNFLが19シーズンで11チーム、NBAが9チーム、MLBは12チームと毎年のようにシーズン・チャンピオンが入れ替わっています。日本のプロ野球も、近年はソフトバンクと、その間隙を縫って他のチームという様相ですが、21世紀以降でみれば、構成12球団のうち8球団が日本一に輝いており、戦力が均衡しているといっていいでしょう。

　この欧州サッカーの格差社会ぶりが最も色濃く発露されているのが、スペ

図表7-3　21世紀以降における世界の主要リーグの優勝チーム

	チャンピオンズ・リーグ	イングランド・プレミアリーグ	リーガエスパニョーラ	ブンデスリーガ	セリアA	NFL	NBA	MLB	NPB	Jリーグ
2000-2001	Bayern Munich	Man United	Real Madrid	Bayern Munich	Roma	Ravens	Lakers	Diamondbacks	ヤクルト	アントラーズ
2001-2002	Real Madrid	Man United	Valencia	Bayern Munich	Juventus	Patriots	Lakers	Angels	巨人	ジュビロ
2002-2003	Milan	Arsenal	Real Madrid	Borussia Dortmund	Juventus	Buccaneers	Spurs	Marlins	ダイエー	マリノス
2003-2004	Porto	Man United	Valencia	Bayern Munich	Milan	Patriots	Pistons	Red Sox	西武	マリノス
2004-2005	Liverpool	Arsenal	Barcelona	Werder Bremen	--	Patriots	Spurs	White Sox	ロッテ	ガンバ
2005-2006	Barcelona	Chelsea	Barcelona	Bayern Munich	Inter	Steelers	Heat	Cardinals	日本ハム	レッズ
2006-2007	Milan	Chelsea	Real Madrid	Bayern Munich	Inter	Colts	Spurs	Red Sox	中日	アントラーズ
2007-2008	Manchester United	Man United	Real Madrid	Stuttgart	Inter	Giants	Celtics	Phillies	西武	アントラーズ
2008-2009	Barcelona	Man United	Barcelona	Bayern Munich	Inter	Steelers	Lakers	Yankees	巨人	アントラーズ
2009-2010	Inter Milan	Man United	Barcelona	Wolfsburg	Inter	Saints	Lakers	Giants	ロッテ	グランパス
2010-2011	Barcelona	Chelsea	Barcelona	Bayern Munich	Milan	Packers	Mavericks	Cardinals	ソフトバンク	レイソル
2011-2012	Chelsea	Man United	Real Madrid	Borussia Dortmund	Juventus	Giants	Heat	Giants	巨人	サンフレッチェ
2012-2013	Bayern Munich	Man City	Barcelona	Borussia Dortmund	Juventus	Ravens	Heat	Red Sox	楽天	サンフレッチェ
2013-2014	Real Madrid	Man United	Atletico	Bayern Munich	Juventus	Seahawks	Spurs	Giants	ソフトバンク	ガンバ
2014-2015	Barcelona	Man City	Barcelona	Bayern Munich	Juventus	Patriots	Warriors	Royals	ソフトバンク	サンフレッチェ
2015-2016	Real Madrid	Leicester C	Barcelona	Bayern Munich	Juventus	Broncos	Cavaliers	Cubs	日本ハム	アントラーズ
2016-2017	Real Madrid	Chelsea	Real Madrid	Bayern Munich	Juventus	Patriots	Warriors	Astros	ソフトバンク	フロンターレ
2017-2018	Real Madrid	Man City	Barcelona	Bayern Munich	Juventus	Eagles	Warriors	Red Sox	ソフトバンク	フロンターレ
2018-2019	Liverpool	Man City	Barcelona	Bayern Munich	Juventus	Patriots	Raptors		ソフトバンク	
優勝球団数	11	5	4	5	5	11	9	12	8	9

インのトップリーグ、ラ・リーガです。プレミアリーグ同様、毎年、20 チームでリーグ戦を戦いますが、優勝争いはバルセロナとレアル・マドリードの一騎打ちです。実際、21 世紀に入ってからの 19 シーズンで優勝したのはバルセロナが 10 回、レアル・マドリードが 6 回と他を圧倒しています。

　収入面においても、図表 7-4 にあるように、2018 年時点でレアルが 7 億 4800 万ユーロ、バルセロナが 6 億 8600 万ユーロと、3 位以下を圧倒しています。セルタ・デ・ビーゴ以下になると売上は 1 億ユーロに届かず、ラ・リーガで売上が最も少ないジローナのそれは 1000 万ユーロ、ブービーのレバ

図表7-4　ラ・リーガ所属クラブの推定売上（2017/18シーズン）

単位：100万ユーロ

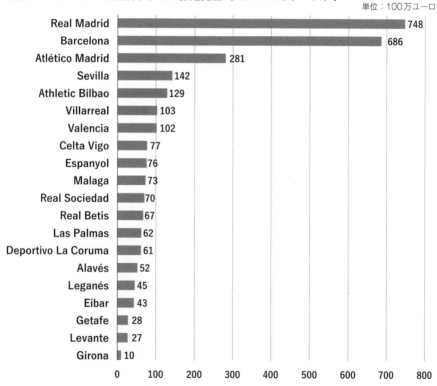

出典：Palco23、@SwissRamble を基に筆者作成

ンテは2700万ユーロです。売上において70倍の格差があるチーム同士が戦うというのは、どういうものなのか。勝負は何が起こるか分からないとは、言いづらい状況です。実力を拮抗させて、どこが勝つか分からない状態をできるだけ長く続けることが、リーグビジネスの肝だと考える北米であれば、とても看過できる状況ではありませんが、スペインのサッカーリーグは、2強に引っ張られるカタチで、ドル換算で50億ドルの売上（2017／18）は世界の主要リーグのなかで6番目、サッカーリーグとしては、プレミアに次ぐ2番手につけています。

　事実上のクラブチーム世界一を決定する大会である欧州チャンピオンズ・リーグにおいても、図表7-3が示している通り、21世紀以降、レアルが5回、バルセロナが4回優勝と、輝かしい記録を残してきました。世界中のスーパースターをかき集め、銀河系軍団と称されるレアル・マドリード。これに対抗する、どちらかといえば地元密着型のバルセロナ。この2クラブに引っ張られてリーグ全体のレベルがアップし、結果、世界中から注目とマネーを引き寄せていることは間違いないようです。

　そして面白いことに、この2強以外は弱いかというとそうでもなく、たとえばビルバオのように地元バスク出身の選手だけで固めて、優勝争いとまではいかずとも、時に台風の眼となる、個性豊かなチームもあります。

　スペインは、経済的にみれば、GDPは世界13位、EU加盟国のなかでは5位、1人当たりにすると世界33位。人口も4600万人弱で、世界で29番目。16世紀から17世紀にかけて、無敵艦隊をもって「太陽の没することなき帝国」と称された時期もありますが、現在、その面影をしのぶことができるのは、中南米を中心に世界各国で公用語となっている言語くらいのもので、2012年には、失業率が25％を突破し、特に若者のそれは50％を超えるという、危機的な状況に陥っています。そんなスペインが、アメリカのように、各球団の収入や戦力を揃えるようなことをすれば、個性に乏しい中堅国のリーグに終わっていたかもしれません。

　加えて、グローバル化で市場は世界に拡がりましたから、強豪チームは、

世界に売れるコンテンツとして莫大な収入を得ており、下位の球団との経済的格差はより拡がる傾向にあります。

　北米リーグとの対比において、ヨーロッパ・サッカーを特徴づけるシステムは、昇格と降格です（図表7-6）。

　リーグが階層的に組織されており、上位リーグの弱いチームは下位リーグに降格し、下位リーグの強いチームは上位リーグに昇格するという「昇格・降格システム」が採用されています。新規参入についても参加費を払うことなく最下層のリーグから興行を開始することが可能です。

　各チームに地理的な独占権はありません。図表7-7（260ページ参照）の通

図表7-5　欧州サッカークラブ売上ランキング（2017/18シーズン）

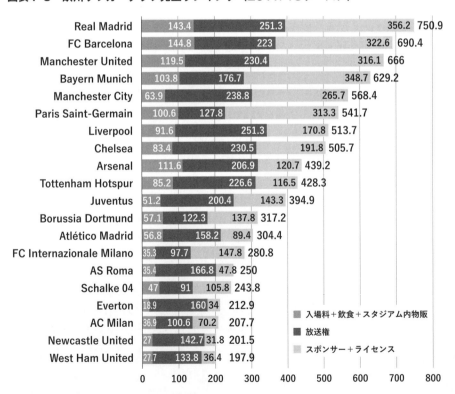

出典：Deloitte Football Money League 2019

図表7-6 昇格と降格

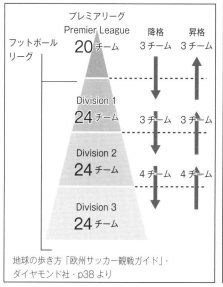

プレミアリーグ

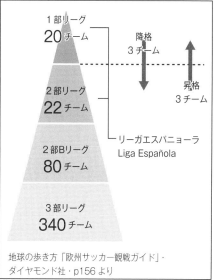

リーガ・エスパニョーラ

り、経済的に最も成功しているサッカーリーグであるイングランド・プレミアリーグにおいても、首都ロンドンに6球団がひしめきあっています。

　欧州サッカーのリーグ戦は、ホーム＆アウェイで1試合ずつですから、プレミアリーグのように20チームのリーグですと年間の試合数が38となります。NFLは別として、北米のプロスポーツに比べると多くはありません。とはいえ、戦力が上位の強豪チームに偏在している以上、弱いチームは早々に脱落することは避けられません。消化試合の処理はどうしているのでしょうか。

　北米リーグでは、そのために、"優勝の行方が分からない状態"を長く続ける、つまりチームの経営規模と戦力バランスを均衡させていますが、欧州は、格差是正のための政策は取っていません。欧州のリーグは、昇格・降格システムと、カップ戦との並行開催によって興味・関心のポイントを複数設けることで、対応しています。

図表7-7　プレミアリーグ所在地

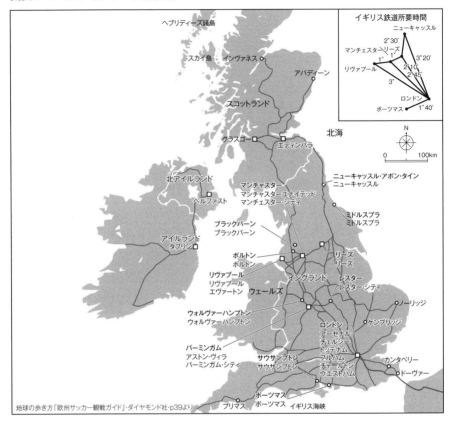

イギリス鉄道所要時間

地球の歩き方「欧州サッカー観戦ガイド」・ダイヤモンド社・p39より

チャンピオンズ・リーグ

　事実上のクラブチーム世界最強チーム決定戦と目されているのが、欧州チャンピオンズ・リーグです。クラブチームによるサッカーの欧州大陸選手権大会で、主催者は欧州サッカー連盟（UEFA）です。毎年9月から翌年の5月にかけて、各国のリーグ戦と並行して行われます。参加資格は、UEFAの定めたカントリー・ランキングに基づき、国別の出場枠、およびどのレベ

ルからスタートできるかが決まります。

2019／20 の出場枠は以下のようになっています。

UEFA チャンピオンズ・リーグの前年優勝クラブ

UEFA ヨーロッパ・リーグ（もう1つのカップ戦）の前年優勝クラブ

UEFA ランキング1位〜4位の国から、当該国の国内リーグ戦における上位4クラブ（計16クラブ）

UEFA ランキング5位と6位の国から、当該国の国内リーグ戦における上位2クラブ（計4クラブ）

UEFA ランキング7位〜10位の国から、当該国の国内リーグ戦の上位1クラブ（計4クラブ）

　この基準で重複して対象となるクラブが生じた場合は、UEFA ランキング11位の国の優勝クラブ、次に、UEFA ランキング5位の国から上位3番目のクラブに出場権が付与されます。この基準のもと26チームが選出され、残る6枠は、UEFA に加盟している、その他の国の国内リーグ戦の優勝クラブによる予選により決定します。

　こうして選出された32チームが、4クラブ×8グループに分かれ、ホーム・アンド・アウェー方式で2回総当たり。各グループの上位2クラブ、計16チームが決勝トーナメントに駒を進めます。このベスト16以降もホーム・アンド・アウェー方式で、決勝だけが一発勝負という方式です。決勝戦の視聴者数が2億人にのぼることもある、世界屈指のスポーツ大会であるチャンピオンズ・リーグは、勝てば勝つほど収入が増えていくという、優勝劣敗の単純明快なサッカー・ビジネスを色濃く反映しています。

　たとえば、2019／20 大会の賞金スキームを、以下に一部抜粋します（単位：1000 ユーロ）。

- 予備予選出場：230
- 本大会のグループステージ出場：15,250
- グループステージでの勝利：2,700
- 決勝トーナメント進出（ベスト16）：9,500
- 準々決勝進出：10,500

- 準決勝進出：12,000
- 準優勝：15,000
- 優勝：19,000

　これに加えて、「マーケットプール」という各国の広告やテレビ放送権料の割合による加算が行われます。そして、各国のリーグ戦と並行して開催されるこのチャンピオンズ・リーグの長丁場を勝ち抜き、優勝したクラブは最大8245万ユーロ（1ユーロ120円で換算して99億円）という莫大な賞金を手にすることができます。

　この100億円に迫る優勝賞金を含めた賞金総額20億ユーロを超えるチャンピオンズ・リーグ、当然のことながら、それ以上の額を稼いでいます。UEFAは、チャンピオンズリーグ、ヨーロッパリーグ、スーパーカップ（チャンピオンズとヨーロッパの優勝クラブによる試合）から生じる売上額は推定32億5000万ユーロだと公表しています。そのうちチャンピオンズ・リーグから生じる売上は2/3程度だそうですから、およそ21.7億ユーロ。2005／06のチャンピオンズ・リーグの売上高は6億ユーロでしたから、15年で3.6倍になったというわけです。この大躍進を支えているのは、北米4大プロスポーツや欧州主要国のサッカーリーグと同じく放送権収入です。2005／06の放送権収入は5億ユーロでしたが、2019／20は17億ユーロに高騰しています。

イングランド・サッカーの劇的！ V字回復

　世界で最も普及している競技であるサッカーの歴史は古く、欧州各国のプロリーグが大衆の娯楽である歴史も古いですが、北米4大リーグと比肩するようなレベルのビジネスになった歴史はそれほど古くありません。

　その発端となったのが、サッカーの母国イングランドです。すでに記したように、サッカーの世界では、イギリスは、イングランド、スコットランド、ウェールズ、北アイルランドが、それぞれ独立した組織としてFIFA

に加盟しており、イギリスという組織はありません。一方、IOCはそれを認めておらず、五輪のイギリス代表は、イングランドのアマチュア選手が派遣されていました。2012年、自国開催となるロンドン五輪のときに、史上初めて4協会統一チームが結成されたことは、大きな話題となりました。

　さて、アマチュアリズムの発祥の地であるイングランドは、そのドグマに縛られ、同じく、舶来品のアマチュアイズムの呪縛に囚われていた日本と同様、スポーツのプロ化、興行化するのに立ち遅れていたことは、すでに記した通りです。その間、欧州のサッカーを牽引し、ビジネス化をしてきたのはフランスでした。1904年にFIFA設立を主導したのも、1955年に欧州チャンピオンズ・リーグを創設したのも、1960年にヨーロッパ選手権を創設したのも、フランスでした。

　思えば、新たな権利を創造するのは、フランス人の十八番です。フランス革命において、自由と平等、人民主権、言論の自由など、現代社会の礎となる権利を創造した国民性が発揮されたといっていいのかもしれません。

　ただし、現在、そのフランスの国内リーグは、欧州の主要リーグのなかではイングランド、スペイン、ドイツ、イタリアに次ぐ5番目のリーグであり、一方で、最も隆盛を誇っているのが、ビジネス化が一番立ち遅れたイングランドのプレミアリーグというのも、皮肉なものですが。

　1980年代までのイングランド・サッカーは、ひどい状況にありました。第二次世界大戦後、基幹産業の国有化による国際競争力の低下と、「ゆりかごから墓場まで」と呼ばれる、手厚い社会保障制度のために人々は働かなくなり、そこに二度のオイルショックが重なり、イギリス経済はどん底。スタジアムは、労働者階級が鬱屈した生活のウサを晴らそうと、大声をがなり立て、時に暴力を働く危険な場所となっていました。フーリガンは、彼らが暴徒化した集団のことで、発祥はイングランドです。屈指の名門クラブであるチェルシーが、本拠地スタジアムに強制収容所に用いられる鉄条網を設置し、そこに電流を流せるように改装したほど。フーリガンの暴動が頻発するスタジアムから人々の足は次第に遠のき、観客動員数は1950年代の4100万

人から、1980年代には1800万人に激減していました。

　そうしたなかで、ついに起きてしまったのが、「ヘイゼルの悲劇」と「ヒルズボロの悲劇」でした。ヘイゼルの悲劇は、1985年、ベルギーのヘイゼル・スタジアムで行われたUEFAチャンピオンズ・カップの決勝戦（リバプールvsユベントス）の試合前に起こりました。両軍の熱狂的なサポーター同士の小競り合いが暴動に発展、巻き込まれまいと、脱出を試みる一般客が殺到。老朽化していたスタジアムの壁は、その重量に耐えきれずに倒壊、群衆雪崩となり、死者39人、負傷者400人以上の惨事となったのです。このペナルティとして、リバプールは6年間、それ以外のイングランドのクラブは、5年間、UEFA主催の国際試合への出場を禁止されました。

　ヒルズボロの悲劇が起きたのは1989年。イングランドのヒルズボロ・スタジアムで行われた、イギリス国内カップ戦の準決勝でのことでした。テラスと呼ばれるゴール裏の立見席に、収容能力を上回るサポーターが押し寄せたことにより、死者96人、負傷者766人という、今に至るまで、イギリス・スポーツ史上最悪の事故が起こったのです。UEFA主催の国際試合への出場が禁止されている、いわば謹慎期間に起きたこの事件で、イングランドの国技は、まさに奈落の底に落ちました。

　このどん底のイングランド・サッカーを大きく変えることになったのが、ピーター・テイラー判事の指揮のもとに作成された、ヒルズボロの悲劇の事故調査報告書、いわゆる「テイラー・レポート」でした。テイラー・レポートは、サッカーがイングランドの国技であるにもかかわらず、老朽化したスタジアムとお粗末なスタジアム管理、サポーターの飲酒と暴力のせいで、みるスポーツとしての価値が損なわれ、そのことが国家のイメージを貶（おとし）めていると断じたのです。そのうえで、テラス席を廃止してすべて座席にすることを提唱しました。

　テイラー・レポートを受けてイギリス政府は、テラス席の廃止を含めたスタジアムの建築基準を大幅に見直し、法制化し、各クラブに1994年までに達成するよう義務化しました。このスタジアム改修は、かかる状況下、厳し

い各クラブの財政を強烈に圧迫しました。各クラブは、改修したスタジアムの入場料を大幅に引き上げはしたものの、その程度ではどうにもならないことは明らかでした。

　そこに現れたのが、衛星放送をスタートしてみたものの、視聴世帯が伸び悩み、キラー・コンテンツを欲していた、ルパート・マードック率いるBスカイBです。両者の利害は合致し、プレミアリーグ創設へと、ことは動いていきます。そして、先に記したように、瀕死だったイングランド・サッカーは、衛星放送の普及とグローバル化の進展の流れに乗って、急成長を遂げていくのです。衛星放送は、欧州本土でも急速に普及していきました。

　イギリスもそうでしたが、欧州では、テレビは低俗な娯楽との概念が強く、アメリカや日本に比べて、娯楽としてのコンテンツは、質量ともに大きく遅れていました。そこに衛星放送が現れたわけです。これには、冷戦終結の結果、多くの軍事衛星が民間に払い下げられたという、この時代特有の背景もあります。湾岸戦争の様子が現地からリアルタイムで伝えられ、プロ・サッカーの試合を家に居ながらにしてライブで観戦できる、その楽しさは、あっという間に欧州先進各国に浸透していったのは想像に難くないでしょう。

ボスマン判決

　もう1つ、欧州のサッカーが世界に売れるコンテンツへと成長していくのに大きな影響を与えたのが、ボスマン判決です。「欧州のアンディー・メッサースミス事件」といわれるように、本件は、欧州における保留条項への挑戦で、アメリカと同様、業界に地殻変動を起こすことになります。

　ときは1990年。ベルギーリーグ2部のクラブ、RFCリエージュの選手だった、ジャン＝マルク・ボスマンは、同クラブとの2年契約が満了したことに伴い、フランスのクラブに移籍をしようとしたところ、リエージュは、保

留権を主張して、移籍を阻止しようとしました。

　これに対し、ボスマンは、この慣習は「職業選択の自由を阻害している」として、訴訟を起こしました。訴訟を受理したベルギーの地方裁判所は、欧州連合（EU）の労働規約に関わる問題だと考え、上級裁判所に相談。結局、裁判はEU裁判所で審議され、1995年に出された判決は、ボスマンの全面勝訴となります。

　ボスマン判決の内容は以下のようなものでした。

①クラブとの契約が完全に終了した選手の所有権を、クラブは主張できない。

②EU域内であれば、EU加盟国籍所有者の就労は制限されないとしたEUの労働規約を、プロサッカー選手にも適用する。

　この判決のもたらした影響は、まず、EU域内の選手は、契約が終了すればフリーエージェントになれるということで、アメリカのプロリーグでそうだったように、実力のある選手の年俸が高騰し、かつ契約年数も長くなりました。また、各国のリーグが設けていた外国人枠は、少なくともEU域内に

図表7-8　イングランドのサッカー選手の給与の推移（1984年以降）

英国人の年平均給与所得（ポンド）	シーズン	イングランド・プロサッカー 1部リーグ	年平均成長率 %
£9,984	1984-85	£24,934	
£10,764	1985-86	£28,146	11.41
£11,648	1986-87	£28,308	0.57
£12,740	1987-88	£28,722	1.44
£13,988	1988-89	£37,284	22.96
£15,340	1989-90	£41,600	10.38
£16,536	1990-91	£52,000	20.00
£17,680	1991-92	£59,904	13.19

		プレミアリーグ	年平均成長率
£18,356	1992-93	£77,083	22.29
£18,824	1993-94	£93,968	17.97
£19,552	1994-95	£116,448	19.30
£20,332	1995-96	£130,896	11.04
£21,632	1996-97	£175,066	25.23
£22,828	1997-98	£244,908	28.52
£23,600	1998-99	£13,959	21.99
£24,596	1999-00	£383,835	18.20
£26,000	2000-01	£451,274	14.94
£27,300	2001-02	£566,932	20.40
£28,132	2002-03	£611,068	7.22
£28,600	2003-04	£651,222	6.17
£29,640	2004-05	£630,355	-3.31
£30,784	2005-06	£685,748	8.08
£31,616	2006-07	£778,103	11.87
£33,124	2007-08	£960,377	18.98
£33,540	2008-09	£1,066,391	9.94
£34,122	2009-10	£1,162,350	8.26

出典：Sporting Intelligence.com

おいて適用することはできなくなり、資金力が豊富なクラブは、有力な選手を欧州中からかき集めることが可能になりました。

　図表7-8は、イングランドのサッカー選手の給与の推移です。ボスマン判決後の5年間で、プレミアリーグ所属クラブの選手の給与は、13万ポンド（1995／96）から、45万ポンド（2000／01）と3倍以上に急騰しました。規制緩和と市場開放と自由競争……市場原理のフル回転となった欧州サッカーリーグは、以降、選手の流動化、マネーゲーム化、国際化が急激に進むことになりました。ちなみに、プレミアリーグの2017／18シーズンの平均年俸は299万ポンドと、2000／01シーズンの6.6倍となっています。

二極化

　欧州プロサッカーのシステムは、勝てば勝つほど、どんどん儲かる一方、2部に降格でもしようものなら、収入は劇的に細るという弱肉強食システムですから、あっという間に天国から地獄に落ちるケースが出てきます。

　有名なのが、イングランド・プレミアリーグのリーズ・ユナイテッドの破綻です。同クラブは、1904年設立の名門チームで、プレミアリーグ創設前のトップリーグでは優勝3度。プレミア創設後も、しばしば優勝争いを演じ、2001年には、欧州チャンピオンズ・リーグでベスト4に進出するなど、強豪チームとして名を馳せていました。しかし、2003／04年シーズンに、大型補強の失敗などで不振に陥り、2部に降格すると、財政は一気に悪化、2005年に破産してしまいました。

　こうした破綻の例や、優勝の可能性があるクラブが限られていること、観戦チケットの値段が、プレミアリーグでいえば創設時の5倍近くになっていることなどから、批判の声もあります。2018年の同リーグのチケット価格は、平均で31ポンド、135円で邦貨換算すると4200円弱となります。これは、MLBの3630円よりは高く、NBAの9800円、NFLの1万1000円よりも安い価格ですが、2時間足らずの娯楽としては、決して安くないのは確か

でしょう。プロサッカークラブは、イングランドが特にそうですが、欧州どこでも労働者階級のコミュニティで生まれ、育った歴史があります。アーセナルは、王立兵器工場の労働者が作ったチーム（アーセナルは武器庫の意味）です。それが今や、スタンドを埋めるファンは富裕層と外国人観光客。フィールドに立っているのは、アーセナルもそうですが、強豪クラブともなるとスタメン全員が外国人というのが日常的な光景となり、その年俸も平均で3億円を超えています。そしてチームを所有しているのは、ロシアの石油王だったり、サッカーには興味がないはずのアメリカ人だったり……かつてのコミュニティ代表とはまったく別の世界になっていることは間違いないでしょう。

国際展開で新たな成長ステージへ

2005年には、欧州司法裁判所の指示で、ボスマン判決の適用範囲が、EU協約を結んでいるEU域外諸国（ロシアを含む東欧諸国、およびイギリスやフランスの旧植民地であったアフリカ諸国の多くがこの協約を結んでいる）についても拡がりました。国際展開の先頭を走ってきたのが、イングランドのプレミアリーグです。かつて7つの海を制し、アメリカ、インド、オーストラリアなど、他国の追随を許さないレベルの植民地経営のノウハウをもっている、その国民性を象徴しているという声もありますが、現在、プレミアリーグは、その試合中継を世界中の人々が楽しむ地球規模のコンテンツとなっています。

図表7-9の通り、プレミアリーグは、欧州5大サッカーリーグのなかで最大の売上規模を誇りますが、その原動力になっているのが海外における人気です。図表7-10は、欧州5大リーグの放送権収入を、国内と海外に分けて表示したものです。プレミアリーグの国内（つまりイギリス）の放送から生じる権利料（年間20億ユーロ）も5大リーグのなかでトップですが、12億ユーロに達している海外放送権料収入も5大リーグの先頭に立っています。

図表7-9　欧州5大リーグの総収入額

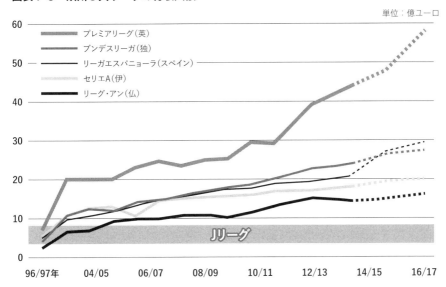

出典：Deloitte Football Money League 2019を基に作成

図表7-10　欧州5大リーグの放送権料収入（2018年時点）

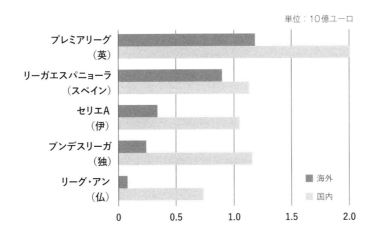

出典：Deloitte Football Money League 2019を基に作成

とりわけ顕著なのがアジアで、プレミアリーグがニールセン・スポーツに委託した調査によれば、2018／19シーズンは、全世界で27億人がプレミアリーグの試合を観戦し、そのうち10億4000万人がアジア（オセアニアを含む）のファンでした。最もアジアで人気のあるクラブは、マンチェスター・ユナイテッドで、マンUによれば、全世界に存在するマンUファン6億5900万人のうち、3億2500万人がアジア人だそうです。

　アジアは、序章でも記したように、世界人口の60％、世界経済の30％を占めており、今後の成長期待も高く、世界で最も有望な市場として、グローバルマネーが沸騰している地です。日欧米の多国籍企業は、このアジア市場における認知向上、権益拡大を狙い、積極的な投資を行っています。そして、新たな市場に浸透するために、現地で最も親しまれているスポーツ球団のブランドを利用するのは常套手段であり、プレミアリーグ所属クラブの胸スポンサーは、まさにそれを象徴しています。

　マンチェスター・ユナイテッドの胸スポンサーの権利を購入しているシボレーは、自動車メーカーGMのブランドの1つです。シボレーが年間5300万ポンドを投じてまで、同クラブのユニフォームの胸にロゴを掲出している理由は、マンチェスターのファンにアピールするためでも、イングランドのファンにアピールするためでもありません。イギリスは日本と同様、自動車は広く浸透している成熟市場で、いわゆるレッド・オーシャンです。そこに割って入っていってもパイの奪い合い、価格競争の疲弊戦になるのは明らかで、旨味はないのです。シボレーのターゲットはまだ手付かずのブルー・オーシャン市場、アジアです。人口にして世界の60％、経済にして世界の30％を占めるアジア、そして間もなく人口14億に達するインドが、GDPにおいて日本を抜こうとしている成長市場です。

　横浜ゴムがチェルシーの胸スポンサーに、年間4000万ポンドを払う契約を結んでいることも先に記しましたが、その目的も、アメリカの保険会社AONなどと同じく、アジアです。横浜ゴムの野地彦旬社長（当時）は、チェルシーのユニフォームに大きく「YOKOHAMA TYERS」の文字が入る

図表7-11　プレミアリーグクラブの胸マークのスポンサー（2019/20シーズン）

チーム	胸マークの スポンサー	業種	本社所在地
Arsenal	Emirates	航空	アラブ首長国
Aston Villa	W88	ギャンブル	フィリピン
Bournemouth	M88	ギャンブル	フィリピン
Brighton & Hove Albion	American Express	金融	アメリカ合衆国
Burnley	LoveBet	ギャンブル	マルタ
Chelsea	Yokohama Tyres	タイヤ	日本
Crystal Palace	ManBetX	ギャンブル	マルタ
Everton	SportPesa	ギャンブル	ケニヤ
Leicester City	King Power	免税店	タイ
Liverpool	Standard Chartered	金融	イギリス
Manchester City	Etihad Airways	航空	アラブ首長国
Manchester United	Chevrolet	自動車	アメリカ合衆国
Newcastle United	Fun88	ギャンブル	マン島
Norwich City	Dafabet	ギャンブル	フィリピン
Sheffield United	USG	金融	オーストラリア
Southampton	LD Sports	メディア	中国
Tottenham Hotspur	AIA	保険	香港
Watford	Sportsbet.io	ギャンブル	キュラソー
West Ham United	Betway	ギャンブル	マルタ
Wolverhampton Wanderers	ManBetX	ギャンブル	マルタ

ことについて、2015 年 8 月 13 日付の日経新聞紙上で、中国などでの拡販への意気込みを、以下のように表現しています。

「スポンサー契約を結んだチェルシーは世界に 5 億人のファンがいる。このうち 2％でも当社に関心を持ってくれれば 1000 万人、タイヤなら 4000 万本が売れる計算だ」

ただし、選手の獲得の背景に市場の攻略があると考えるのは、少々行きすぎかもしれません。マンチェスター・ユナイテッドが香川真司と契約を結んだときも、それ以前、2005 年に韓国のパク・チソンと契約を結んだときも、経済効果を狙ってのことかという議論が沸き上がりました。「勝利なくしてブランドなし」はどこのプロスポーツでもそうですし、特に、欧州サッカーの世界は、勝利が金銭に直結するしくみが明確ですから、それはありません。一方、結果として、パク・チソンを含めた同クラブが、韓国を訪問してイベントを開くことで 20 億円以上を売り上げ、韓国人 60 万人以上が、マンチェスター・ユナイテッド提携のクレジットカードを購入しました。香川が入団した際も、ヤンマーやカゴメなど 6 社が、マン U とスポンサー企業を結んだことが話題となりました。

図表 7-11 は、プレミアリーグの胸マークのスポンサー企業を列挙したものですが、20 クラブ中 19 クラブが海外の企業です。唯一、イギリスに本社があるスタンダード・チャータード銀行も、筆頭株主はシンガポールの政府系ファンドであり、また業務の 65％を占めているのはアジアです。つまり、実質 20 クラブすべて、メインスポンサーの目的は、海外におけるブランディングだということです。

図表 7-11 について、もう 1 つここで言及しておきたいのは、20 クラブの半分、10 クラブのメインスポンサーが、ギャンブル業であることです。第 5 章のコラム（175 ページ参照）でも言及しましたように、スポーツベッティングは、世界で 330 兆円という巨大市場を形成しています。日本の GDP の60％に達するこのスポーツベッティング市場は、「みるスポーツ」の産業においては、世界最高峰のチームでも売上が 1000 億円に満たないことから考

えると、まさに桁違いです。スポーツベッティング関連企業にとってみれば、年間 100 億円程度で世界中に認知を拡げることができる可能性のあるプレミアリーグの胸マークのスポンサー権は、安いものだということでしょう。

column
ビッグネームをジャンジャン爆買い
〜中国サッカーはナゼそんなに金かけられる？〜

　中国の爆買いが続いています。といっても、サッカーのことです。

　1つは、中国スーパーリーグ所属のクラブによる、海外ビッグネームの獲得です。ブラジル代表のオスカルを75億円で、元アルゼンチン代表テベスを94億円で獲得するなど、このオフに中国スーパーリーグが投じた移籍金総額はプレミアリーグに匹敵する272億円だという。

　それにしても、プレミアは売上800億円を超えるマンチェスター・ユナイテッドを筆頭に、所属クラブの平均売上が250億円という世界一裕福なサッカーリーグ。対して、中国リーグは、所属クラブの平均売上が30億円前後で、これはJ1とほぼ同じ。それで何十億円ものスター選手を次々と獲得しているのですから、クラブ単体としては大赤字です。

　これができる背景には、習近平が大のサッカーファンで、中国をサッカー大国にしようという「中国サッカー改革発展総合プラン」を共産党政府が掲げているからだそうな。各クラブの親会社はアリババなど、兆単位を売り上げる大企業がずらり。一党独裁政権による国策への協力に、数十億円単位の赤字を計上することくらいなんともないというわけ。

　もう1つは、欧州サッカークラブへの投資です。中国資本の欧州サッカークラブは、イングランド、イタリア、フランス、スペイン、オランダ、チェコの6カ国、計16チームにわたります。昨年のインテル、先月のACミランと買収規模も大きくなっている感があります。

　こうした爆買いに対して、いつか来た道、という声があります。

　スーパーリーグによるビッグネーム獲得は、1990年代に、Jリーグが発足に伴う大ブームとバブルの余韻と円高があいまって、欧州や南米のビッグネームを次々と獲得したのと同じではないかと。同じ頃、日本のプロ野球でも、MLBのスター選手が次々と来日しました。

　また、中国資本による欧州ビッグクラブの買収は、バブル期の日本資本

が、ロックフェラーセンターやペブルビーチ、シアトル・マリナーズを買収したのと同じではないかと。

　まあ、そうかもしれませんし、末路も同じようなものになるかもしれません。

　それはそれとして、ここで1つ別の見方を提示したいのは、残念ながら、中国の爆買い、日本が対象になっていないことです。その理由の1つとして、JリーグもNPBも、外資が資本の過半数を保有することを禁じていることがあります。

　また選手についても、JもNPBも、厳しい外国人枠を設けて規制しています。

　90年代には世界に伍していた日本のプロスポーツが、今や世界から大きく引き離されてしまったのは、こうした保護主義を長い間、取り続けてきたことが大きいでしょう。JもNPBも、従来の枠組みとは異なる投資や発想を呼び込むために、外資規制、外国人規制を取り払う時期に来ていると思うのです。

「イノベーションは非連続的に現れる」ヨーゼフ・シュンペーター

（夕刊フジ連載「小林至教授のスポーツ経営学講義」2017年5月11日紙上掲載に加筆修正）

テレビ放送権などの権利処理の方法から みえる、欧州各リーグの差異

　どんなに高名なプロスポーツチームであっても、本拠地スタジアムへの来場者の中心はやはり地域の住民です。チケットやスタジアムでの物販から生じる売上（図表7-12のマッチデー収入）を中心としたローカル・ビジネスは点のビジネスといっていいでしょう。一方、テレビやネットでの放送は世界中からアクセスが可能であり、テレビの放送権料や、放送を前提としたスポンサーシップなどは面のビジネスと表現できるでしょう。クラブが権利を換金するにあたり、点のビジネスであるチケットやスタジアム内の物販については、地元を熟知しているクラブが権利をもつのがベターであるのに対して、面のビジネスである放送権については、地元テレビ局がある場合は、そこへの権利販売は当該地域のクラブが高い交渉力を有することもあるでしょ

図表7-12　欧州主要リーグの売上額とその内訳（2018/19シーズン）

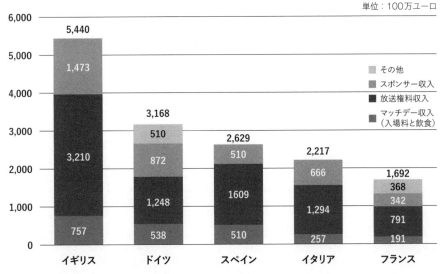

単位：100万ユーロ

出典：https://www.tonymappedit.com/

うが、全国や外国などの広域にまたがる権利の場合は、リーグが所属クラブの権利を集め、独占的な売り手として一括販売するほうが理に適っています。

　放送権料収入は、図表7-12から読み取れる通り、欧州サッカーリーグにおいては最大の収入源で、左から順にプレミア59％、ブンデス39％、ラ・リーガ61％、セリエA58％となっています。放送権料収入に次ぐ売上項目であるスポンサーシップも、テレビを通して広く露出があるからこそであり、図表7-9で示したような、欧州サッカーの高度成長の原動力となったのが放送なのです。ではこの放送権、欧州の主要リーグはどのように処理しているのでしょうか。

プレミアリーグ

　民間企業である各球団が、競技においてもビジネスにおいても切磋琢磨しており、権利が各クラブに帰属しているのが欧州サッカーリーグの特徴だとお話ししてきましたが、ことテレビの放送権に関する限り、リーグとして放送局との交渉の席に着くことによって、北米リーグ的な売り手独占のカタチを作っているケースがあります。

　その顕著な例が、イングランドのプレミアリーグです。BスカイBのキラー・コンテンツとなるべく、1992年に、有力クラブでプレミアリーグを作った経緯からも、そうなるのは必然でした。

　プレミアリーグの放送権の分配については、図表7-13（次ページ参照）の通り、2018／19シーズンは、国内向け放送権料収入14億9300万ポンド（邦貨換算すると2016億円）のうち46％を20クラブで均等に分配、27％は順位に応じて分配、27％は実際の放送試合数に応じて分配されます。海外放送権料収入の8億6369万ポンド（約1166億円）は、20クラブで均等に分配するというスキームです。また、リーグ・スポンサー収入（9931万ポンド＝134億円）も均等に分配されます。

　このようなプレミアリーグのレベニューシェアの方式の結果、最下位のハダーズフィールドタウンでも、トップのマンチェスター・シティの2/3はあ

図表7-13 プレミアリーグのテレビ放送権料 その分配方式（2018/19シーズン）

単位：ポンド

クラブ	ライブ中継された回数イギリス国内で	均等分配	放送設備利用料	順位・放送回数に応じた分配	海外からの放送権料	リーグが管理するスポンサーやロゴなどからの権利料の分配	総額
Manchester City	26	34,361,519	30,104,476	38,370,360	43,184,608	4,965,392	150,986,355
Liverpool	29	34,361,519	33,461,785	36,451,842	43,184,608	4,965,392	152,425,146
Chelsea	25	34,361,519	28,985,373	34,533,324	43,184,608	4,965,392	146,030,216
Tottenham Hotspur	26	34,361,519	30,104,476	32,614,806	43,184,608	4,965,392	145,230,801
Arsenal	25	34,361,519	28,985,373	30,696,288	43,184,608	4,965,392	142,193,180
Manchester United	27	34,361,519	31,223,579	28,777,770	43,184,608	4,965,392	142,512,868
Wolverhampton Wanderers	15	34,361,519	17,794,343	26,859,252	43,184,608	4,965,392	127,165,114
Everton	18	34,361,519	21,151,652	24,940,734	43,184,608	4,965,392	128,603,905
Leicester City	15	34,361,519	17,794,343	23,022,216	43,184,608	4,965,392	123,328,078
West Ham United	16	34,361,519	18,913,446	21,103,698	43,184,608	4,965,392	122,528,663
Watford	10	34,361,519	12,198,828	19,185,180	43,184,608	4,965,392	113,895,527
CrystalPalace	12	34,361,519	14,437,034	17,266,662	43,184,608	4,965,392	114,215,215
Newcastle United	19	34,361,519	22,270,755	15,348,144	43,184,608	4,965,392	120,130,418
AFC Bournemouth	10	34,361,519	12,198,828	13,429,626	43,184,608	4,965,392	108,139,973
Burnley	11	34,361,519	13,317,931	11,511,108	43,184,608	4,965,392	107,340,558
Southampton	10	34,361,519	12,198,828	9,592,590	43,184,608	4,965,392	104,302,937
Brighton & Hove Albion	13	34,361,519	15,556,137	7,674,072	43,184,608	4,965,392	105,741,728
Cardiff City	12	34,361,519	14,437,034	5,755,554	43,184,608	4,965,392	102,704,107
Fulham	13	34,361,519	15,556,137	3,837,036	43,184,608	4,965,392	101,904,692
Huddersfield Town	10	34,361,519	12,198,828	1,918,518	43,184,608	4,965,392	96,628,865
		687,230,380	402,889,186	402,888,780	863,692,160	99,307,840	2,456,008,346

出典：premierleague.com

りつけるという、信賞必罰でありながら、戦力整備に足るだけの分配は出すという、絶妙なさじ加減にみえます。ただし、この分配はあくまで、プレミアリーグの試合だけが対象であり、チャンピオンズ・リーグや国内カップ戦、シーズン前後の海外ツアーなどは含まれていません。付記しますと、プレミアリーグの上位のクラブは、どこも国際戦略を重視しており、欧州の他のリーグに比べて試合数は多くなる傾向にあります。また、放送権以外についての権利はおおむね各球団に帰属しています。つまり、チケットや物販などのスタジアム収入や、海外ツアーや海外での物販、ファンクラブの募集なども、権利および判断ともに各球団に委ねられています。また、2019／20シーズンからは、海外放送権料についても、中継回数などを基に傾斜分配されることが発表されており、これまでは最下位のクラブとトップの分配金は1.6：1であったのが、1.8：1程度になるように割付されることになりそうです。

ラ・リーガ

　世界で最も価値の高い2つのクラブ、レアル・マドリードとFCバルセロナが所属するスペイン・リーグ（ラ・リーガ）は、すべての権利が各クラブに属するという、開放型の欧州サッカーの原理主義ともいえる運営構造が、長年続いてきました。

　図表7-14（次ページ参照）は、2014／15シーズンの、ラ・リーガ1部の各クラブのテレビ放送権料収入をまとめたものです。レアル・マドリードとバルセロナがそれぞれ1億6300万ユーロ、1億6200万ユーロと突出しており、最下位のエイバルとの格差は10倍以上です。

　レアルとバルサの2強に引っ張られるカタチで、また、歴史に根差したローカリズムの発露の場として、21世紀以降、プレミアリーグと双璧をなすリーグとの評価を得てきたスペインリーグですが、近年は、この格差のあまりの拡がりと、リーグ一括販売と分配をしているイングランド・プレミアリーグの財政的な大成功を踏まえ、対策を講じるべしとの声が強くなっていました。バレンシアやアテレチコなどの中規模球団を中心に、法制化がなされ

なければ大規模ストライクをすると公言をするなど不穏な空気が流れてきましたが、2016／17シーズンから、各クラブに所属していたテレビ放送権をリーグで管理することになりました。ずっと反対してきたレアル・マドリードとFCバルセロナの同意をようやく取り付け、リーグが権利主として一括販売をしたうえで傾斜分配をすることになったのです。さて、その結果はどうなったか。

　まず、放送権料収入は劇的に増加しました。図表7-14で示した2014／15シーズンは、放送権料収入が各クラブに帰属していた最後の年ということになるのですが、このときの放送権料総額は7億7700万ユーロでした。これ

が、初めてリーグ一括で放送権販売がなされた2016／17シーズンは14億5460万ユーロと、2年の間に70%増となりました。かたまりになることで売り手独占の状態を作れるわけですから、個別の球団がそれぞれ放送権を交渉するよりも、リーグで一括するほうが高く売れるのは当然のことです。

　各クラブの放送権収入も、図表7-15の通り、大きく変化しました。バルサ（1億6200万ユーロ→1億5000万

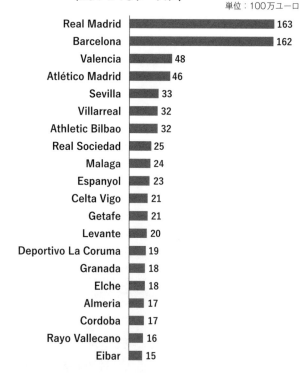

図表7-14　ラ・リーガクラブの国内放送権料収入（2014/15シーズン）

単位：100万ユーロ

クラブ	収入
Real Madrid	163
Barcelona	162
Valencia	48
Atlético Madrid	46
Sevilla	33
Villarreal	32
Athletic Bilbao	32
Real Sociedad	25
Malaga	24
Espanyol	23
Celta Vigo	21
Getafe	21
Levante	20
Deportivo La Coruma	19
Granada	18
Elche	18
Almeria	17
Cordoba	17
Rayo Vallecano	16
Eibar	15

出典：https://www.reddit.com/ を基に筆者作成

ユーロ）とレアル（1億6300万ユーロ→1億4800万ユーロ）はそれぞれ微減となりましたが、3位以下のクラブの放送権料収入は大幅に増えています。たとえばアトレチコのそれは4600万ユーロから1億1600万ユーロになりました。そして、2014／15シーズンは1000万ユーロだった最下位球団の放送権料収入は、6200万ユーロと大きく増加しました。

　それでも2強のブランド力は圧倒的で、毎年、世界のプロスポーツクラブの売上ランキング1位の座を、マンチェスター・ユナイテッドと三つ巴で競いあっており、バルサは2018年、年間売上額10億ドルを突破した最初のプロスポーツクラブになったことを発表しました。レアルもそれに続く勢いで、ラ・リーガの他のクラブとはまったく別の世界にいるといっていいでしょう。ちなみに、ラ・リーガは財政健全化の目的で、所属クラブに対してサラリーキャップを設けており、2019／20のサラリーキャップは、バルサが6億7100万ユーロ、レアルが6億4100万ユーロでした。これが3位のアトレチコになると3億8450万ユーロ、そして2部から昇格したばかりのRCD

図表7-15　ラ・リーガクラブの放送権料収入、リーグ一括管理後（2016/17シーズン）

順位	クラブ	均等分配	傾斜分配	合計
1	Barcelona	€50m	€40m + €60m	€150m
2	Real Madrid	€50m	€38m + €60m	€148m
3	Atlético Madrid	€50m	€36m + €30m	€116m
4	Valencia	€50m	€34m + €25m	€109m
5	Sevilla	€50m	€32m + €20m	€102m
16	Deportivo	€50m	€10m + €20m	€80m
17	Real Betis	€50m	€8m + €18m	€76m
18	Sporting Gijon	€50m	€6m + €12m	€68m
19	Granada	€50m	€4m + €9m	€63m
20	Las Palmas	€50m	€2m + € 10m	€62m

出典：https://www.totalsportek.comを基に筆者作成

マヨルカは2990万ユーロで、これはバルサの1/20にも満たない数字です。サラリーキャップの趣旨は、実現できていないようです。

セリエA

90年代、自他共に認める世界最高のリーグだったセリエAの凋落が止まりません。始まりは、21世紀に入り、90年代後半のサッカー放送権バブルが崩壊したことでした。そこに、イタリア経済の不振、放送権料を当て込んだ選手への過剰な投資、テレビを重視するあまりスタジアムへの投資を怠ったことなどの要因が重なり、財政が苦しくなっていきました。とどめは、2006年の八百長事件です。

名門ユベントスのフロントが審判団を指名あるいは脅迫し、自チームが有利になるよう操作していたことが発覚しました。そのほとぼりがやっと冷めたと思ったら、今度は2012年、スター選手をはじめ19人の選手が八百長工作への関与の容疑で逮捕され、低迷に追い討ちをかけられました。

イタリアは、伝統的に同じラテン国家のスペインと同様、ウィナーズ・テイク・オールのシステムで、放送権も各クラブに属しており、先に記したスペインのように、名門クラブとそうでないクラブとの甚大な格差が問題になっていました。しかし、リーグ全体が地盤沈下するなかで、2012／13シーズンから、リーグ一括管理のうえで各クラブに分配する方式に変更しました。

総額の40%を均等に分配し、あとは人気、本拠地の人口、前年の結果、過去5年の結果、そして有史以来の実績によって分配額が決まるというもので、図表7-16の通り、2017／18シーズンの放送権料収入の総額9億2440万ユーロの配分は、トップのユベントスが1億730万ユーロで、ボトムのベネヴェントは2420万ユーロと、格差は4.4倍となっています。

このように分配制度を始めて6シーズンを経てなお、クラブ間の格差は激しく、ユベントスが8連覇しているなど上位も固定されている状況のもと、新たな放送権料契約を結んだ2018／19シーズンからは、分配が強化されました。図表7-17（284ページ参照）の通り、放送権料の総額は、その前の契

図表7-16　セリエAの放送権料分配（2017/18シーズン）

単位：100万ユーロ

クラブ	均等分配	人気による傾斜分配	本拠地人口による傾斜分配	前シーズン成績による傾斜分配	過去5シーズンの成績による傾斜分配	有史以来の成績による傾斜分配	総額
Juventus	18.5	59.7	2.9	8.8	13.2	4.2	**107.3**
Milan	18.5	34.9	4.5	8.4	9.9	2.9	**79.1**
Inter	18.5	33.7	4.5	7.9	10.6	3.7	**78.9**
Roma	18.5	18.0	9.5	7.5	12.5	3.5	**69.5**
Napoli	18.5	24.1	3.2	5.3	11.9	4.4	**66.7**
Lazio	18.5	6.8	9.5	6.2	9.2	4.0	**54.2**
Fiorentina	18.5	8.5	1.3	7.0	11.2	2.2	**49.3**
Torino	18.5	6.5	2.9	5.7	8.6	2.4	**44.6**
Sampdoria	18.5	3.4	1.9	6.6	7.9	3.3	**41.7**
Atalanta	18.5	3.4	0.4	4.4	7.3	3.1	**37.1**
Genoa	18.5	3.5	1.9	4.0	6.6	1.8	**36.3**
Bologna	18.5	4.3	1.3	4.8	3.3	2.0	**34.2**
Udinese	18.5	3.1	0.3	3.5	5.9	2.6	**33.9**
Cagliari	18.5	5.8	0.5	3.1	4.0	1.5	**33.3**
Chievo	18.5	2.3	0.4	1.3	5.3	1.3	**29.1**
Verona	18.5	3.1	0.4	2.6	2.6	0.4	**27.6**
Sassuolo	18.5	2.1	0.1	0.4	4.6	1.1	**26.8**
Spal	18.5	3.1	0.4	2.2	0.7	0.7	**25.6**
Crotone	18.5	1.5	0.2	1.8	2.0	0.9	**24.9**
Benevento	18.5	3.1	0.2	0.9	1.3	0.2	**24.2**
合計	370	230.9	46.3	92.4	138.6	46.2	**924.4**

出典：https://www.calcioefinanza.it/2018/02/06/ripartizione-diritti-tv-serie-a-2018-2021-mediapro/

図表7-17　セリエAの放送権料の新分配方式（2018/19シーズン）

単位：100万ユーロ

クラブ	均等分配	人気による傾斜分配	前シーズン成績による傾斜分配	過去5シーズンの成績による傾斜分配	有史以来の成績による傾斜分配	総額
Juventus	30.5	26.6	5.8	11.6	16.6	91.1
Inter	30.5	27.6	5.2	9.3	14.8	87.4
Napoli	30.5	22.0	3.5	9.9	17.4	83.3
Roma	30.5	19.9	4.9	11.0	13.9	80.2
Milan	30.5	23.5	5.5	8.7	11.3	79.5
Lazio	30.5	13.2	4.1	8.1	15.7	71.6
Fiorentina	30.5	13.1	4.6	10.5	8.7	67.4
Sampdoria	30.5	10.6	4.4	7.0	13.1	65.6
Atalanta	30.5	10.4	2.9	6.4	12.2	62.4
Torino	30.5	10.1	3.8	7.6	9.6	61.6
Udinese	30.5	8.4	2.3	5.2	10.5	56.9
Genoa	30.5	10.5	2.6	5.8	7.0	56.4
Bologna	30.5	11.3	3.2	2.9	7.8	55.7
Cagliari	30.5	6.2	2.0	3.5	6.1	48.3
Chievo	30.5	6.1	0.9	4.6	5.2	47.3
Sassuolo	30.5	6.2	0.3	4.1	4.4	45.5
Verona	30.5	7.3	1.7	2.3	1.7	43.5
Crotone	30.5	4.6	1.2	1.7	3.5	41.5
Spal	30.5	3.0	1.5	0.6	2.6	38.2
Benevento	30.5	3.4	0.6	1.2	0.9	36.6
合計	610.0	244.0	61.0	122.0	183.0	1220.0

出典：https://www.calcioefinanza.it/2018/02/06/ripartizione-diritti-tv-serie-a-2018-2021-mediapro/

約金9億2440万ユーロから、12億2000万ユーロに増額され、分配方式についても、均等分配の割合が40％→50％になるなど、格差是正策が施されました。その結果、トップのユベントスの放送権料収入（9110万ユーロ）と、最下位のベネヴェント（3660万ユーロ）の格差は2.5倍と、従来の4.4倍からすると随分縮小しています。

ブンデスリーガ

　ドイツは、ワールドカップ優勝回数が史上最多タイを誇る、紛れもないサッカー大国ですが、国内プロリーグの歴史は新しく、ブンデスリーガの発足は1963年です。堅実かつ合理的な国民性は、ブンデスリーガの経営にも色濃く反映されており、90年代以降、衛星放送が整備されて放送権が拡大し、プレミアリーグをはじめ欧州各国のリーグが拡大路線に走るなかで、ドイツは国外資本の比率を抑え、2001年には負債を厳しく制限するライセンス制度を発足させるなど、クラブの公共性を重んじる独自路線を歩みました。

　放送権料収入を当て込まなかったのは、ドイツのテレビ事情もあります。ドイツは日本と同様、ＣＭを収入源とする無料の地上波放送が充実しており、カネを払ってまで衛星放送をみるニーズは高くありません。経済力、人口、そしてサッカーの人気、実力すべてにおいて欧州随一ながら、放送権収入はプレミアリーグの1/3強で、欧州4大リーグのなかで最も少ない。そんなブンデスリーガの収益の根幹は来場客です。特に、2006年に自国でワールドカップが開催されることが決まった2000年以降は、各クラブの本拠地スタジアムが陸上トラックを廃したフットボール専用スタジアムに改装されたほか、座席もVIPや法人向けのスイートルームから、ゴール裏の立見席まで、収入や嗜好に合わせてあらゆる階層のヒトが楽しめる、快適で娯楽性の高い空間に生まれ変わりました。

　図表7-18（次ページ参照）にある通り、ブンデスリーガのクラブは、トップのボルシア・ドルトムントの8万230人を筆頭に、この5年間の平均観客動員上位20のうち9クラブを占めています。リーグ全体でも、ブンデスリ

ーガの平均観客動員は４万3358人（2018／19シーズンで）で、欧州ナンバー１です。ちなみに同シーズンの他のリーグの平均観客動員数は、プレミアが３万8274人、ラ・リーガが２万6842人、セリエＡが２万4764人です。

スポーツ興行の根幹である観客動員（つまり来場客の満足度）を何よりも重視しているこのブンデスリーガの経営は、リーグ当局が厳しく各クラブの財務を監視するしくみも含め、Ｊリーグがモデルにするなど、堅実経営のお手本と目されていますが、テレビ放送については、分配はあるものの、スペインやイタリアと同様、上位と下位の格差が大きいしくみです。ブンデ

図表7-18　5年平均観客動員数の上位20クラブ（2013/14から2017/18まで）

順位	チーム	平均観客動員数
1	Borussia Dortmunda	80,230
2	Manchester United	75,218
3	FC Barcelona	74,876
4	Bayern München	73,781
5	Real Madrid	69,822
6	Schalke 04	61,328
7	Arsenal FC	59,793
8	Hamburger SV	52,349
9	VfB Stuttgart	52,012
10	Atlanta United	51,547
11	Borussia M'gladbach	51,369
12	Manchester City	50,864
13	Newcastle United	50,721
14	SL Benfica	50,077
15	AFC Ajax	49,781
16	Celtic FC	49,697
17	Hertha Berlin	49,476
18	Rangers FC	49,054
19	1. FC Köln	48,346
20	Eintracht Frankfurt	47,942

スは、２つの評価点を軸に放送権料の分配を決定します。１つは、１部と２部を分けた過去５年間の成績、２つ目は、１部と２部の合計36チームの過去20年間の成績です。

　この結果として、2019／20シーズンのブンデスの放送権料収入の分配は、2019年５月29日付けのサッカーキングの報によれば、６連覇中のバイ

エルン・ミュンヘンがおよそ6800万ユーロで、最下位のパーダーボルンの
それは2600万ユーロとなりました。その差2.6倍は、プレミアの格差1.8倍
より大きく、セリエAの新分配方式による格差（トップとボトムの格差が2.5
倍）と類似した数字ということになります。それにしても、国内リーグ6連
覇中でチャンピオンズリーグでも上位の常連である名門バイエルン・ミュン
ヘンが得る分配金6800万ユーロは、プレミアリーグ最下位のハダースフィ
ールドの7割にも満たない数字ですから、ブンデスの放送権収入は、欧州リ
ーグのなかで相対的に低いままに留まっているといっていいでしょう。

column

英国のEU離脱影響でプレミア全盛に終止符か

- -

　2016年6月、英国のEU離脱（BREXIT）が、世界中を震撼させました。ポンドが暴落して、30年ぶりの安値を更新し、その余波は世界中を駆け巡り、日経平均は一時8％下落、1日で世界の株式市場から330兆円が蒸発するなど、世界中がパニックに陥りました。

　このBREXIT、英国の誇りともいえるイングランド・プレミアリーグにも壊滅的な影響を及ぼす可能性があるといわれています。

　イングランドは、イギリスを構成する4つの連合国のうちでは、世界都市ロンドンを擁する圧倒的な中心国とはいえ、市場規模は人口5000万程度です。そんな国のプロサッカーリーグが、世界一の売上、ステイタスを謳歌しているのは、同リーグがボーダーレスな世界を構築し、世界中からカネとヒトを集めてできた極上の商品を世界中に売ってきたからなのです。

　まずおカネ。他国のプロリーグが厳しく外資を規制するなか（ドイツ、日本は0）、同リーグ所属の20球団中、11球団が外資です。世界のプロスポーツクラブで、知名度、ブランド力において世界一といわれるマンチェスター・ユナイテッドはアメリカ資本、チェルシーは、ロシア。ネッシーの発見確率より低い予想を覆して奇跡の優勝を遂げたレスターはタイ資本です。

　選手も、その70％が外国人で、両軍のスタメン全員が外国人ということもありました。

　そして、2位以下にダブルスコアで優る売上高（5000億円強）も、原動力は海外です。海外からの放送権料は年間1000億円を超えています。スポンサー収入も、日本の横浜ゴムが、胸マークを中心とした権利に対しチェルシーに払っている金額は5年で350億円ほど、シボレー（アメリカ）→マンUは7年700億円など、海外から、多額のマネーをひきつけています。

　しかし、BREXITにより、カネについては関税が、ヒトについては就労

ビザが、それぞれ障壁となります。加えてポンド安。質の高い選手の獲得の困難度はより高くなるでしょう。世界ブランドがそうではなくなるわけですから、足の速いグローバルマネーは、ファン離脱、選手離脱、キャピタル離脱、スポンサー離脱という、離脱の連鎖となって現実のものとなると予想されます。

　1990年代、世界最高峰のサッカーリーグは、イタリアのセリエＡでした。その後、同リーグは、相次ぐ八百長事件やインフラ投資を怠ったことなどから、急速に輝きを失い、今やイングランドはもちろん、スペイン、ドイツの後塵を拝するリーグとなってしまいました。プレミアは、リーグにもクラブにも、アメリカ流スポーツマネジメントの手法を身につけた優秀なビジネスマンが揃う優秀な集団ですが、BREXITの衝撃を吸収して、ビジネスモデルを再構築するまでには、長く厳しい雌伏のときを過ごすことになるかもしれません。

（夕刊フジ連載「小林至教授のスポーツ経営学講義」2016年7月7日紙上掲載に加筆修正）

欧州における球団と地域の関係

基本情報

　欧州におけるスポーツ球団と地域との関係は、Jリーグがその理念のなかで理想像として謳い、文科省がそれに続いて打ち出した「総合型スポーツクラブ」構想でも目標として掲げています。

　その概要は、横浜市調査季報143号に掲載された、神林飛雄史氏の調査論文＝『横浜とスポーツ文化の振興④：次世代のスポーツ環境～イギリスとの比較を通して』に非常によく記述されていますので、ここに抜粋します。

　　イギリスでは、一定の地域の中にサッカースタジアム、ラグビースタジアム、多目的フィールド、プール、ジム、テニスコート、公園などが作られており、そこには必ずスポーツクラブやパブが存在し、市民の憩いの場になっている。

　　たとえばマンチェスター州の中のボルトンは人口20万人の小さな都市だが、スポーツ用品会社がスポンサーとなり文化省が補助金を出して2万5000人収容の中級スタジアムを設営した。

　　このスタジアム周辺にはミニシアター、サッカー博物館、コンピューター学習室、スーベニアショップ、レストラン、会議室、ジムをそなえ、その周囲には6000台収容の駐車場に、ショッピングセンター、大型映画館等が集結しており、平日は市民がショッピングに、週末はサッカーの試合やイベントが目白押しである。マンチェスターは人口が約120万人くらいの州であるが、このようなサッカークラブを中核にした構造の街が8つある。

　神林氏が指摘している、スポーツクラブの運営に、市民が払う会費に加え、行政が補助金を出していることについては、欧州では広く普及しているようで、スポーツジャーナリストの玉木正之氏は、そのホームページ

（http://www.tamakimasayuki.com/）のコラムで、以下のように表現しています。

　　フランス・パリ郊外のルヴァロア・ペレ市にある総合スポーツクラブは、サッカー・チームはパリ・サンジェルマンを応援する人が多いため、プロ・バスケットボールのチームを運営し、それを頂点として、自転車、卓球、水泳、水球、テニス、バドミントン、トライアスロン、重量挙げ、ペタンクといったスポーツに力を入れ、五輪のメダリストから子供たちまで、全市民（5万3000人）の18%にあたる9600人が会員になっている。

　　このクラブの運営には、市から年間9000万フラン（約18億円）の補助金が拠出されており、それは市の予算の10%（フランスの全国平均は3%）にもあたるという。

　このような、日本ともアメリカとも違う、独特のスポーツ環境を育んできた欧州のなかで、実は、Jリーグが理想像と掲げているのがドイツです。

　ドイツでは、サッカーだけでなく、ハンドボール、バスケットボール、バレーボール、ホッケー、柔道、フェンシング、テニス、卓球といったさまざまな競技のクラブを同時に運営し、オリンピックのメダリストから未就学児童のスポーツ指導や老人の生涯スポーツまで、多様なカテゴリーを擁する「総合型スポーツクラブ」がそこかしこに存在しています。

バイエル社が作った町レバークーゼン

　こうした情報を手がかりに、わたしは2004年夏、研究視察のために、総合型スポーツクラブが大規模に展開されているレバークーゼン市を訪れています。

　レバークーゼンは、ライン川沿いに続くドイツ最大の工業地帯＝ルール工業地帯の一角を占めています。同市の人口は当時で16万人。南に隣接する

ケルンの97万人、北に隣接するデュッセルドルフの58万人に比して小規模な都市であることもさることながら、その人口の1/4ほどがバイエル社の従業員という、バイエル社の企業城下町です。

　バイエルがこの一帯に一大化学工場群を作ったのが1912年。これを機に発展した結果、4町村が合併してレバークーゼン市となったのが1930年ですから、バイエル社が作った町ともいえます。

　この企業城下町に、プロサッカー球団バイエル04があります。同クラブは18球団で構成されているブンデスリーガ1部のなかで唯一、企業名をクラブ名に冠しており、コンスタントに上位につけている名門クラブの1つです。

　主なところでは、1988年にUEFAカップで優勝、93年にドイツカップで優勝しています。最も輝いたのが2002年、国内リーグ戦2位、ドイツカップ準優勝、チャンピオンズ・リーグ準優勝の「準3冠」を成し遂げました。バイエルン・ミュンヘンや、ボルシア・ドルトムントなど、大都市を市場にもつクラブが強いなかで、バイエル04が小さな町にもかかわらず、2部に転落することもなく、上位を保ち続けているのは、「バイエルブランドを地元、全国、そして世界に広めるために」同社が多額のおカネをチーム強化に投資してきたことによります。

　バイエル04の正式名称は、「TSVバイエル04レバークーゼン（以下バイエル04）」です。なぜ04かというと、設立が1904年だからです。わたしが訪れた2004年は創立100周年の記念年であり、記念行事はシュレーダー首相をはじめ政財界の大物の臨席のもと、盛大に行われたそうです。

　バイエル04は、子供の体操クラブから障害者のバスケットボールクラブ、そしてオリンピック出場レベルのクラブ、先述のサッカークラブまで、部署にして14、競技にして29のクラブを統括管理しています。クラブは、陸上、水泳、フェンシング、ボートなど、多数のオリンピアンを輩出する一方で、一般市民向けのスポーツジム、高齢者のグループ体操などまで、まさに「総合型」のスポーツクラブを展開しています。会員数は1万人前後で、そのうち幽霊会員はわずか5％に満たないといいますから、参加意識はとて

も高いといえます。

　その様子を、バイエル04の統括責任者（2004年当時）である、ジャルゲン・ベックマン氏に、広大なクラブを丸一日かけて案内していただきながら、話を伺いました。

——「このクラブはバイエル社員のためだけでなく、一般市民へ開放しているそうですね？」

JB「当初の目的は社員の福利厚生でした。工場以外に何もない地域ですから、その必要性も高かったのです。一般市民に開放したのがいつかははっきりしませんが、この町の多くの人がなんらかの形でバイエル社とかかわりをもっているわけで、自然にそうなったのだと思います」

——「クラブの運営母体は？」

JB「バイエル社です。室内体育館だけで19、そのほか無数のグラウンドがありますが、すべてバイエル社所有の土地にバイエル社の資本で整備されたものです」

——「そこに市は関わっていないのですか？」

JB「すべて我々がやっています。他のドイツの町では、市が補助金を出しているケースが多いですが、この町は、最初からバイエルで、今もバイエルなんです（笑）。もう少し自治体に協力してほしいと思うこともありますが、まあ仕方ありませんね」

　レバークーゼン市は先に記した通り、バイエル社が作り、発展させた町です。何もない荒地に工場を建て、社宅を作り、幼稚園や診療所を整備し、スーパー、デパート、映画館、そしてこのバイエル04まで、すべてバイエル社の手によって為されてきました。そして町のインフラや施設の整備状況は、町の人に聞くと、他のドイツの都市に比べ、進んでいるといいます。近隣のケルンやデュッセルドルフで聞いても似たような答えが返ってきましたから、たぶん、そうなのでしょう。

クラブ経営はカネがかかる

——「現在、バイエル社の負担はどの程度なのでしょうか？　会費は取っているんですよね？」

JB「まず会費から説明しましょう。バイエル04では、競技者を主としてレベル別に5つに分けておりまして、それはトップレベル、競技者レベル、レクリエーションレベル、そして子供と障害者です。

　トップレベルは、会社の宣伝など広報の役割を果たしてくれるということで、我々のほうから契約金を払って、競技に専念してもらいます。競技者レベルは、用具や練習場所の無償提供と、場合によっては契約社員のような形でのサポートをすることもあります。レクリエーションレベルは、会費を払ってもらう普通の人々となります。子供は普通の子弟に対するものと、我々が発掘した才能のある子供を寄宿舎に入れてエリート教育をする部門と両方あります。障害者は、これはうちの自慢で、大変に力を入れていまして、前回のシドニー大会（パラリンピック）でも4つの金メダルを獲得しています。勿論、レクリエーションとして楽しむための障害者設備も充実しています。会費は競技によります。たとえば、テニスクラブに入ると自動的にホッケークラブの会員にもなるのですが、それで年間300ユーロです」

——「その会費でクラブ運営は賄えるのですか」

JB「そうはいかないのです。トップレベルのバスケットチームと陸上チームを維持するだけで、それぞれ年間100万ユーロかかります。勿論、トップチームには広報とマーケティングの役割を担ってもらっていることもあるのですが、結論をいいますと、このクラブの運営費の3/4前後、額にして大体1500万ユーロから1700万ユーロをバイエル社が負担しております」

——「トップチームの話で、バスケット、陸上が出ましたが、バイエル社は、サッカー・クラブのバイエル04にはどのくらいの費用を使っているのですか。それともサッカー・クラブはむしろ、会社に利益をもたらしているとか」

JB「実は、サッカークラブは他のクラブから独立させているのです。ですので、わたしの管轄ではありません。独立させたのは1999年なのですが、他のクラブと予算規模も違いますし、バイエル社にとっての役割の大きさも違います。また、サッカークラブはバイエル社がメインスポンサーですが、その他18社とスポンサー契約を結んでいます」

――「そのサッカークラブの収入はどの程度ですか」

JB「およそ3000万ユーロです」

――「その内訳は」

JB「残念ながら、正確な数字はここで公表するわけにはいきませんが、大体の数字はお話しできます。新聞にも出てますからね（笑）。3000万ユーロのうち半分がスポンサーマネーです。そのほとんどがバイエル社からとなります。残る1500万ドルが、入場料、グッズなどのライセンス料、テレビ放送権権料です。テレビ放送権は国内リーグ（ブンデス・リーグ）のもので、年間400万ユーロ程度ですね」

――「意外と小さいのですね」

JB「国内はこんなものです。テレビの放送権が大きいのは、欧州チャンピオンズ・リーグ、UEFAカップですよ。特に大きいのが、欧州チャンピオンズ・リーグです。これに出場できれば、最低でも500万ユーロくらいは確保できるはずです。優勝すれば3000万ユーロを超えるのではないでしょうか。UEFAカップでも上手くすれば1000万ユーロに近いお金が稼げると思います」

――「では、欧州の大会に出られないと儲かりませんか」

JB「球団で利益を出そうとは考えていません。これはバイエル社のマーケティング活動、広報活動ですから。たとえ勝ってチャンピオンズ・リーグに出たとしても、その翌年は選手の契約金などがかさむことになりますので、そうそう利益が出るようなものではありません。レアル・マドリードなら別でしょうがね」

　そして、このサッカークラブに対しても、レバークーゼン市の支援はない

といいます。スタジアムもまったくの自前です。では、このサッカーチーム
が、日本の一部評論家がプロ野球を評して批判するように、「企業が保有し
ているために地元住民の支援を得られていない」のでしょうか。
JB「小林さん、試合のあるときにぜひ、来てほしかったですよ。それはそ
れは独特の雰囲気ですから。ドイツはイギリスのような激しいフーリガンは
いませんし、その意味でスタジアムの興奮度は他の国のリーグとはちょっと
違うかもしれませんが、試合の日は朝から、町は、ユニフォームカラーの赤
で染まっています。というのも、みんな赤のユニフォームのレプリカを着
て、赤のマフラー、手袋、帽子を身に着けていますから。スタジアムの収容
人数は２万2500人と小さいですが、バーなどのテレビを通して町中の人が
見守っているのではないですか」

　取材時以降も、バイエルは堅実な成績を残し続け、2014／15－2018／19
年までの５シーズンは、４位－３位-12位-５位-４位で、４位以内に付与され
るチャンピオンズ・リーグ出場も３度、果たしています。スタジアムの収容
人数も、現在は、当時よりも8000人増となる３万210人。ホテルの併設や
暖房システムの完備など、ディテール面において、ドイツのスタジアムのマ
ーケットリーダーとなってきたスタジアムは、2009年の大改修でドイツ初
のキャッシュレスのシステムを導入するなど、「宝石箱」の愛称で市民に親
しまれています。収入も１億7100万ユーロは当時の５倍強と、欧州サッカ
ークラブのなかで26位と堅実なポジションを守っています。

あとがき

　ここまで読んでくださった貴方に、心より御礼申し上げます。

　本書の初版が発行されてから4年が経過しました。この間、世界のスポーツ産業はさらなる成長を遂げ、たとえばForbesによれば、2015年に資産価値20億ドルを超えるプロスポーツチームは15でしたが、2019年には50になりました。

　日本においても、政府が、スポーツを成長が期待できる有望市場と位置付け、10年間で市場規模を3倍にすることを目標に掲げるなど、スポーツの成長産業化のための取り組みが活発になっています。バスケットボールに新たなプロリーグ（Bリーグ）が2016年に誕生し、大学スポーツに大学横断的かつ競技横断的な統括組織（UNIVAS）が2019年に誕生したのも、その一例でしょう。

　こうして新装改訂版を発行できるに至ったのは、ひとえに読者の皆様方のご支持のお陰ですが、その背景として、スポーツが産業として期待されている環境もあるに違いありません。改訂にあたり、統計や論文などの知と情報の集積に容易にアクセスできることを可能にしたインターネットなどの社会インフラにも大いに助けられました。また、初版発行時に比べて、文献や統計の情報量も飛躍的に増えたことは、スポーツ産業が発展していることの証左といえるでしょう。産業の発展には、業界内外より多くの研究・分析が為されることが肝要です。日本においても、今後、情報公開がより進むことを期待しています。

　今回の新装改訂版も、紀伊國屋書店の高井昌史代表取締役会長兼社長の後押しをいただきました。また、初版から増えた頁数は100を超え、分量にして1.5倍、ほとんど新著といってもいい大がかりな改訂にあたり、初版に引き続き、編集と調整に多大な労を執ってくださった大久保龍也部長との縁に感謝しております。そして、編集担当の伊藤香子さん、菅原玲子さんにも、

心よりお礼を申し上げます。

　そのほか、ここに記しきれない多くの方々のご支援によって新装改訂版を世に送り出すことができたことを銘記し、深く感謝いたします。

小林 至

参考文献

- Rodney Fort（2011）"Sports Economics", Prentice Hall
- George Foster ほか（2005）"The Business of Sports", South-Westerncollege Pub
- Chris Gratton ほか（2012）"The Global Economics of Sports", Routledge
- Arthur T. Johnson（1995）"Minor League Baseball and Local Economic Development", Univ of Illinois Press
- Alan M. Klein（2008）"Growing the Game: The Globalization of Major League Baseball", Yale University Press
- Michael Leeds ほか（2018）"The Economics of Sports", Routledge
- Young Hoon Lee ほか（2014）"The sports business in the pacific rim", Springer
- Thomas A. Rhoads（2015）"The Call Up to the Majors", Springer
- Arthur P. Solomon（2012）"Making It in the Minors: A Team Owner's Lessons in the Business of Baseball", McFarland
- Andrew Zimbalist（2004）"May the Best Team Win", Brookings
- AKI 猪瀬（2016）『メジャーリーグスタジアム巡礼』エクスナレッジ
- 石原豊一（2013）『ベースボール労働移民――メジャーリーグから「野球不毛の地」まで』河出書房新社
- 石原豊一（2011）『日本におけるプロ野球マイナーリーグの持続的モデル構築にむけて――野球ビジネスの日米比較から』p.73-84、スポーツ産業学研究 21.1
- 石原豊一（2012）『公共財としてのマイナーリーグ：日本における独立野球リーグの持続的なビジネスモデル構築への提言』p.151-166、岐阜経済大学論集 45.3
- 石原豊一（2013）『ローカルプロスポーツのビジネスモデルに関する一考察――「地域密着」型から「国際化」戦略へ』p.103-119、岐阜経済大学

論集 46.3

◆石原豊一（2015）『もうひとつのプロ野球：若者を誘引する「プロスポーツ」という装置』白水社

◆伊藤歩（2017）『ドケチな広島、クレバーな日ハム、どこまでも特殊な巨人：球団経営がかわればプロ野球がかわる』星海社

◆泉直樹（2008）『ドラフト下位指名ならプロへいくな！：データで読むプロ野球で成功するための条件』実業之日本社

◆一般社団法人日本野球機構（2014）『日本プロフェッショナル野球協約』一般社団法人日本野球機構

◆石井昌幸・井上俊也ほか（2017）『スタジアムとアリーナのマネジメント』創文企画

◆猪谷千春（2013）『IOC オリンピックを動かす巨大組織』新潮社

◆池井優（1993）『ドラフト・フリーエージェントの起源と発展』p.7-11、ジュリスト 1032

◆内海和雄（2004）『プロ・スポーツ論』創文企画

◆宇佐美陽（2001）『大リーグと都市の物語』平凡社新書

◆小野里真弓（2009）『BC リーグのマーケティングに関する基礎的研究：群馬ダイヤモンドペガサスの観戦者調査を事例として』p.73-82、上武大学ビジネス情報学部紀要 7.2

◆岡崎満義・杉山茂ほか（2009）『スポーツアドバンテージ・ブックレット3：企業スポーツの撤退と混迷する日本のスポーツ』創文企画

◆小川勝（2012）『オリンピックと商業主義』集英社新書

◆大坪正則（2007）『スポーツと国力』朝日新書

◆岡田功（2010）『メジャーリーグなぜ「儲かる」』集英社新書

◆大山高（2016）『Ｊリーグが追求する「地域密着型クラブ経営」が未来にもたらすもの』青娥書房

◆川井圭司（2003）『プロスポーツ選手の法的地位』成文堂

◆河田剛（2018）『不合理だらけの日本スポーツ界』ディスカヴァー・トゥエンティワン

- ◆ ジェラルド・ガーニーほか（2018）『アメリカの大学スポーツ：腐敗の構図と改革への道』玉川大学出版部
- ◆ 清宮政宏（2016）『プロ野球独立リーグにおける顧客関連性の構築に関する一考案：ルートインＢＣリーグでの様々な顧客接点が果たす役割を通して』p.36-54、彦根論叢 407
- ◆ 橘川武郎・奈良堂史（2009）『ファンから観たプロ野球の歴史』日本経済評論社
- ◆ 喜瀬雅則（2016）『牛を飼う球団』小学館
- ◆ 楠木建（2012）『ストーリーとしての競争戦略』東洋経済新報社
- ◆ 黒田次郎・内田勇人・岡本悌二［他］（2004）『日本プロ野球のドラフト制度に関する研究（2）ドラフト指名順位・指名時所属先別にみた野球成績上位者の特徴』p.37-41、日本運動・スポーツ科学学会運動、運動とスポーツの科学 10(1)
- ◆ アレン・グットマン（1997）『スポーツと帝国——近代スポーツと文化帝国主義—』昭和堂
- ◆ 小関順二（2007）『プロ野球でモノになる奴の法則』廣済堂出版
- ◆ 澤宮優（2010）『ひとを見抜く——伝説のスカウト河西俊雄の生涯』河出書房新社
- ◆ 佐藤慶明・入口豊・西島吉典（2014）『我が国のプロサッカークラブの経営に関する事例的研究（2）Ｊ２「徳島ヴォルティス」を中心に』p.45-54、大阪体育大学紀要（教育科学）63.1
- ◆ 斉藤健仁（2015）『死ぬまでに行きたい欧州サッカースタジアム巡礼』エクスナレッジ
- ◆ 笹川スポーツ財団（2017）『スポーツ白書 2017』笹川スポーツ財団
- ◆ 佐野昌行ほか（2014）『図表で見るスポーツビジネス』叢文社
- ◆ 坂井保之、永谷脩（2013）『西武と巨人のドラフト 10 年戦争』宝島社
- ◆ アンドリュー・ジンバリスト著、田端優訳（2016）『オリンピック経済幻想論』ブックマン
- ◆ ステファン・シマンスキーほか著、田村勝省訳（2006）『サッカーで燃え

る国、野球で儲ける国』ダイヤモンド社

◆鈴木透（2018）『スポーツ国家アメリカ：民主主義と巨大ビジネスのはざまで』中央公論新社

◆鈴木友也（2011）『勝負は試合の前についている！：米国スポーツビジネス流「顧客志向」7つの戦略』日経BP社

◆バーバラ・スミット著、宮本俊夫訳（2006）『アディダス vs プーマ～もうひとつの代理戦争』ランダムハウス講談社

◆住田健・前田和範・大沼博靖・中西健一郎（2017）『地域スポーツリーグ観戦者の特性把握：高知ファイティングドッグスを事例に』スポーツと人間 2.1

◆フェラン・ソリアーノ著、グリーン裕美訳（2009）『ゴールは偶然の産物ではない～FCバルセロナ流世界最強マネジメント』アチーブメント出版

◆大学スポーツコンソーシアム KANSAI（2018）『大学スポーツの新展開』晃洋書房

◆田島良輝・神野賢治・糸川雅子（2010）『地域プロスポーツクラブの観戦行動モデル構築に関する調査研究』p.22、金沢星稜大学総合研究所年報 30

◆谷塚哲（2017）『変わる！日本のスポーツビジネス』カンゼン

◆橘木俊詔・齋藤隆志（2012）『スポーツの世界は学歴社会』ＰＨＰ新書

◆橘木俊詔（2016）『プロ野球の経済学：労働経済学の視点で捉えた選手、球団経営、リーグ運営』東洋経済新報社

◆田崎健太（2008）『楽天が巨人に勝つ日』学研新書

◆橘木俊詔（2005）『プロ野球と労働市場』p.181-235、日本労働研究雑誌 537

◆綱島理友・新田敦（2015）『綱島理友のアメリカン・ベースボール徹底攻略ブック』ベースボール・マガジン社

◆電通メディアイノベーションラボ（2019）『情報メディア白書 2019』ダイヤモンド社

◆友添秀則・勝田隆・川谷茂樹・陣野敏史・竹村瑞穂・滝口隆司・高峰修・井谷聡子・香山リカ・伊藤雅充・安藤悠太・上柿和生・宇都宮徹壱・小野雄大（2015）『現代スポーツ評論 32』創文企画

◆ 友添秀則・宮田由紀夫・中村哲也・花内誠・高橋義雄・川井圭司・生島淳・玉木正之・滝口隆司・上柿和生・後藤健生・岡崎光義・小野雄大（2017）『現代スポーツ評論36』創文企画

◆ 豊浦彰太郎（2014）『ビジネスマンの視点で見る MLB と NPB』彩流社

◆ 永田順也・藤本淳也・松岡宏高（2007）『オリックス・バファローズのスタジアム観戦者の特性に関する研究——元大阪近鉄バファローズファンと元オリックス・ブルーウェーブファンに注目して』p.44-51、大阪体育大学紀要38

◆ 永谷稔・千葉直樹・畠山孝子（2012）『北海道におけるプロスポーツチームと地域連携について』p.41-49、北翔大学生涯スポーツ学部研究紀要3

◆ 中島隆信（2016）『高校野球の経済学』東洋経済新報社

◆ 永田靖（2012）『オリンピックにおけるビジネスモデルの検証—商業主義の功罪—』広島経済大学経済研究論集35.3

◆ 中山悌一（2015）『プロ野球選手のデータ分析（改訂版）』ブックハウスHD

◆ 並木裕太（2013）『日本プロ野球改造論』ディスカヴァー携書

◆ 二宮浩彰（2010）『プロスポーツ・ファンの地域愛着とスポーツ観戦者行動』p.97-107、スポーツ産業学研究20

◆ 西崎信男（2017）『スポーツマネジメント入門——プロ野球とプロサッカーの経営学——（第2版）』税務経理協会

◆ 二宮清純（2012）『プロ野球の職人たち』光文社新書

◆ 日本経済新聞運動部（2003）『プロ野球よ！浮上せよ「魅せる9イニング」』日経ビジネス人文庫

◆ 根本真吾（2005）『アメリカでプロになる！——アメリカ・スポーツ界で活躍する方法』彩流社

◆ 橋本健二（2006）『階級社会——現代日本の格差を問う——』講談社選書メチエ

◆ 速水健朗（2008）『自分探しが止まらない』ソフトバンク新書

◆ ジェフ・パッサン著、棚橋志行訳（2017）『豪腕：使い捨てされる15億ド

ルの商品』ハーバーコリンズ・ジャパン

◆原田宗彦（2016）『スポーツ都市戦略』学芸出版社

◆ハーバード・ビジネス・スクール（2010）『ケース・スタディ日本企業事例集』ダイヤモンド社

◆原田宗彦（2002）『スポーツイベントの経済学』平凡社新書

◆広尾晃（2016）『野球崩壊：深刻化する「野球離れ」を食い止めろ！』イースト・プレス

◆デクラン・ヒル著、山田敏弘訳（2014）『あなたの見ている多くの試合に台本が存在する』カンゼン

◆広瀬一郎（2006）『サッカーマーケティング』ブックハウスHD

◆平田竹男（2017）『スポーツビジネス最強の教科書（第2版）』東洋経済新報社

◆廣川祐太、松林秀樹（2010）『ドラフトに見るプロ野球戦力均衡化の可能性』p.35-66、関東学園大学紀要18

◆アルバート・プティバほか著、田中ウルヴェ京ほか訳（2005）『スポーツ選手のためのキャリアプランニング』大修館書店

◆ハロルド・L・ヴォーゲル著、助川たかね訳（2013）『ハロルド・ヴォーゲルのエンタテインメント・ビジネス』慶應義塾大学出版会

◆福田岳洋（2015）「MiLB本拠地の立地条件と観客増員策の日本プロ野球2軍での実行可能性」早稲田大学大学院スポーツ科学研究科修士論文

◆ベースボールマガジン社編『日本プロ野球80年史』（2014）ベースボールマガジン社

◆ロバート・ホワイティング著、松井みどり訳（2007）『世界野球革命』ハヤカワ文庫

◆ジョセフ・H・ボイエットほか著、金井壽宏ほか訳（2014）『経営革命大全』日経ビジネス人文庫

◆松本卓也・柳沢和雄・川邉保孝・関根正敏（2012）『プロスポーツクラブと地域の関係性に関する研究——Jリーグクラブのホームタウン移転をめぐって——』p.35-42、体育経営管理論集4

◆松橋崇史・金子郁容・村林裕（2016）『スポーツのちから——地域をかえるソーシャルイノベーションの実践』慶應義塾大学出版会

◆町田光・西崎信男・藤井翔太・木村正明・佐野慎輔・伊藤直也・井上俊也・佐藤直司・梶原健・阿部正三・木内勝也・松岡宏高・武藤泰明（2016）『スポーツ・ファン・マネジメント』創文企画

◆町田光・佐野慎輔・廣田利幸・東俊介・中村考昭・日置貴之・平野裕司・滝口隆司・新雅史・澁谷茂樹・中村英仁・市橋秀夫・武藤泰明（2016）『企業スポーツの現状と展望』創文企画

◆間野義之（2015）『奇跡の3年　2019・2020・2021　ゴールデン・スポーツイヤーが地方を変える』徳間書店

◆町田光・澁谷茂樹・日置貴之・伊藤宏一・光武誠吾・市橋秀夫・佐野慎輔・坂田信久・松岡宏高・福田裕大・鷲崎早雄・武藤泰明（2015）『スポーツリテラシー』創文企画

◆町田光・松岡宏高・倉石平・佐藤尚平・石井昌幸・窪田暁・市橋秀夫・山下修作・原田宗彦・山口拓・武藤泰明（2014）『グローバル・スポーツの課題と展望』創文企画

◆町田光・武藤泰明・市橋秀夫・石井昌幸・ジェフリー・ヒル・中村聡・原田宗彦・間野義之・松岡宏高（2013）『スポーツマネジメント：教育の課題と展望』創文企画

◆クレイグ・マクギル著、田辺雅之訳（2002）『サッカー株式会社』文藝春秋

◆間野義之（2007）『公共スポーツ施設のマネジメント』体育施設出版

◆宮田由紀夫（2016）『暴走するアメリカ大学スポーツの経済学』東信堂

◆村山哲二（2011）『もしあなたがプロ野球を創れと言われたら——「昇進」より「夢」を選んだサラリーマン——』ベースボール・マガジン社

◆武藤泰明（2013）『プロスポーツクラブのマネジメント　第2版』東洋経済新報社

◆武藤泰明（2014）『スポーツの資金と財務』大修館書店

◆武藤泰明（2008）『スポーツファイナンス』大修館書店

◆武藤泰明（2012）『大相撲のマネジメント─その実力と課題』東洋経済新報社
◆武藤泰明ほか（2018）『スポーツ・エクセレンス』創文企画
◆横尾弘一（2009）『都市対抗野球に明日はあるか：社会人野球、変革への光と闇』ダイヤモンド社
◆読売新聞運動部『誤解だらけの大リーグ神話』中公新書ラクレ（2002）
◆横田真一（1999）「制度変化と組織：ドラフト制度とプロ野球球団の事例」21-31、奈良県立商科大学研究季報9(4)
◆涌田龍治（2004）「スポーツ・スポンサーシップ研究序説：観戦スタイル普及におけるオピニオン・リーダーシップへの影響」p.1-11、スポーツ産業学研究所14.1
◆渡邉恒雄（2005）『わが人生記』、中公新書ラクレ

〈参考ウェブサイト〉
AT Kearney, The Sports Market；https://www.atkearney.com/documents/10192/6f46b880-f8d1-4909-9960-cc605bb1ff34
AT Kearney, Winning in the Business of Sports；https://www.atkearney.com/documents/10192/5258876/Winning+in+the+Business+of+Sports.pdf/ed85b644-7633-469d-8f7a-99e4a50aadc8
Business Insider；www.businessinsider.com
Deloitte Football Money League 2019；http://www2.deloitte.com/uk/en/pages/sports-business-group/articles/deloitte-football-money-league.html
FIFA.com；www.fifa.com
Forbes；www.forbes.com
IOC；www.olympic.org/the-ioc
JOC；www.joc.or.jp
MLB.com；mlb.mlb.com
NUMBER TAMER；http://numbertamer.com/

PwC Outlook for the global sports market to 2015；https://www.pwc.com/gx/en/industries/hospitality-leisure/changing-the-game-outlook-for-the-global-sports-market-to-2015.html

Sporting Intelligence；www.sportingintelligence.com

The Wall Street Journal Online；www.wsj.com

Wikipedia；www.wikipedia.org/

Yomiuri online；www.yomiuri.co.jp

朝日新聞 GLOBE；globe.asahi.com

スポーツの振興（文部科学省）；http://www.mext.go.jp/a_menu/05_a.htm

日経ビジネスオンライン；business.nikkeibp.co.jp

日本経済新聞；www.nikkei.com

日本野球連盟；http://www.jaba.or.jp/team/clubteam/suii.pdf

〈著者略歴〉

小林 至（こばやし・いたる）

江戸川大学教授、博士（スポーツ科学）。

1968年生まれ。神奈川県出身。92年、千葉ロッテマリーンズにドラフト8位で入団。史上3人目の東大卒プロ野球選手となる。93年退団。翌94年から7年間、アメリカに在住。その間、コロンビア大学で経営学修士号（MBA）を取得。

2002年より江戸川大学助教授（06年から教授）。05年から14年まで福岡ソフトバンクホークス取締役を兼任。パ・リーグの共同事業会社「パシフィックリーグマーケティング」の立ち上げや、球界初となる三軍制の創設、FA・外国人選手の獲得に尽力した。

テンプル大学、立命館大学、桜美林大学、サイバー大学で客員教授、一般社団法人大学スポーツ協会理事、スポーツ庁スタジアム・アリーナ推進官民連携協議会幹事。

近著『プロ野球ビジネスのダイバーシティ戦略』（PHPエディターズ・グループ）など著書、論文多数。家族は妻と2男1女。

装丁　神長文夫＋松岡昌代

［新装改訂版］スポーツの経済学
スポーツはポストモダン産業の旗手となれる

2020年1月14日　第1版第1刷発行

著　者　小　　林　　　　至
発行者　清　水　卓　智
発行所　株式会社PHPエディターズ・グループ
　　　　〒135-0061　江東区豊洲5-6-52
　　　　☎03-6204-2931
　　　　http://www.peg.co.jp/
発売元　株式会社PHP研究所
東京本部　〒135-8137　江東区豊洲5-6-52
　　　　　普及部　☎03-3520-9630
京都本部　〒601-8411　京都市南区西九条北ノ内町11
PHP INTERFACE　https://www.php.co.jp/
印刷所
製本所　図書印刷株式会社

本の力

われら、いま何をなすべきか

書店界のトップリーダーが、縮小を続ける出版界に警鐘を鳴らし、いかにして元気を取り戻すかを、情熱をこめて説き明かす。

高井昌史 著

定価 本体一、五〇〇円
（税別）

日本人が忘れてはいけないこと

国の礎は教育にあり

朝倉孝吉 著　高井昌史 編

教育が国の基であるという信念に生きた著者。今なお当時の成蹊大学卒業生に慕われる高潔な人格者の残した論考を集成する。

定価 本体一、八〇〇円
（税別）

ＰＨＰエディターズ・グループの本

プロ野球ビジネスのダイバーシティ戦略

改革は辺境から。地域化と多様化と独立リーグと

小林 至 著／武藤泰明 監修

プロ野球ビジネスが地域密着に活路を見出す術を、アメリカのマイナーリーグ球団経営に学びながら、現地取材をもとに説き明かす。

定価 本体三、八〇〇円
（税別）